普通高等教育“十一五”国家级规划教材
面向21世纪课程教材
高等学校劳动与社会保障专业主干课程教材

社会保障国际比较

International Comparison of Social Security

（第四版）下册

穆怀中 主编

中国劳动社会保障出版社

图书在版编目（CIP）数据

社会保障国际比较 . 下册 / 穆怀中主编 . -- 4 版 . 北京 : 中国劳动社会保障出版社，2024. --（高等学校劳动与社会保障专业主干课程教材）（面向21世纪课程教材）（普通高等教育“十一五”国家级规划教材）.

ISBN 978-7-5167-6671-2

Ⅰ. D57

中国国家版本馆 CIP 数据核字第 2024TM0030 号

中国劳动社会保障出版社出版发行

（北京市惠新东街 1 号　邮政编码：100029）

*

北京瑞禾彩色印刷有限公司印刷装订　　新华书店经销

787 毫米 ×1092 毫米　16 开本　18.5 印张　315 千字

2024 年 10 月第 4 版　　2024 年 10 月第 1 次印刷

定价：52.00 元

营销中心电话：400-606-6496

出版社网址：https://www.class.com.cn

第四版总前言

第四版的《社会保险》《社会保障理论》《社会保障国际比较》《社会保险基金管理》《劳动经济学》和《人力资源开发与管理》是在"面向21世纪课程教材""高等学校劳动与社会保障专业主干课程教材"，以及教育部普通高等教育"十一五"国家级规划教材的基础上(《人力资源开发与管理》除外)，再次修订出版的一套供劳动与社会保障专业选用的主干课程教材。

"面向21世纪课程教材""高等学校劳动与社会保障专业主干课程教材"是教育部立项项目"劳动与社会保障专业课程结构、主干课程及其主要教学内容研究"的开创性成果，它的出版不仅填补了当时我国高等学校劳动与社会保障专业主干课程体系建设的空白，而且对这一专业的健康发展、学科建设以及专业人才培养起到了重要作用。2012年,《社会保险(第三版)》还被列为教育部普通高等教育"十二五"国家级规划教材。经过对原教材结构体系的调整和内容的修订与充实，再版后供各高校选用至今。

"面向21世纪课程教材""高等学校劳动与社会保障专业主干课程教材"第三版自2013年陆续出版至今，中国的劳动与社会保障事业取得了重大的发展和一系列成就，是就业和社会保障制度改革力度大、发展迅速的时期。以习近平同志为核心的党中央坚持以人民为中心的发展思想，高度重视民生建设，做出一系列重大决策部署，采取一系列政策措施，推动我国就业和社会保障工作取得重大进展，发生了一系列历史性变化。坚持实施就业优先战略和更加积极的就业政策，就业规模持续扩大；就业结构更加优化，就业形式更加多元；创业带动就业效应进一步发挥；高校毕业生等重点群体就业保持平稳，公共就业服务不断加强。以增强公平性、适应流动性、保证可持续性为重点，社会保障制度建设取得突破，世界上规模最大的多层次社会保障体系逐步健全，越来越多的群众享有基本保障；社会保障水平稳步提高，促进经济社会发展成果共享；基金规模不断扩大，安全水平进一步提高；经办管理服务体系基本形成，服务更加方便、快捷、高效。我国就业和社会保障事业的社会化发展，不仅有效地保障和改善民生，使人民群众从国家的发展进步中享受到更多的物质文明成果，同时也对改革发展稳定大局发挥了积极作用。

与此同时，国内外劳动与社会保障理论与实践涌现出许多新成果、新问题，为了吸纳这些最新理论和实践成果，有必要根据新的发展形势及时对本套主干课程系列教材进行调整、补充和完善。根据劳动与社会保障学科建设和专业教学需要，经公共管理类专业教学指导委员会劳动与社会保障专业教学指导委员会分会研究决定，在原6本教材的基础上增加两本，分别是《社会保险精算》和《社会保障法》。

这一版教材的修订编写，继续贯彻“面向21世纪课程教材”“高等学校劳动与社会保障专业主干课程教材”第一版、第二版、第三版的指导精神，把质量放在第一的位置，坚持先进性、科学性和适用性的基本原则。首先，要求教材广泛吸纳最新的优秀学术成果，注重学术规范，正确处理好继承与发展的关系，突出教材内容的创新价值。其次，要求教材中涉及的重要观点和分析得出的结论要有科学依据，教材内容和章节安排应符合教学规律和有利于教书育人。最后，要求教材既蕴涵丰富的基础理论与基本知识，又嵌入必要的基本技能与人文因素内容，将理论、知识、能力和素质融为一体。

与“面向21世纪课程教材”“高等学校劳动与社会保障专业主干课程教材”第三版相比，这一版教材在保留原有的结构和框架的基础上，吸收了一线教师的意见，对原有的内容进行了精简和压缩，力求言简意赅，简单即是美；同时又吸收了该领域最新的理论动态、实践动态和研究成果，并将党的十九大、二十大报告中的精神引入到教材中，使教材内容与时俱进，更加新颖、合理和完善；此外，按照编写体例要求，使教材形式更加生动活泼，增强可读性、启发性和引导性，为学习者做了必要的启迪。

总之，“面向21世纪课程教材”“高等学校劳动与社会保障专业主干课程教材”的出版，得到教育部高教司有关领导、劳动与社会保障领域专家学者、广大一线教师以及中国劳动社会保障出版社的大力支持和厚爱，在此，我们表示衷心感谢！同时，因修订时间仓促，加之我们编写水平有限，本套教材中的疏漏和不足之处在所难免，欢迎广大读者批评指正！

教育部21世纪劳动与社会保障专业主干课程教材编写组

2022年12月

第四版前言

《社会保障国际比较（第三版）》2014年修订出版后，被全国多所高校劳动与社会保障专业选定为主干课程教材。本书在全球经济和人口发展变化背景下对社会保障发展趋势、水平演变和制度改革等方面进行国际比较，扩展学生专业学习的国际视角。本书的核心观点、定量论证和比较方法被社会保障领域专家学者广泛肯定和认可，得到社会保障专业学生的好评。

本书第四版重点增加社会保障模式改革和社会保障水平变动的趋势研判，补充和更新国际社会保障水平、适度水平以及经济效应等数据，以核心指标数据国际比较，分析社会保障发展的总体趋势，探索社会保障制度改革规律，开拓劳动与社会保障专业学生的国际视角。同时，增加中国社会保障制度改革实践，在国外社会保障发展及经验借鉴、案例分析等部分，介绍中国社会保障制度改革和发展历程，特别是近年来社会保障制度结构调整和参数调整，多章适当增加案例分析，用社会保障改革和发展实践引导学生深入思考。

本书第四版坚持定性比较与定量支撑相结合的原则，以核心指标数据反映社会保障发展前沿，以经济、社会、人口指标数据体现社会保障改革的宏观背景，把对社会保障发展的理解嵌入对全球经济、社会与人口发展变化的认知中。既注重社会保障发展的前沿性分析，也注重社会保障专业的实用性，加强案例教学对学生的引导作用，强化现实问题导向思维，教学内容涵盖社会保障领域内的大多数关键问题，将数据分析贯穿教学始终，使得本书不仅可以作为全国高校劳动与社会保障专业教材，也适用于社会保障领域内专业人士的教研参考。

在本书第四版修订工作中，面对结构框架调整、数据缺失、数据来源分散等问题，编写组进行了多次研讨，商榷本书的结构框架和数据统计口径等问题，并吸纳了多名研究生开展数据搜集和更新工作。由于一些客观原因，第四版的各章节作者进行了调整。本书由穆怀中主编、通稿、审稿和定稿，辽宁大学公共管理学院王玥研究员、陈曦副教授协助承担内容框架修订、各章节作者联络沟通和协调等主要工作。2021级社会保障专业硕士研究生孟宪泽、腾新园承担了资料整理、排版和校对等工作。

本书第四版的编写作者全部来自辽宁大学，各章节作者（以章节为序）如下：

第一章　穆怀中　教　授

　　　　杜芳雨　副教授

第二章　陈　洋　副教授

第三章　穆怀中　教　授
　　　　陈　洋　副教授
第四章　杜芳雨　副教授
第五章　穆怀中　教　授
　　　　陈　曦　副教授
第六章　张文晓　副研究员
第七章　陈　曦　副教授
第八章　王　玥　研究员
第九章　王珍珍　副教授
第十章　王　玥　研究员
第十一章　范洪敏　副教授
第十二章　范洪敏　副教授
第十三章　范璐璐　副教授

感谢中国劳动社会保障出版社的支持和帮助。受数据统计口径等方面的限制，以及国际社会保障制度持续变革的影响，本书肯定还存在疏漏和不足，恳请各位专家和师生给予批评指正，不吝赐教。

穆怀中

2024年5月于沈阳

第三版前言

《社会保障国际比较（第二版）》2007 年修订出版后，作为普通高等教育“十一五”国家级规划教材，被全国多所高校作为社会保障主干课程教材采用。书中的国际视角、学术观点和基础数据多次被社会保障研究领域的学者和工作人员引用和借鉴，得到广泛的肯定和好评。本书第三版主要侧重于研究国际社会保障改革的动向与趋势，补充和更新各国社会保障改革和发展的数据，力图通过国际大数据的比较来洞察制度变化趋势，摸索制度改革规律。在世界政治经济格局纷繁变化的阶段，介绍各国如何在公平与效率、需求与供给、权利与义务、政府与市场等关系的博弈过程中完善和发展本国的社会保障制度。本书第三版仍然坚持理论研究、数据支撑与案例结合的“三位一体”的修订原则，既立足国际社会保障制度改革前沿，分析制度背景，凝练改革思想，观点和数据紧密结合，又努力贴近社会保障本科教学的特点，内容详尽，体系清晰，案例分析和课外阅读结合，注重启发学生思维。

本书的特点是理论性、系统性和实用性相结合，将理论阐述与数据分析贯穿于社会保障制度体系和各个项目的分析中，将国内外社会保障领域最新的改革动态和研究成果充分反映到本书中来，使本书既适合作为高等学校劳动与社会保障专业教材，又能为从事社会保障的理论研究者和实际工作人员提供参考。

在第三版修订的数据更新中，我们同样遇到了诸如数据搜集困难、新老数据之间的统计口径不一致等非常棘手的问题。参与本次修订的各章节作者多次召开研讨会，反复推敲和论证数据资料，并动员大量的研究生开展数据搜集和资料查找工作，最终将本书中的基本数据大部分补充更新到 2010 年。第三版修订的各章作者因为客观原因，个别章节做了更换并增加了新的作者。本书由穆怀中主编、统稿、审稿、定稿；辽宁大学人口研究所王玥副研究员协助我承担了联系作者、书稿初审和校对整理等工作；人口研究所 2011 级社会保障专业研究生王虎邦、张文晓、林萍萍、杨东升、魏兰、蔡玲、贾馨璐、王珺、李林芝等负责国际数据的查阅、搜集和整理工作。

本书各章作者（以章节为序）：

第一章	穆怀中	教授	辽宁大学
	沈　毅	博士	辽宁大学
第二章	武　萍	研究员	辽宁大学
第三章	穆怀中	教授	辽宁大学
	沈　毅	博士	辽宁大学

第四章　杨爱兵　副教授　　辽宁大学
第五章　穆怀中　教授　　　辽宁大学
　　　　沈　毅　博士　　　辽宁大学
第六章　闫琳琳　博士　　　辽宁大学
　　　　贾洪波　副教授　　北京航空航天大学
第七章　陈　曦　博士　　　辽宁大学
　　　　杨燕绥　教授　　　清华大学
第八章　王　玥　副研究员　辽宁大学
第九章　罗元文　教授　　　辽宁大学
第十章　王　玥　副研究员　辽宁大学
　　　　刘姗姗　副教授　　山西财经大学
第十一章　杨　刚　教授　　　东北财经大学
　　　　　成易蔓　博士　　　东北财经大学
第十二章　杨　刚　教授　　　东北财经大学
　　　　　成易蔓　博士　　　东北财经大学
第十三章　宋丽敏　副研究员　辽宁大学
　　　　　杨燕绥　教授　　　清华大学

感谢中国劳动社会保障出版社的支持和帮助。由于国际社会保障制度处于不断变革和完善时期，书中肯定还存在疏漏和不足，恳请各位专家和师生给予批评指正，不吝赐教。

穆怀中

2014年4月于沈阳

第二版前言

《社会保障国际比较（第一版）》2001年出版后，被多所高校劳动与社会保障专业选定为主干课程教材，书中的主要学术观点和数据资料也多次被从事社会保障研究的学者和工作人员引用。第一版教材的内容比较全面、资料详尽、体系清晰，得到了各方面的肯定。当然，在教材的使用过程中，教师和学生也针对教材中存在的诸如个别章节内容有所重复，前后章节衔接不太顺畅，以及部分理论阐述不易被学生理解等问题提出了宝贵的意见。

2007年本书再版，在过去的六年中，国内外社会保障制度发生了一系列的变化并形成了新的发展趋势，各国在公平与效率、需求与供给、权利与义务、政府与市场等关系的博弈过程中完善和发展了社会保障制度。因此，本书第二版的修订坚持立足国际、服务中国的原则，及时补充了各国社会保障制度改革的最新动态和最新数据，从而体现本教材的实用性和科学性。同时，我们还广泛地征求了教学一线的老师和学生以及教材出版单位相关人员的意见和建议，将第一版教材中存在的问题加以修订，以适应本科教学的特点和要求。

在本书第二版的修订过程中，我们保留了第一版教材中的两条并行的创作线索，在讲述世界社会保障制度内容的主线中，加深了对各种制度产生的政治、经济和文化背景的分析，对社会保障制度的各种思想理论进行精练，并将社会保障体系多元化的最新理论增添到相关章节中；在介绍社会保障项目内容的主线中，重点将各国的改革措施和数据加以更新，并增加了发展中国家社会保障项目内容的比较，同时将第一版中未涉及的项目内容如住房保障等补充进来。

在第二版教材的数据更新中，我们遇到了诸如数据搜集困难、新老数据之间的统计口径不一致等非常棘手的问题，但我们深知真实有效的数据在国际比较教材中的重要性和必要性。因此，我们动员大量的研究生搜集数据、查找资料，终于将本书的大部分相关数据补充到2003年左右，有的还更新到了2007年。

第二版修订的各章执笔人基本与第一版相同，但由于一些客观原因，个别章节的作者做了更换并增加了新的作者。本书由穆怀中主编、统稿、审稿、定稿；辽宁大学人口研究所办公室主任、博士生王玥协助我承担了联系作者、书稿初审和校对整理等工作；人口研究所2005级社会保障专业汪雪如等全体研究生负责数据的搜集、处理；人口资源环境经济学博士生洪轶男、杨健、邹丽丽，以及2006级人口学专业研究生闫琳琳协助主编承担了书稿的文字校对工作。

本书各章作者（以章节为序）：

第一章　穆怀中　教授　辽宁大学

第二章　武　萍　研究员　辽宁大学

第三章　穆怀中　教授　辽宁大学

洪轶男　博士生　辽宁大学

第四章　杨爱兵　副教授　辽宁大学

刘子兰　教授　湖南师范大学

第五章　穆怀中　教授　辽宁大学

邹丽丽　博士生　辽宁大学

第六章　杨燕绥　教授　清华大学

贾洪波　博士　北京航空航天大学

第七章　第一、第四节，杨燕绥　教授　清华大学

第二节，邹德新　博士　沈阳体育学院

第三节，洪轶男　博士生　辽宁大学

第八章　陈德君　研究员　辽宁大学

王　玥　博士生　辽宁大学

第九章　罗元文　教授　辽宁大学

第十章　刘珊珊　副教授　山西财经大学

杨　健　博士生　辽宁大学

第十一章　杨　刚　博士　东北财经大学

第十二章　杨　刚　博士　东北财经大学

第十三章　杨燕绥　教授　清华大学

感谢所有作者的努力，感谢中国劳动社会保障出版社的支持和帮助。由于时间和精力有限，本书肯定还存在许多缺点和不足，恳请专家和师生给予批评和指正。

穆怀中

2007 年 7 月 15 日于沈阳

第一版前言

社会保障制度面临的难题，是如何在公平与效率、需求与供给、权利与义务、政府与市场这些既矛盾又统一的关系中做出权衡。

本书立足国际、服务中国，通过对社会保障理论、社会保险、社会福利、社会救助等领域进行深层次的研究和探讨，在保障对象、享受条件、筹资模式、支付方式、保障水平、运行效果等方面进行比较分析，为我国社会保障制度改革提供有益的经验，使我国社会保障体制的改革与发展少走弯路，并且尽快与国际惯例接轨。

本书的特点是突出了理论性、系统性和实用性，力求既有理论深度，又有现实意义。本书不仅能适应高等学校有关专业教学的需要，而且能为从事社会保障事业的理论研究工作者和实际工作者提供参考；本书有其内在的科学体系，既追求内容的系统性，又突出体系的完整性，充分反映国内外有关的研究成果。

本书由辽宁大学副校长、人口研究所所长、博士生导师穆怀中教授担任主编，陈德君研究员协助主编承担了书稿初审和整理工作。辽宁大学人口研究所办公室主任苗红军硕士和社会保障专业硕士研究生许铁、邹明洳协助主编承担了书稿的文字校对和整理工作。

本书编写人员（以章为序）：

第一章、第三章第二和第三节、第五章　穆怀中　教授　辽宁大学

第二章　武　萍　博士生　辽宁大学

第三章第一节　李　珍　教授　武汉大学

第四章第一和第二节　杨　玲　博士生　武汉大学

第四章第三和第四节　刘子兰　博士生　武汉大学

第六、第七、第十三章　杨燕绥　教授　清华大学

第八章　陈德君　研究员　辽宁大学

第九章　罗元文　副研究员　辽宁大学

第十章　刘珊珊　博士生　山西财经大学

第十一、第十二章　杨　刚　博士生　北京大学

编写提纲审定专家：

邓大松　教授　武汉大学

李　珍　教授　武汉大学

穆怀中　教授　辽宁大学

林　义　教授　西南财经大学

赵　曼　教授　中南财经政法大学

马培生　教授　山西财经大学

书稿审定专家：

邓大松　教授　武汉大学

郑秉文　教授　中国社会科学院

侯文若　教授　中国人民大学

郭崇德　教授　北京大学

林　义　教授　西南财经大学

由于社会保障制度面临的复杂性和制度本身的多变性，同时又囿于我们编写人员有限的水平，书中肯定还有许多缺点和不足，恳请专家和读者给予批评指正。

穆怀中

2001 年 7 月 15 日

主编简介

穆怀中，经济学博士，辽宁大学资深教授，博士生导师，长期从事国民经济收入分配、人口与社会保障、社会资源优化配置研究。创建理论主要包括：社会保障适度水平理论、社会保障梯度对接理论、三次分配中的生存公平理论、二元福利差及其养老补偿理论、国民财富人口结构收入分配理论等。

穆怀中教授是全国社会保障领域知名专家，国家“百千万人才工程”百人层次，享受国务院特殊津贴，是辽宁省高等学校攀登学者、辽宁省优秀专家、辽宁省高等学校创新团队带头人。获评辽宁省哲学社会科学成就奖，多次担任国家自然科学基金、国家社会科学基金、教育部重大项目管理学科评审专家。在《经济研究》《中国人口科学》等核心期刊发表论文90余篇，公开出版学术著作和教材20部；主持国家自然科学基金重点项目1项，国家自然科学基金面上项目4项（其中2项鉴定优秀），国家社会科学基金重大项目2项，国家社会科学基金项目3项（其中1项鉴定优秀），亚洲发展银行项目1项；研究成果获省部级及以上奖励17项。

内 容 提 要

本书以社会保障国际比较的价值定位、内容界定和方法选择为切入点，在全球化和区域一体化的视角下，将社会保障制度运行机制和社会保障项目内容作为两条研究主线，通过对比分析改革实践和制度运行数据，阐释世界各国社会保障改革动因、现状、趋势及经验教训。

本书分为上册和下册，上册以世界社会保障制度的形成与发展、模式类型、基金筹集、运行管理等社会保障制度运行机制为主线，对各国社会保障制度演变历程和运行效果进行归纳和分类，对制度改革依托的政治、经济、思想和文化背景进行总结凝练和比较，对各国社会保障立法改革实践进行梳理。下册以养老保障、医疗保障、失业保险、职业伤害保险、社会福利、社会救助等社会保障项目内容为并行的另一条主线，着重比较分析了各项目中的保障对象、享受条件、筹资模式、支付方式、保障水平、运行效果等内容。

本书尝试通过系统分析与比较分析、宏观分析与微观解剖、一般概括与典型分析、历史总结与现实分析等方法相结合，汲取世界社会保障制度完善和发展过程中的规律和经验，并结合中国的社会经济背景和社会保障制度基础，兼容并包、取其精华，不断完善中国社会保障制度体系，提高中国社会保障制度应对全球化经济和社会风险的能力。

目　　录

上册

下册

第八章
养老保障制度国际比较

第一节　养老保障的发展

一、养老保障的概念及特征

养老保障是根据国家法律规定，为解决劳动者在达到国家法定退休年龄或因完全丧失劳动能力等符合法定退休条件而退出劳动力市场后的基本生活需求而建立的社会保障制度。[①] 各个国家对养老保障进行了不同的制度设计，大体可以分为缴费关联的养老保险模式和非缴费关联的国民年金模式。

（一）养老保险模式

养老保险是国家和社会通过立法实施的，运用保险运行机制，当劳动者遭遇老年风险、退出劳动领域、失去劳动收入时，为劳动者提供基本生活水平保障的制度。

养老保险具有四个特征。

（1）强制性。国家和社会为防止人们的短视效应，保障社会稳定等目标，规定养老保险必须采取立法强制形式。

（2）普遍性。老年期是人生必经阶段，养老保险涉及全体社会成员。

（3）精算特性。养老保险具有保险的核心特征和主要内容，在实际操作中具有财务平衡要求，因而包括风险储蓄、权利义务对等、规模融资效应等精算特性。

（4）再分配性质。养老保险现收现付制以代际收入转移实现代际的横向收入再分配，基金积累制以个人生命周期内收入平滑实现个人的纵向收入再分配。

① 劳动与社会保障法学编写组．劳动与社会保障法［M］．2 版．北京：高等教育出版社，2018：222.

（二）国民年金模式

国民年金是以税收为主要筹资来源的普惠式养老待遇给付或以家计调查为基础的养老金。国民年金是对社会成员基本生存权利的保障，在多层次养老保障体系中具有重要地位。

国民年金具有两个特征。

（1）满足基本生存需求的功能定位。国民年金通常是为了满足社会成员基本生存需求而进行的制度设计，保障水平相对偏低。

（2）较强的收入再分配特征。由于国民年金通常是以税收为主要筹资来源，且待遇给付的差异性较小，因此国民年金具有较强的收入再分配特征。

二、养老保障的演变

在社会保障尚未建立阶段，家庭养老是养老保障的主要方式，随着工业化进程加快以及家庭结构转变，养老保障方式逐渐由家庭养老向缴费型养老保险制度和非保险特征的国民年金制度转变。

（一）非正规的家庭养老保障

家庭养老是由家庭提供养老资源、承担赡养老年人责任的养老模式。劳动者在劳动期的收入用于储蓄和赡养老年人，在其年老后，养老责任向下一代转移。在养老保障制度未建立的情况下，家庭养老是一种稳定、合理、有效的养老保障代际安排，而其建立的基础是几世同堂的家庭结构。

随着社会生产力的发展，自然经济为主体的农业社会被工业化社会取代，造成农业人口向城市大量转移，传统家庭结构解体，传统观念和家庭养老首先在工业国家先行瓦解。在这种背景下，社会化、市场化和契约化的养老保险乃至养老保障制度逐渐建立，取代了自然经济形态下的家庭养老或家族保护，而家庭养老功能则由物质养老支持向精神慰藉转变。

（二）缴费型的养老保险计划

缴费型养老保险计划是养老保障实践中的一种模式，缴费型养老保险计划强调个人缴费责任。缴费型养老保险即预先进行老年风险储蓄和具有养老金支付承诺合同的制度安排，属于缴费型计划，具有保险特征。它包括社会养老保险和商业养老保险，商业养老保险包括雇主养老保险和个人养老保险。

1889 年，德国俾斯麦政府颁布了《老年和残障社会保险法》，被认为是现代养老保险产生的标志。该计划具有预先缴费和根据保险合同的承诺支付养老金的保险特征，为养老保险模式开了先河，也被称为社会养老保险计划、缴费型国家养老福利计划等。此后，类似的养老保险计划被很多国家采用和发展。

1921 年，大都会寿险公司（The Metropolitan Life Insurance Company）发出第一份年金保险合同，从此结束了保险业寿险产品仅对死亡被保险人进行理赔的时代，开始经营供养生存被保险人的养老年金保险产品。年金保险以生存期为保障责任，与以死亡为保险责任的寿险不同，主要区别如下：（1）使用不同的生命表，前者使用生存概率，后者使用死亡概率；（2）给付条件不同，前者对生存的被保险人支付养老金，后者对被保险人死亡进行理赔；（3）死亡概率的影响不同，后者的死亡风险大于前者，因而更关心死亡概率，需要精算技术的支持。

养老年金保险产品为雇主养老保险计划提供了商业化和市场化管理模式，降低了雇主举办养老保险计划所面临的风险，使员工养老福利更具有安全性和收益性，非常受雇主和雇员欢迎，一度成为养老保险市场的主流产品。此后，又出现了个人年金保险产品。

（三）非保险特征的国民年金模式

随着家庭养老功能弱化和瓦解，养老保障制度的探索不断深入。从 19 世纪末期到 20 世纪中期，那些试图建立正规养老保障制度的国家，一方面借鉴他国经验，另一方面根据本国国情选择养老保障模式。根据美国社会保障总署的资料，175 个国家中有 166 个国家建立了一个或多个覆盖老年人、病残者和遗属的社会保障制度中，存在 220 种不同的养老保障制度类型（见表 8–1）。

表 8–1 部分地区中老年人、病残者和遗属社会保障制度的类型（1997 年）

地区	制度数目	缴费		非缴费		强制	强制储蓄		
		均一待遇	收入关联待遇	家计调查后待遇	均一待遇	私营养老金	公共	私营	总数
非洲	5	1	34	3	3	1	6	—	—
亚洲	3	2	29	2	1	—	7	—	—
拉丁美洲	1	1	34	6	—	—	—	5	—
加勒比海	—	—	—	—	—	—	—	—	—

续表

地区	制度数目	缴费		非缴费		强制	强制储蓄		
		均一待遇	收入关联待遇	家计调查后待遇	均一待遇	私营养老金	公共	私营	总数
欧洲	—	14	31	12	2	3	—	—	—
大洋洲	—	—	3	—	—	1	6	—	—
总计	9	18	133	24	7	5	19	5	220

资料来源：科林·吉列恩，约翰·特纳，克利夫·贝雷，等.全球养老保险——改革与发展［M］.北京：中国劳动社会保障出版社，2002：174.

国民年金是养老保障探索实践中形成的一种养老保障模式。第二次世界大战以后，社会保障体系逐渐成熟和壮大。《贝弗里奇报告》对福利国家政策产生很大影响，国民年金养老保障模式逐渐建立。国民年金是由国家筹集资金、管理基金和支付养老金的养老保障制度安排。国民年金属于福利型计划，不具有保险特征，具有如下特征：（1）政府是筹集资金和支付养老金的责任主体；（2）覆盖满足退休条件的全体国民；（3）对符合条件的全体国民支付均等待遇，一般情况下与受益人的纳税和工薪状况不关联。

三、养老保障的发展趋势

全球养老保障的发展呈现普惠型（福利）计划、缴费型（保险）计划和储蓄型（积累）计划多元融合发展的趋势。受各国人口年龄结构、经济发展水平差异的影响，普惠型（福利）计划向储蓄型（积累）计划演进的趋势表现出不同的水平，进而产生不同类型的社会保障多元模式。

（一）普惠型（福利）计划向缴费型（保险）计划发展

第二次世界大战以后，在福利国家思想和家庭养老弱化的双重作用下，普惠型（福利）计划逐渐建立，国民年金计划是其主要形式。英国和北欧国家最早实行普惠型国民年金计划，对国民提供以财政负担为基础的养老金给付，但是随着养老金给付需求人口不断增加以及给付水平的刚性发展，养老金支出造成严重的财政压力，各个国家开始探索缴费型（保险）计划，强化个人缴费责任。

缴费型（保险）计划在依法赋予国民权利的同时，不断强化国民参与养老保险并履行缴费义务的责任，对履行缴费义务的国民提供与缴费贡献相挂钩的养老金给付。而消除贫困和维护社会公平是政府的基本职能，普惠型（福利）计划的对象开始转为缺乏稳定收入的贫困群体，对未履行缴费义务的国民提供满足其基本养老需求的养老金。

（二）缴费型（保险）计划向储蓄型（积累）计划发展

20 世纪 70 年代以前，建立社会养老保险计划和雇主养老保险计划大多选择现收现付制和给付确定型模式，50% 中等收入国家、10% ~ 20% 低收入国家适用该模式，苏联、东欧国家和中国也选择了这一模式。此后，人口结构的变化对这种模式产生了冲击效应。

20 世纪 80 年代以来，在全球掀起养老保障制度改革高潮。单一的家庭养老模式和国民年金模式都面临破产。家庭养老遇到工业化和城市化的挑战，随着家庭结构的改变和家庭规模的缩小，养老保障功能越来越弱化。国民年金遇到人口老龄化和经济全球化的挑战，政府负担越来越重。此时，缴费型（保险）计划制度安排的缺陷越来越明显，现收现付制难以应对人口老龄化冲击，劳动力人口负担过重，改革势在必行。

在改革的过程中，很多国家政府和公众开始关注和接受储蓄型（积累）计划在应对人口老龄化方面的独特优势，鼓励个人养老储蓄和购买商业养老保险。部分国家建立了符合国情的完全积累制养老保险制度，如智利建立的个人账户养老保险计划，其他一些国家在保持养老保险收入再分配功能的同时，引入部分积累制，形成基础养老金和个人账户相结合的缴费型－储蓄型混合模式。储蓄型（积累）计划进一步强化了个人的养老责任，使得养老保险制度安排的激励性和效率性有所加强，养老金与资本市场的内在关系和互动作用得以发挥，同时也对养老保险的资金筹集、账户管理和支付系统建设以及养老保险机构的完善提出了更高的要求。

专栏 8–1　美国社会保障简史①

- 1935 年罗斯福总统签署《社会保障法》
- 1937 年开始征收工薪税
- 1939 年扩大制度覆盖到家庭成员和遗属
- 1940 年开始为退休工人按月支付退休金
- 1950 年国家允许制度覆盖公务员

① 马歇尔 · N. 卡特，威廉 · G. 希普曼 . 信守诺言—美国养老社会保险制度改革［M］. 北京：中国劳动社会保障出版社，2003：25.

- 1956 年加入伤残保险计划，为伤残工人提供收入
- 1965 年建立医疗照顾保险
- 1969 年社会保障纳入财政预算
- 1983 年社会保障从财政预算中分离出来
- 1994 年颁布《社会保障独立和修正法》，使社会保障同其他经济和财政决策相分离
- 1995 年社会保障有了独立的联邦政府机构
- 2006 年通过《养老金保护法案》，确保养老保障体系运行安全
- 2010 年通过了《医疗保险改革法案》，实现了医疗保障改革新的突破
- 2019 年通过《养老金提高法案》，鼓励提高退休金储蓄

第二节　养老保险模式的分类与比较

养老保障覆盖各类养老保险计划、国民年金、养老储蓄计划。养老保险模式主要包括社会养老保险、职业养老保险和个人养老保险。本章介绍这三类养老保险计划及其主要特征。

一、养老保险责任主体模式分类与比较

在长期养老保险实践中，形成了以政府为责任主体或混合责任主体的社会养老保险模式，以企业为责任主体的职业养老保险模式和以个人为责任主体的个人养老保险模式。各种模式相互补充构成了多支柱的养老保险体系。

（一）以政府为责任主体的社会养老保险模式

第二次世界大战之后，福利国家建立的普惠型（福利）计划是完全以政府为责任主体的养老保险模式，普惠型（福利）计划即基于税收和财政预算建立，由政府直接经办，按照普惠的原则支付养老金的制度安排。通常，受益人的养老金待遇与其贡献不关联，如传统国民年金。在人口老龄化冲击下，普惠型（福利）计划模式对福利国家造成过高的财政压力。此后的养老保险实践中，政府责任逐渐减小，而企业和个人责任不断强化。

（二）混合责任主体的社会养老保险模式

随着养老保险改革的进行，普惠型（福利）计划逐渐向缴费型（保险）计划发展。与之相对应，养老保险责任主体也由单纯依靠政府向政府、企业、个人相结合的混合模式发展。缴费型（保险）计划要求雇主和雇员参加养老保险计划并履行缴费义务，由社会保险机构等组织依法经办，按照权利义务相匹配原则支付养老金。通常，受益人的养老金待遇与其贡献关联，采取现收现付制的运作模式。

（三）以企业为责任主体的职业养老保险模式

职业养老保险模式是指由雇主依法和集体协议举办并担保支付养老金，具有集体互济性的养老保险计划。职业养老保险的责任主体是雇主，包括单雇主、多雇主或雇主组织。狭义职业养老保险仅指商业性团体养老保险，广义概念覆盖由雇主举办的各类养老保险计划。

1. 职业养老保险模式的运作流程

依据国家法律进行集体谈判，达成集体协议，制订职业养老保险计划，通过雇主单方供款或雇主、雇员双方供款（可能在税前列支）的方式筹集资金，建立养老保险公共账户、公共基金和个人账户（也可能不建立个人账户），依法对养老保险基金进行非市场化运作或市场化运作，按照养老保险方案支付养老金，由雇主、多雇主或雇主组织的养老保险计划经办人承担养老金支付责任。

2. 职业养老保险模式的类型

（1）单雇主计划，即公司独立举办和经营的养老保险计划，如传统 DB 型雇主养老保险计划；（2）多雇主联合计划，即由两个以上公司联合经营的养老保险计划；（3）行业性计划，即行业统一举办和经营的养老保险计划，如公务员养老保险计划、教师养老保险计划、铁路工人养老保险计划等。

3. 职业养老保险模式的主要特征

（1）两重法定性，即遵守国家法律，制订行业性或者公司性养老保险方案。（2）资金多元性，包括雇主单方供款、雇主和雇员双方供款。政府可能给予税收优惠政策，允许雇主、雇员向职业养老保险计划的供款在税前列支。（3）分为合格计划与非合格计划，基于税收优惠政策建立的职业养老保险计划需要接受资格审查和年度检查，被称为合格计划；没有享受税收优惠政策的职业养老保险计划，不需要接受资格审查和年度检查，被称为非合格计划。（4）集体主义，即在企业范围内或行业范围内有互济作用。（5）支付方式多样化。（6）职业养老保险体现了企业文化与市场机制相结合。

（四）以个人为责任主体的个人养老保险模式

个人养老保险模式是指由个人依法建立的，依托中介服务获取养老金，不具有互济性的养老保险计划。个人养老保险的责任主体是养老金受益人。无论是公务员、雇员还是自我雇佣者，均由个人获得收益和承担风险。个人养老保险主要指购买商业寿险产品，广义概念涉及各类个人养老储蓄。

个人养老保险分制度性安排和非制度性安排。个人养老保险制度性安排是指依专项法律建立的个人养老保险计划，包括强制性计划和自愿性计划。智利的个人养老保险计划是强制性计划，美国401（k）计划是自愿性养老储蓄计划。个人养老保险非制度性安排是指个人自愿按照商业规则建立的个人养老保险计划，如购买商业养老保险产品或在银行建立养老储蓄账户。制度性安排的资金被视为既定养老金而依法锁定，一般情况下不允许提前支取。非制度性安排的资金可能流失，个人养老保险计划所有者可能因为各种原因改变计划内资金的使用目标，如退保和提前支取养老储蓄等。

1. 个人商业养老保险

个人商业养老保险是指个体投保人根据合同约定，向保险人交付保险费，保险人根据合同约定承担支付养老金责任的商业保险行为。个人商业养老保险的购买委托行为可能发生在养老保险计划的不同阶段，包括以下类型：（1）在资金筹集阶段购买商业养老年金产品，到退休时点一次性结算；（2）在退休时点购买商业养老年金产品，支付生存年金或定期年金；（3）委托保险公司终身管理个人养老保险计划。在实践中，个人养老保险计划在任何时点上都可能与商业养老保险发生关联。

2. 个人养老储蓄

个人养老储蓄是指个人自愿或被强制建立养老储蓄账户，账户资金被锁定到法定年龄才可以领取。个人养老储蓄包括强制性、半强制性和完全自愿性计划。

强制性个人养老储蓄是指依法强制建立养老储蓄，其资金筹集、基金管理和待遇支付三个环节都必须依法进行的制度安排。这类计划一般与国家养老保障制度关联。例如，智利《养老金法》（3500号法令）要求雇员必须按照工资10%的费率在缴纳个人所得税之前进行养老储蓄。我国《关于完善企业职工基本养老保险制度的决定》规定，个人养老储蓄账户是社会养老保险计划的一部分，社会保险经办机构或地税部门按照个人工资 8%的费率，在缴纳个人所得税之前代扣养老储蓄。

半强制性个人养老储蓄是指个人自愿建立养老储蓄，一旦建立这类计划，其资金筹集、基金管理和待遇支付三个环节都必须依法进行的制度安排。例如，美国《国内税收法》第 401 条（k）款规定，私营公司自愿建立养老保险计划，雇员自愿决定是否供款和如何供款。一旦建立了这类计划，雇主必须依据法律规定的范围和标准向其雇员个人账户供款，不得随意排除雇员，雇主供款不得对雇员具有歧视性。雇员必须依法管理自己个人账户的养老基金，不得提前支取，法律另有规定的除外。

完全自愿性计划是指个人自愿建立和管理的养老储蓄计划，个人有权终止计划。

二、养老保险技术模式分类与比较

养老保险技术模式是指支持养老保险资金筹集、基金管理和待遇支付的技术措施和操作流程。

（一）资金筹集模式

资金筹集模式是指养老保险计划筹集资金的财务制度安排，主要包括现收现付制和基金积累制，以及二者混合模式——部分积累制。此问题在之前章节已经讨论，此处只做简单回顾。

1. 现收现付制

现收现付制的养老保险计划，是指用在职员工的缴费支付退休员工的养老金，体现为不同代人群之间的赡养。1889 年，德国政府颁布和实施的《老年和残障社会保险法》创立了现收现付制社会养老保险的制度标杆。根据该法规定，雇主和雇员必须依法向社会养老保险计划缴费，雇员达到退休年龄即可以从该计划领取养老金。

现收现付制养老保险模式的主要特征：短期债务，以支定收，社会统筹，代际赡养。

2. 基金积累制

基金积累制是指在进入老龄之前进行的预防老年风险的资金储备，包括完全积累制和部分积累制。人们可以为很多目标而进行预先积累，养老基金积累在人口老龄化时代比较普遍。

基金积累制养老保险模式的主要特征有四个。（1）长期债务，即在精算技术支持下按照生命周期进行终身理财。一方面，该模式对应对人口老龄化问题具有积极效应；另一方面，养老保险基金管理需要有审慎受托人、机构投资者和成熟资本市场的支持，在基金贬值和投资风险之间进行选择，构建养老保险基金安全运营机制，这是一个严峻的挑战。（2）以收定支。（3）个人账户。（4）自我保障。因此，个人需要承受一系列风险，如由于失业导致的供款能力风险，由于市场波动带来的投资收益损失。

3. 混合模式

混合模式是指将现收现付制和基金积累制混合的制度安排，将未来养老金分为两个部分，一部分来自社会统筹的现收现付养老金，另一部分来自个人账户积累的养老金。混合模式具有很多弹性，既可以实现政府责任、社会互济和自我保障的有效结合，又可以减少人口老龄化和投资风险的影响。例如，国务院《关于建立统一的企业职工基本养老保险制度的决定》明确我国企业职工养老保险的模式为社会统筹与个人账户相结合，这就是一个典型的混合计划。

在混合模式下，现收现付养老金支付水平可以降低，养老金积累速度和总量可以减少，因此被称为部分积累制。

（二）账户模式

账户模式是指管理养老保险基金的财务制度安排，主要包括社会统筹、个人账户和过渡账户。

1. 社会统筹（social pooling）

社会统筹是指养老保险基金的公共收支系统，具有社会互济功能。养老保险社会统筹的主要特征有三个。（1）管理公共资金，社会统筹是管理公共资金的财务系统，包括来自财政预算、雇主和雇员缴费以及其他渠道的资金，通常为社会养老保险和其他公共养老保险计划所采用，以实现社会互济的目标；（2）管理流动资金，这是根据有关法律的合理假设保留的流动资金，以保证预期内的养老金支付；社会统筹是支持现收现付制安排的财务操作系统，只具有管理和操作日常资金的功能，不具有投资运作和进行基金积累的功能；（3）收支两条线，养老保险基金的收支通常由两个不同机构进行操作，即养老保险费征收机构和养老金支付机构。

2. 个人账户（individual account）

个人账户是指在个人名下建立的养老保险积累记录和财务管理系统，具有保障个人权益的功能。养老保险个人账户的主要特点有两个：（1）具有终身记录和管理个人养老保险缴费权益、投资收益和财务状况的功能；（2）资金主要来自个人或雇员和雇主缴费以及投资收益，属于个人所有，并可以依法继承。

3. 过渡账户（transfer account）

过渡账户是指管理不同主体之间发生的养老保险资产权益让渡过程的财务管理系统。例如，在职业养老保险计划中，雇主附条件为某雇员供款，只有在该雇员履行一定义务后才能获得雇主供款。在此之前，雇主供款可以暂时放在过渡账户中进行管理。

（三）支付模式

支付模式由养老保险待遇给付原则和支付方法构成，包括是否具有预先确定的待遇、是否附带相关条件、是否附带被供养人等问题。

1. 给付确定型和缴费确定型

给付确定型（DB）养老保险计划的主要特征有两个：（1）养老金提供者需要预先确定养老金支付水平，属于待遇承诺前置性制度安排；（2）由养老金提供者承担投资风险，或者只根据供款和投资收益总积累决定养老金支付水平。缴费确定型（DC）养老保险计划的主要特征有三个：（1）在参加养老保险计划时确定供款方法甚至最低投资收益，不承诺养老金支付水平，属于待遇承诺后置性制度安排；（2）养老金提供者不对养老金支付承担担保责任：（3）建立个人账户并运作资金，由个人承担投资风险。

2. 均等待遇和收入关联

均等待遇是指对全体受益人支付同等水平的养老金，不需要考虑他们的工龄、最后工资（或者平均工资）以及缴费记录等问题。

收入关联是指养老金支付水平与受益人的最后工资（或者平均工资）和缴费记录等挂钩。例如，我国国务院《关于建立统一的企业职工基本养老保险制度的决定》规定，基础养老金月标准以当地上年度在岗职工月平均工资和本人指数化月平均缴费工资的平均值为基数，缴费每满 1 年发给 1%。

3. 一次性支付和年金支付

一次性支付是指在参保人达到退休年龄时一笔结算并领取其全部养老保险权益。通常，参保人可以得到一笔数额较大的养老金，并缴纳较高的个人所得税。

年金支付是指依法或者合同约定按月定期支付养老金，包括定期年金和生存年金。前者指按法定或约定期限支付的年金，如 10 年或 20 年；后者指支付到生存最后一个月的年金。

专栏 8–2　美国的 401（k）企业年金计划

1978 年，美国《国内税收法》新增第 401 条（k）项条款，明确规定通过税收优惠政策鼓励雇主设立养老金计划，401（k）计划由此诞生。1981 年，美国国家税务局规定了 401（k）条款的解释性纲要，增加了 401（k）计划的实用性。条款规定，雇员可以使用常规工资缴费，并享受税收优惠。由此，雇员自愿将常规工资收入的一定百分比投入雇主发起设立的养老金计划。为充分发挥 401（k）计划的税收优惠作用，美国国家税务局制定了非歧视性原则以避免雇主设立的养老金成为高收入人群的群体福利。

1998 年，美国国家税务局规定允许 401（k）计划对新雇员实行自动加入，并在 2000 年允许该计划对现有雇员实行自动加入。2001 年通过的《经济增长与税收减缓妥协法案》规定，逐渐放松雇员参与 401（k）计划的缴费限额，推行追加缴费制度，逐步增加雇员参加 DC 计划的最高缴费上限，创建 TEE 型税收优惠账户等。

2006 年《养老金保护法案》鼓励雇主对新雇员和已经加入计划的合格雇员实行自动加入，设计“合格自动缴费安排”，规定默认缴费率和默认投资组合。“合格自动缴费安排”于 2008 年生效。2013 年通过的《SAFE 退休法案》提出，取消 401(k）计划自动合格默认缴费率最高 10% 的上限，以增加退休储蓄。

资料来源：李瑶，柏正杰 . 美国企业年金制度的经验、教训与启示——以 401（k）计划为例［J］. 社会保障研究，2018（6）：103–111.

三、养老保险制度运行比较

衡量养老保险制度运行情况的指标比较广泛，在此主要对各个国家养老保险覆盖率、缴费率、替代率，以及养老保险水平、养老金调整指数和退休年龄等养老保险制度关键指标进行比较分析。

（一）养老保险覆盖率比较

养老保险覆盖率是指养老保险在某一国家中覆盖人口占总人口的比例。覆盖率越高，国家养老保障水平越高；反之会出现“应保未保”的情况，使得部分老年人口难以满足养老需求。养老保险制度对象由劳动人口和老年人口两部分组成，根据这一人口划分标准，养老保险覆盖率可以进一步分解为养老金领取人数占退休年龄人口比重和供款人数占劳动年龄人口比重两种指标。养老金领取人数占退休年龄人口比重反映老年人口“应保尽保”的水平，供款人口占劳动年龄人口比重反映养老保险遵缴率。养老保险覆盖率、养老金领取人数占退休年龄人口比重及供款人数占劳动年龄人口比重是衡量一个国家养老保险水平和制度可持续性的重要标准。

通过表 8–2 的对比我们可以发现，多数发达的福利国家养老保险覆盖率较高，达到 90% 以上，包括丹麦、冰岛、荷兰、瑞典等国，这些国家是福利国家的典型代表，养老保险作为社会福利的重要组成部分，几乎覆盖全民。大多数国家的覆盖率水平都达到 40% 以上，如英国、美国。部分国家虽然养老保险覆盖率低，但老年人口几乎全部能够领取养老金，如奥地利、加拿大和卢森堡。从构成类型上看，多数国家的养老保险计划都涉及强制性养老保险、职业养老保险和私人养老保险等多支柱。

表 8–2　　部分国家养老保险覆盖率比较分析　　%

国家	覆盖率	养老金领取人数占退休年龄人口比重	供款人数占劳动年龄人口比重	养老金类型
澳大利亚	>90	74.3	69.6	MOP
奥地利	35	100.0	68.3	VO
比利时	40 ～ 50	100.0	63.2	VO
加拿大	39	100.0	56.1	VO
捷克	40	100.0	70.0	VOP
丹麦	>90	100.0	78.1	MP
芬兰	15	100.0	65.7	VP
法国	10	100.0	63.6	VO
德国	57	100.0	68.6	VO
匈牙利	58	100.0	59.7	MP
冰岛	>90	85.6	80.0	MO
爱尔兰	58	95.8	75.4	VOP
日本	45	100.0	84.9	VO
卢森堡	20	100.0	100.0	VO
墨西哥	31	25.2	18.8	MP
荷兰	>90	100.0	74.6	MO
新西兰	20	100.0	—	VO

续表

国家	覆盖率	养老金领取人数占退休年龄人口比重	供款人数占劳动年龄人口比重	养老金类型
挪威	>90	100.0	76.2	MO
波兰	49	100.0	59.1	MP
西班牙	40	100.0	56.2	VP
瑞典	>90	100.0	72.0	MP
瑞士	>90	100.0	—	MO
英国	43	100.0	71.4	VO
美国	47	74.0	78.5	VO

资料来源：

① Pensions at glance：policies across OECD countries，2007.

② World social security report 2010—2011.

③ Pension at a glance 2019：OECD and G20 indicators.

④ World social protection report 2017—2019.

注：养老金类型中 M 代表强制性养老保险，O 代表以雇主为基础的职业养老保险，P 代表私人养老保险，V 代表自愿养老保险；覆盖率为 2004 年数据；养老金领取人数占退休年龄人口比重一列采用 2015 年或最近可用年份数据；供款人数占劳动年龄人口比重一列中，英国为 2005 年数据，澳大利亚为 2008 年数据，丹麦、日本、波兰、美国为 2010 年数据，加拿大、德国、墨西哥为 2015 年数据，其余国家为 2013 年数据。

（二）养老保险缴费率比较

养老保险缴费率是以满足养老保险支出为目标，通过精算得到的养老保险缴费水平，通常以工资收入的一定比例表示。缴费率的确定是养老保险制度运行的关键环节，缴费率过高，将导致企业和个人负担过重，养老保险制度难以持续运行；缴费率过低，则难以满足养老保险支出需求，会降低养老保险水平。所以，各个国家养老保险缴费率差异体现其养老保险模式及水平特点（见表 8-3）。

表 8-3　部分国家养老保险缴费率变动状况　%

国家	年份					
	1994	1999	2004	2007	2009	2018
奥地利	22.8	22.8	22.8	22.8	22.8	22.8
比利时	16.4	16.4	16.4	16.4	16.4	16.4
加拿大	5.2	7.7	9.9	9.9	9.9	9.9
捷克	26.9	26.0	28.0	32.5	28.0	28.0
芬兰	18.6	21.5	21.4	20.9	21.6	24.4

续表

国家	年份					
	1994	1999	2004	2007	2009	2018
法国	21.5	24.0	24.0	16.7	16.7	27.5
德国	19.2	19.7	19.5	19.9	19.9	18.6
希腊	20.0	20.0	20.0	20.0	20.0	20.0
匈牙利	30.5	30.0	26.5	29.5	33.5	25.5
意大利	28.3	32.7	32.7	32.7	32.7	33.0
日本	16.5	7.4	13.9	14.6	15.4	18.3
韩国	6.0	9.0	9.0	9.0	9.0	9.0
卢森堡	16.0	16.0	16.0	16.0	16.0	16.0
荷兰	33.1	37.7	28.1	17.9	17.9	18.0
波兰	—	32.5	32.5	19.5	19.5	27.5
斯洛伐克	28.5	27.5	26.0	24.0	18.0	18.0
西班牙	29.3	28.3	28.3	28.3	28.3	28.3
瑞典	19.1	15.1	18.9	18.9	18.9	21.7
瑞士	9.8	9.8	9.8	9.8	9.8	20.9
土耳其	20.0	20.0	20.0	20.0	20.0	20.0
美国	12.4	12.4	12.4	12.4	12.4	12.4
OECD 国家平均	19.9	20.3	20.0	19.8	19.6	18.4

资料来源：

① Pensions at glance：policies across OECD countries，2007.

② Pensions at glance 2011：retirement-income systems in OECD and G20 countries.

③ Pension at a glance 2019：OECD and G20 indicators.

对比以上国家可以看出，国家之间缴费率的高低和各国的养老保险模式、经济发展状况及传统文化、政治背景等国情密切相关，缴费率最高的国家为意大利，超过 30%。中间档次的国家缴费率水平分布在 10% ~ 30%。缴费率较低的为韩国、加拿大，缴费率在 10% 以下。我国养老保险的缴费水平，考虑职工和企业的共同缴费，合计缴费率约为 24%，这个缴费水平从国际上看，属于中档水平的缴费率。

（三）养老保险替代率比较

养老保险替代率水平是指养老金给付额对退休前工资收入的替代程度，是养老保险给付环节的重要衡量指标。表 8–4 反映了部分国家替代率水平。总体来看，发达国家的替代率水平较高，发展中国家的替代率水平偏低。

表 8–4 部分国家养老保险替代率水平国际比较（2019 年） %

国家	替代率	国家	替代率
澳大利亚	41.0	日本	36.8
奥地利	89.9	韩国	43.4
比利时	66.2	卢森堡	90.1
加拿大	50.7	墨西哥	28.6
捷克	60.3	荷兰	80.2
丹麦	70.9	新西兰	42.8
芬兰	64.2	挪威	51.6
法国	73.6	波兰	35.1
德国	51.9	葡萄牙	89.6
希腊	51.1	西班牙	83.4
匈牙利	84.3	瑞典	53.4
冰岛	69.8	瑞士	44.3
意大利	91.8	土耳其	93.8
美国	49.4	英国	28.4

资料来源：Pension at a glance 2019：OECD and G20 indicators.

养老保险替代率要保持在适度水平，水平过高将挫伤劳动力人口的生产积极性，造成财政压力过重；水平过低则难以满足老年人口养老需求。国际上通常认定 60% 为养老保险合意替代率，在肯定老年人口曾经的劳动贡献、维持其基本生活需求的同时，保持老年人口和劳动力人口适当的收入差距，实现养老保险制度可持续发展。表 8–4 中，部分国家养老金替代率水平较高，如丹麦等，表现出较高的给付水平，这是福利国家的典型特征，说明这些国家更偏好公平的态度。

表 8–5 显示了我国基本养老保险替代率的发展趋势。目前城镇职工和城乡居民的基本养老保险是我国养老保险体系的核心，也是退休人员收入最主要来源。从统计分析的数据来看，我国城镇职工与城乡居民的养老保险替代率水平存在明显差异，城镇职工的

养老保险替代率呈明显下降趋势，城乡居民的养老保险替代率总体呈上升趋势，城乡养老保障差距在缩小。

表 8-5　　我国基本养老保险替代率水平　　%

年份	城镇职工养老保险替代率	城乡居民养老保险替代率
2000	65.95	—
2001	63.38	—
2002	63.69	—
2003	57.90	—
2004	53.62	—
2005	50.83	—
2006	50.65	—
2007	48.71	—
2008	48.22	—
2009	47.50	—
2010	45.82	—
2011	44.74	—
2012	44.69	5.29
2013	44.62	5.21
2014	44.92	5.28
2015	45.52	6.51
2016	46.66	5.91
2017	46.44	5.86
2018	45.92	6.47
2019	44.19	6.32
2020	41.28	6.49

资料来源：国家统计局发布的 2001—2021 年的中国统计年鉴。

（四）养老保险水平比较

养老保险水平有宏观和微观之分，宏观养老保险水平是指养老保险支出占 GDP 比重，微观养老保险水平是指退休人员养老金给付。微观养老保险水平受各个国家物价、收入水平等差异的影响，难以进行直接比较。养老保险水平国际比较通常采用宏观指标，反映养老保险支出占经济发展成果的程度，表 8–6 显示了部分国家养老保险水平的发展趋势。意大利、西班牙、美国、澳大利亚、墨西哥等国家养老保险水平呈上升趋势，养老保险支出财政压力增大；部分国家养老保险水平略显下降，如奥地利、法国、德国、英国。

表 8–6　　部分国家养老保险支出占 GDP 的比重　　%

国家	年份	养老保险支出占 GDP 的比重	年份	养老保险支出占 GDP 的比重
奥地利	2009	13.5	2017	13.0
法国	2009	13.7	2018	13.6
德国	2009	11.3	2017	10.2
意大利	2009	15.4	2017	15.6
西班牙	2009	9.3	2017	10.9
英国	2009	6.2	2017	5.6
美国	2009	6.8	2018	7.0
澳大利亚	2009	3.5	2017	4.0
乌拉圭	2009	—	2018	—
墨西哥	2009	1.7	2019	3.1

资料来源：

① DISNEY，RICHARD D. OECD public pension programmes in crisis：an evaluation of the reform options// Social protection discussion paper 9921. The World Bank，1999：8.

② OECD 数据库。

（五）养老金调整指数比较

简单地说，养老金指数化调整是指让退休人员的养老金随经济的发展、物价等的波动自动发生调整。

在一定时期内的物质财富主要是由在职劳动者创造的，但这种财富的产生与积累却离不开上一代人创造和奠定的经济社会基础，因此老年人具有分享经济社会发展成果的权利，这种权利体现为养老金随物价和收入水平提高而增长。以德国和美国为代表，发达国家在 20 世纪六七十年代普遍建立了公共养老金的指数化调整机制，但差异较大。德国 1957 年采用调整幅度最高的总工资指数作为养老金调整指数，在人口老龄化的背景下，导致在职劳动者缴费率上涨过快，企业的劳动力成本不断加重，进而对就业、对经济社会的持续稳定发展产生负面影响。面对人口老龄化压力，自 1991 年以来，德国对养老金调整指数进行了不断的削减改革，德国民众对此产生了不满情绪。美国 1972 年建立公共养老金调整机制，采用对老年人口保障水平最低的消费价格指数作为调整指数并运行至今。总体上看，美国公共养老金调整指数运行稳定，没有给经济发展带来不良影响。通过对德国和美国关于公共养老金调整指数运行状况的简单分析可知，对公共养老金设计适度的调整指数具有重要意义。

1. 根据物价指数的变化来调整养老金

物价指数，就是通常所说的居民消费价格指数（CPI）。采用这种方式调整养老金通常是基于公共养老保险制度的基本目标，即保证退休人员基本生活水平。在这一基本目标下，为了抵御通货膨胀风险，依据居民消费价格指数调整养老金，使公共养老金免受侵蚀。这一机制的缺点在于：这部分养老金仅使退休人员始终维持在退休初期的生活水平，没能随着经济增长、在职劳动者生活水平的提高而提高，老年人没有分享到经济增长的果实。

2. 根据工资指数的变化来调整养老金

根据工资指数即工资增长率的变化来调整养老金的方式可以进一步分为两种做法。

（1）根据名义工资增长率的变化来调整养老金。在通常的经济条件下，名义工资水平反映物价水平的变动，因此，从理论上说根据名义工资增长率的变化调整退休人员的养老金水平能够使其免受通货膨胀的侵害，并且可能使退休人员同在职劳动者一同分享一部分经济增长的果实。但这种调整方式存在的问题是：养老金的调整可能与通货膨胀率之间的关系不一致，从而使养老金调整的初衷无法实现。

（2）根据净工资（纳税后的工资）增长率调整养老金。德国 1992 年开始由依据总工资指数调整养老金转为依据净工资指数调整，目的在于减轻在职劳动者的税费负担，有利于代际公平。

3. 根据物价指数和工资指数的综合变化调整

根据物价指数和工资指数的综合变化调整的方式可以说是对上述两种机制的综合，这种调整机制可以有多种形式。例如，爱沙尼亚是根据工资增长率的 80% 和物价指数的 20% 确定第一支柱养老金增长幅度，挪威以工资增长率的 50% 和物价指数的 50% 确定第一支柱养老金增长幅度。这种机制一方面避免退休人员的养老金由于通货膨胀而发生贬值；另一方面，退休人员可以同在职劳动者分享经济增长的成果。

表 8–7 反映了部分国家养老金第一支柱的调整指数特征。

表 8–7　　部分国家养老金第一支柱的调整指数特征（2022 年）

养老金调整指数特征	国家
工资指数	捷克、丹麦、荷兰、哥伦比亚、哥斯达黎加
物价指数	奥地利、比利时、加拿大、智利、法国、希腊、匈牙利、以色列、意大利、韩国、墨西哥、葡萄牙、斯洛伐克、西班牙、瑞典、美国
物价工资综合指数	爱沙尼亚、德国、冰岛、日本、拉脱维亚、波兰、挪威、斯洛文尼亚、瑞士

资料来源：Pensions at a Glance 2023.

（六）退休年龄比较

各国法定退休年龄和缴费记录等条件构成了领取养老金的资格要求，是养老金支付条件的重要构成指标。

根据经济发展水平以及人口结构的不同，各国对退休年龄有不同的规定。冰岛和挪威的退休年龄比较大：男女都是 67 岁。土耳其的退休年龄比较小，男性为 52 岁，女性为 49 岁。据统计，2022 年 OECD 国家平均退休年龄男性为 64.4 岁，女性为 63.6 岁。总体上看，发展中国家的法定退休年龄低于发达国家，这也反映了预期寿命的差别。同时，通过退休年龄的对比，也反映出在人口老龄化等背景下，退休年龄呈现逐渐增长的变动趋势，表 8–8 反映出部分国家或地区关于退休年龄的规定和变化趋势。如前所述，养老金受益资格包括退休年龄等众多因素，参保的年限和记录也是养老金领取的重要条件。对于提前退休很多国家也有严格的限定，以保障养老金的正常给付和财务平衡。表 8–9 为部分 OECD 国家养老金受益资格的规定。

表 8–8　　部分国家或地区关于退休年龄的规定和变化趋势

国家或地区	预期寿命（2018 年，岁）		退休年龄（岁）		退休年龄变化
	男	女	男	女	
中国	74.5	80.5	60.0	50/55/60	2025—2040 年，男性职工由 60 岁延迟退休到 63 岁，原法定退休年龄为 50 周岁、55 周岁的女职工分别延迟退休到 53 岁、58 岁
中国台湾	77.7	84.2	65.0	65.0	—
中国香港	82.3	87.7	65.0	65.0	—
日本	86.3	86.3	65.0	65.0	男性在 2001—2013 年逐渐由 60 岁延迟退休到 65 岁，女性在 2006—2018 年延迟退休到 65 岁
韩国	85.2	88.6	61.0	61.0	2011 年开始延迟退休，到 2033 年增至 65 岁

续表

国家或地区	预期寿命（2018 年，岁）		退休年龄（岁）		退休年龄变化
	男	女	男	女	
新加坡	81.4	85.7	65.0	65.0	—
印度	63.0	66.0	58.0	58.0	—
马来西亚	72.8	78.2	65.0	65.0	—
澳大利亚	85.1	87.6	65.0	65.0	逐步提高至 67 岁
美国	77.1	86.3	66.0	66.0	到 2027 年增至 67 岁
英国	83.6	85.8	65.0	63.0	到 2018 年女性增至 65 岁，到 2020 年男女增至 66 岁
德国	83.1	86.1	65.5	65.5	2012 年开始，至 2029 年增至 67 岁
法国	83.5	87.7	63.3	63.3	逐步提高至 66 岁
瑞士	85.2	87.6	65.0	64.0	—
丹麦	82.9	85.2	65.0	65.0	2024 年开始，至 2027 年增至 67 岁
荷兰	83.3	85.9	65.8	65.8	—
比利时	82.7	86.0	65.0	65.0	逐步提高至 67 岁
贝宁	58.8	61.1	60.0	60.0	—
多哥	58.6	61.1	60.0	60.0	—
南非	60.2	67.1	60.0	60.0	—
智利	84.7	86.4	60.0	60.0	—
墨西哥	84.1	84.0	65.0	65.0	—
哥伦比亚	74.3	74.3	65.0	60.0	—
埃及	69.6	69.6	62.0	65.0	—
科威特	74.7	76.5	65.0	55.0	2020 年增至 55 岁
沙特阿拉伯	73.8	76.6	55.0	47.0	—
波兰	80.6	84.9	65.0	60.8	男性从 2013 年开始，到 2020 年增至 67 岁；女性从 2013 年开始，到 2040 年增至 67 岁
保加利亚	71.5	78.6	64.0	61.0	从 2018 年起，每年增加 2 个月，直至男女均达到 65 岁

资料来源：

① World social security report 2010—2011.

② Pensions at glance 2011：retirement-income systems in OECD and G20 countries.

③ SSA. Social security programs throughout the world 2010—2012.

④国家统计局 . 中国统计年鉴［M］. 北京：中国统计出版社，2012.

⑤ Pension at a glance 2019：OECD and G20 indicators.

表 8–9　　部分 OECD 国家养老金受益资格的规定（2018 年）

国家	退休年龄 男 / 女（岁）	参保年限 男 / 女（岁）	提前退休规定	延迟退休后的最大退休年龄 / 其他规定
奥地利	65/60	25	从 62 岁起每年减少 5.1%	对早领养老金者领取数额封顶
加拿大	65	10	60 ~ 64 岁每年减少 6%	65 岁
德国	65.5	5	从男性 63 岁、女性 60 岁起，养老金每年减少 3.6%，最高减少 10.8%，除非满足缴费、残疾或失业条件	—
希腊	62	15	从 60 岁起，养老金每年减少 6%，除非满足缴费、危险岗位的条件，或有无法自理 / 残疾的子女	收入调查
意大利	67/66.6	5	从 63.6 岁起递减养老金	—
日本	65/64	25	年龄在 60 ~ 64 岁，每年减少 6%	65 岁
瑞士	65/64	1	最早男性 63 岁、女性 62 岁可退休，养老金每年减少 6.8%	65 岁
美国	66	10	62 岁后养老金每年减少 6.7%，提前退休超过 3 年的，养老金每年减少 5.0%	70 岁
英国	65/62.7	1	在达到法定退休年龄前不发养老金	—

资料来源：

①科林・吉列恩，约翰・特纳，克利夫・贝雷，等 . 全球养老保险——改革与发展［M］. 北京：中国劳动社会保障出版社，2002：560–561

② Pensions at a glance 2019：OECD and G20 indicators.

第三节　国民年金模式及运行比较

一、国民年金模式比较

国民年金在总体上属于非缴费型养老保障，是与公民权利相对应的养老金给付。非缴费型养老保障历史悠久，但其在养老保障体系中的重要性直到近 30 年才开始逐渐显现，由于缴费型制度参保人往往是收入水平较高、拥有稳定职业的劳动者，因此在制度覆盖面上较为有限，各个国家在养老保障体系改革过程中逐渐开始强化非缴费型养老保障制度。[①] 根据国民年金给付条件，可以将国民年金划分为两种，一种是与收入脱钩的普惠式年金，另一种是以家计调查为基础的国民年金。

（一）与收入脱钩的普惠式年金

在多层次养老保障体系融合发展过程中，为了保障社会成员基本生存权利，很多国家建立了与公民权利相对应的普惠式年金，以税收作为普惠式年金的主要筹资来源。普惠式年金具有两个特征。

一是对退休人员给予均等的养老金，与退休前收入无关联，资金来源主要来自税收，普惠式年金具有较强的收入再分配性。

二是普惠式养老金通常处于相对偏低的水平，旨在保障退休人员的基本生存需求，依靠个人养老金等制度发挥提高养老保障水平的功能。

（二）以家计调查为基础的国民年金

以家计调查为基础的国民年金发展较早，在养老保障制度建立初期，养老金给付的核心定位之一在于解决老年贫困问题，因此，很多国家建立了以家计调查为基础的国民年金。1908 年，英国议会通过了《养老金法》，由国家提供财政预算资金且由政府运营，向提出申请并经过家计调查符合条件的国民支付固定养老金，养老金与缴纳税费不关联。[②]1891 年丹麦正式推出由税收融资的针对 60 岁以上贫困人口的非缴费型养老保障计划，非缴费型养老保障计划由地方政府管理，依据家计调查确定受益资格。在此计划内，1897 年，丹麦 1/4 的老年人领取了相当于当地平均工资收入 20% 的养老金。[③]

在养老保障多元融合发展的趋势下，非缴费型养老保障与缴费型养老保险相结合的养老保障体系框架不断强化，以家计调查为基础的国民年金具有两个特征。

一是给付对象为低收入老年人等特殊群体。如智利，针对残疾人和 65 岁以上且收入低于最低养老金标准 50% 的群体，提供以家计调查为基础的福利养老金。在对特殊群体进行国民年金给付过程中，通常设定最低养老金标准，以最低养老金标准为参照进行待遇计发。

二是资金来源为财政补贴。以家计调查为基础的国民年金保障对象通常为特殊困难群体，资金来源主要为财政资金，通过财政补贴方式提供养老保障。

---

①③　刘桂莲，房连泉．典型国家的非缴费型与缴费型养老金制度融合设计研究［J］．华中科技大学学报（社会科学版），2020（3）：27-35，44.

②　杨燕绥，妥宏武，杜天天．国家养老金体系及其体制机制建设［J］．河海大学学报：哲学社会科学版，2018，20（4）：30-37，91.

二、国民年金运行比较

各个国家根据经济发展水平和国民保障需求差异，设定不同的非缴费关联型养老保障计划，且制度运行状况有所不同。

（一）替代率比较

在非缴费型养老保障制度运行过程中，部分 OECD 国家建立了基于居住地的基本养老保障计划和目标养老保障计划，其中丹麦、挪威、瑞典等福利国家分别建立了基于居住地的基本养老保障和目标养老保障两项制度，而德国、日本、美国等自保公助型国家多数只建立了目标养老保障计划。

在养老金给付水平方面，瑞典基于居住地的基本养老金替代率水平最低，仅为平均收入的 0.7%，丹麦为 17.8%。挪威目标养老金替代率水平最高，达到平均收入的 32.1%，美国目标养老金替代率水平最低，约为 16.4%（见表 8–10）。

表 8–10　　部分 OECD 国家非缴费型养老金替代率水平（2018 年）　　%

国家	基于居住地的基本养老金	目标养老金
加拿大	13.3	16.8
丹麦	17.8	19.2
德国	—	20.0
冰岛	5.4	17.2
以色列	12.0	25.0
日本	—	18.4
挪威	15.4	32.1
瑞典	0.7	21.4
美国	—	16.4

资料来源：Pension at a glance 2019：OECD and G20 indicators.

注："—" 表示制度未建立。

（二）覆盖率比较

通过比较不同国家非缴费型养老保障制度的覆盖率可以看出，德国、日本和美国等自保公助型国家的覆盖率较低，而福利国家的覆盖率相对较高（见表 8–11）。

表 8–11　部分 OECD 国家非缴费型养老保障制度覆盖率水平（2016 年）　%

国家	基于居住地的基本养老金	目标养老金
加拿大	97	31
丹麦	101	
德国	—	1
冰岛	71	...
以色列	89	...
日本	—	3
挪威	103	
瑞典	...	35
美国	—	2

资料来源：Pension at a glance 2019：OECD and G20 indicators.

注：覆盖率水平为领取养老金人数占 65 岁以上老年人口比重，部分数据大于 100%，说明待遇享受者中包含年龄低于 65 岁或生活在国外的人；“—”表示制度未建立，“...”表示数据未获得。

第四节　国外养老保障制度改革及对中国的启示

一、国外养老保障制度改革现状及趋势

20 世纪 80 年代以后，许多国家开始进行养老保障制度改革。引起全球性养老保障制度改革的主要社会原因有三点。（1）发达国家和发展中国家从不同角度遇到老龄危机，人口老龄化使提供普惠型国民年金的政府不堪重负，使现收现付制下的养老金给付入不敷出；在发展中国家，伴随城市化和工业化的发展，家庭结构出现变化，养老功能迅速衰退，要求进入社会养老保险体系。（2）IT 技术和网络为养老保障制度的弹性化提供了技术支持，资本市场的发展为进行养老融资开拓了新的途径。（3）新公共管理理论和实践的发展，在政府与非政府组织之间、政府与市场之间打开通道，服务型政府更加注重养老保障体系和养老金给付机制的建设。

（一）多支柱养老保障体系的改革现状

建立多支柱养老保障体系是全球养老保障制度改革的共识。多支柱即由国家、企业和个人共同参与和构建养老保障体系，包括社会养老保险、雇主养老保险和个人养老保险。

1. 多支柱养老保障体系的提出

在人口老龄化背景下，单纯依靠政府负担的养老保障制度难以维持，养老保障财政支出压力对高保障水平国家的经济发展造成不利影响，各国的养老保障改革实践持续展开。1994 年世界银行将各国的养老保障改革实践划分为三种模式：现收现付制的公共养老保险计划、雇主发起的职业养老保险计划、个人养老储蓄计划。不同的模式会采用不同的筹资和管理方式：一是公共管理、以税收筹资的养老保险计划，二是私人管理、完全积累的养老保险计划；三是自愿性个人养老储蓄计划，是对前述两种养老保险计划的补充。三者构成统一的养老保障体系。

在 OECD 国家，国民年金债务已占 GDP 的 90% ~ 200%，如果将现收现付制转向基金积累制需要解决巨额的转制债务。在发展中国家，由于养老保险覆盖率低，债务数额相对小。但是，阿根廷、哥伦比亚和土耳其等国家发展情况表明，慷慨的养老金承诺和迅速扩大覆盖面，其债务会迅速超过 GDP 的 1/3。解决转制的经济成本成为实现多支柱养老保障体系的关键，各国基于本国情况作出了不同的选择。OECD 国家纷纷降低养老保障待遇和提高退休年龄，下列国家则采取了有别于他国的做法。

智利模式。在转制过程中，为了实现新旧制度的平稳过渡，政府允许国民或自愿选择参加新制度，或留在旧制度中。对于选择新制度的人，政府向他们发放了记名式“退休认购券”，作为在旧制度中缴费的折价，等值记入个人账户，按物价即指数化后 4% 固定计息，不计入投资回报利息。“认购券”在参保人退休时兑现。智利当年发放了 124 亿美元的“认购券”，每年约兑现 5 亿美元。

英国模式。在转制过程中，政府允许雇主和雇员在公共养老保险计划和职业养老保险计划中作出选择，如果他们选择退出公共养老保险计划，即将养老保障的制度空间留给了职业养老保险计划，雇主和雇员可以依法全力为职业养老保险计划筹集资金。

波兰模式。在转制过程中，政府用国有资产私有化收入支持多支柱养老保障体系的建立，1999 年转入 40 亿波兰兹罗提、2000 年转入 100 亿波兰兹罗提、2003 年转入 230 亿波兰兹罗提。

2. 多支柱养老保障体系的实践

（1）社会养老保险与强制性职业养老保险相结合。荷兰模式。早在 20 世纪 50 年代政府即开始鼓励雇主和雇员通过集体谈判建立职业养老金计划，2000 年颁布的《强制性行业养老金法案》与 2005 年颁布的《强制性职业养老金法案》明确了职业养老金的强制性质。截至 2015 年，荷兰职业养老金的覆盖率超过了 90%，约有 319 个职业养老金计划，其中包括 67 个行业养老金计划、240 个企业养老金计划以及其他自由职业养老金计划。荷兰多支柱养老保障体系见表 8–12。

表 8–12　　荷兰多支柱养老保障体系

第三支柱	自愿性个人养老储蓄		
第二支柱	（1）强制性 （2）雇主与雇员共同商议费率等计划内容 （3）给付确定型计划与缴费确定型计划并存	（1）行业养老金 （2）企业养老金 （3）自由职业养老金	（1）不同职业养老金计划的缴费率不同 （2）相同职业养老金计划的待遇相同
第一支柱	现收现付 给付确定	（1）65 岁以上老年人或居住本国 50 年以上者可以申请；居住年限低于 50 年的，每少居住 1 年，养老金收益减少 2% （2）雇员缴费，公共财政补贴 （3）均等给付	

澳大利亚模式。澳大利亚于 1909 年开始实施收入关联的国民年金制度。1992 年颁布的《养老金保证法》，建立了强制性职业养老保险计划，被称为超级年金计划。由雇主单方缴费，费率是雇员工资的 3%，2002 年左右提高到 9%；被保险雇员对雇主缴费具有归属权，可以随工作岗位转移。雇主缴费达到 40 年和被保险雇员年满 65 岁时可以领取职业养老金，替代率约为退休前工资的 40%。1992 年，澳大利亚颁布了《养老保险行业监管法》，以规范职业养老保险和个人养老保险计划的基金管理与运营，包括税收优惠政策、投资工具和投资政策等。截至 2015 年，澳大利亚职业年金覆盖率已经超过 95%。

（2）社会养老保险与自愿性职业养老保险相结合。在美国、英国等国家，基于原有的社会养老保险计划，大力推进自愿性职业养老保险计划。

美国模式。1935 年，美国建立了社会养老保险计划。1974 年，美国国会通过的《雇员退休养老金保障法》规定：雇员工作 3 年和年满 25 岁，雇主应为他建立养老金计划。美国《国内税收法》第 401 条（k）款，明确规定通过税收优惠政策鼓励雇主设立养老金计划，雇员自愿参加雇主发起设立的养老金计划，并享受税收优惠。2006 年《养老金保护法案》鼓励雇主对新雇员和已经加入计划的合格雇员实行自动加入，养老金规模持续提高。2022 年，美国养老金基金规模占 GDP 比重达到约 79%。

英国模式。英国政府提供养老保险的计划包括基本养老保险计划（BSP）和与收入关联的职业养老保险计划（SERPS）。根据《养老金法》，雇主和雇员可以自主选择保留或退出职业养老保险计划，但经“注册”的雇主养老保险计划提供的“最低养老金”必须不低于前者。1985 年，政府放宽了退出职业养老保险计划的限制条件，鼓励发展缴费确定型（DC）雇主养老保险计划。同时，政府对个人养老储蓄也给予税收优惠政策的支持。2012 年，英国建立职业养老保险自动加入机制，显著提高了职业养老保险覆盖率，由 2012 年的 40% 提高至 2019 年的 88%。[①]2021 年，英国建立 CDC 计划（Collective Defined Contribution Schemes），作为给付确定型（DB）和缴费确定型（DC）的创新性替代方案，与 DB 计划不同，CDC 计划没有固定的养老金待遇，也比 DC 计划更有利于应对市场风险和提供更高的回报。

瑞典模式。1998 年瑞典通过以个人账户为基础的养老金法案，并从 2000 年正式实施。改革后的第一支柱公共养老金制度包括三个层次：第一层次是保障养老金，第二层次是名义账户制养老金，第三层次是实账积累制养老金。同时，瑞典建立并完善了企业自愿为雇员缴纳的第二支柱职业养老金，主要包括：面向白领雇员提供的 ITP 基金，面向蓝领雇员的 SAP-LO 基金，面向中央政府雇员的 PA03 基金，面向地方政府雇员的 KAP-KL 基金等。

德国模式。德国于 1889 年最早实行社会养老保险计划，1975 年，联邦德国《企业养老金保险》规定，一旦雇主和雇员签订企业养老保险合同，雇主有义务建立雇主养老保险计划。如雇员中途离职，须符合以下条件方可携带雇主供款：年满 35 岁并与原雇主签订过 10 年以上企业养老保险合同，在该企业中至少有 12 年工龄（后来改为 5 年）。为避免因企业破产无力支付养老金而使雇员权益受损，该法规定建立雇主养老保险计划的雇主有义务向由雇主组成的养老保险基金会投保，如果企业破产，则由该基金会向参保人支付养老金。2001 年颁布《老年财产法》和《企业补充养老保险法（修改）》等，鼓励企业建立职业养老保险，雇员参保职业养老保险可享受税收优惠。2018 年实施《职业养老保险改善法》，允许企业为员工投保缴费确定型职业养老保险计划。2019 年德国职业养老保险覆盖率约 54%。

（3）其他地区的多支柱养老保障体系。在发展中国家，多支柱养老保障体系的发展具有较大差距。主要有三种情况：①新加坡和马来西亚等国家，在中央公积金下为参保人建立了一揽子个人账户，覆盖到养老、医疗、住房、子女教育等多项保险；②在英联邦国家（如塞浦路斯、印度、南非），以及巴西、墨西哥等国家，以企业为基础的职业

① Pensions at a Glance 2021：OECD and G20 indicators.

养老保险比社会养老保险更发达；③中国已经建立了多支柱养老保障体系，第一支柱为社会养老保险，第二支柱为企业年金（职业年金），第三支柱为以个人养老金政策为典型代表的税延型养老保险。

（二）多支柱养老保障体系的发展趋势

总结过去几十年来多支柱养老保障体系的发展趋势，以下三点值得关注。

1. 政府责任弹性化

政府养老保障责任的弹性化主要表现在两个方面。（1）政府的养老保障责任从单纯提供养老金，进化到构建多支柱养老金提供机制。（2）政府的养老保障责任分解为直接责任和间接责任。前者为直接支付养老金，后者为构建养老保险基金安全运营机制；前者责任约为30%，包括满足人们养老金需求的30%（普遍模式）或向30%的个人养老金储备不足者提供养老金，后者责任约为70%，即使人们养老金需求的70%或70%老年人的养老金来自个人养老储蓄，政府的责任在于给人们一个可以让养老保险基金安全运营的法治环境和投资环境。

2. 信托管理模式

养老保险计划的管理模式经历了政府主管、自治管理和市场管理（主要是保险合同）等几个阶段。为了兼顾“安全和收益”两个养老保险基金管理原则，自20世纪七八十年代以来，越来越多国家选择了养老保险计划信托管理模式，建立养老保险计划受托人责任和审慎人制度。养老保险计划信托模式的主要特征有三个。

（1）坚持养老保险计划“资产独立”的基本原则，以隔离市场风险。养老保险计划的资产与任何经办机构自有资产分开管理。例如，我国人力资源社会保障部2017年发布的《企业年金办法》第二十八条规定，企业年金基金应当与委托人、受托人、账户管理人、投资管理人、托管人和其他为企业年金基金管理提供服务的自然人、法人或者其他组织的自有资产或者其他资产分开管理，不得挪作其他用途。

（2）坚持“钱权分离”的组织结构，以隔离道德风险。养老保险计划的经办机构必须按照分离指令者和资金管理者的结构建立。例如，我国《企业年金办法》第二十七条规定：受托人应当委托具有企业年金管理资格的账户管理人、投资管理人和托管人，负责企业年金基金的账户管理、投资运营和托管。

（3）坚持“审慎人”的资质标准和行为准则，以完善养老保险计划受托人制度。审慎人行为的主体标志是“忠诚、细心、稳健”。在很多国家已经建立了审慎人准入和退出机制，包括审慎人行为标准、监督监管机构和操作程序。

3. 整合资源，提供“一站式”服务

多支柱养老保障体系极易产生高成本和低效率问题。一方面，一些退休人员可能拥有多个养老保险个人账户；另一方面，各家养老保险经办机构之间也存在信息不对称和信息垃圾的问题。所以，整合资源以提供一站式服务成为改善多支柱养老保障体系的重要任务。首先，依法建立统一的养老保险费征收系统；其次，建立各养老保险计划经办机构之间的信息共享系统；最后，向受益人提供“一站式”服务，即在一个账户里和一个地点可以得到全部服务。

专栏 8-3　澳大利亚养老保障新模式

1992 年，澳大利亚政府颁布和实施了《养老金保证法》，建立超级年金计划以转变政府的养老保障责任。该法强制雇主为其雇员向经批准的职业养老保险计划缴费，即超级年金。建立该计划的目标是：70% 人口通过职业养老保险计划获得足够的养老金。政府的责任是构建养老保险安全运营机制，同时，政府向非超级年金计划的老年国民提供养老金，约占老年人口的 30%。为保证大多数雇员有足够的养老金，1992 年 6 月《超级年金保证费法案》规定了雇主供款最低标准，从 1992—1993 年的个人工资的 3% ~ 4%，逐渐增加到 2002—2003 年的 9%。

负责监管养老保险行业的政府机构主要有四个。

澳大利亚审慎监管局（APRA），负责制定与法律相对应的监管条例、从业人员资格标准、养老保险基金实体经营规范，并负责监管养老保险基金实体的内部控制制度，限制其某些投资行为，评估其风险水平。

澳大利亚证券与投资委员会（ASIC），负责制定信息公开的标准并监督这些标准的实施，同时设立养老保险计划消费者保护制度。

澳大利亚税收局（ATO），负责处理养老保险基金相关税务。

澳大利亚竞争与消费者委员会（ACCC），负责维护养老保险基金市场秩序。

监管养老保险行业的法律：《养老保险缴费保证法》《养老保险行业监管法（1993）》《养老保险行业监管条例（1993）》《证券法》《退休储蓄账户法（1997）》等。

二、中国养老保障制度改革及国外经验启示

（一）中国养老保障制度改革

1. 结构调整

改革开放以来，中国养老保障制度持续改革，养老保险制度结构改革是其中重要的组成部分。养老保险制度结构改革可以体现在两个方面：第一，养老保险体系内部结构调整，形成企业职工基本养老保险、城乡居民基本养老保险和机关事业单位工作人员养老保险为主体的养老保险体系。企业职工基本养老保险制度是伴随着市场经济体制改革而建立的；为了进一步满足农村居民养老保障需求，2009 年建立新型农村社会养老保险制度，2014 年与城镇居民社会养老保险制度合并，建立城乡居民基本养老保险制度；2016 年开始推进机关事业单位工作人员养老保险与企业职工基本养老保险并轨为城镇职工基本养老保险。第二，养老保险制度结构调整，主要体现为 2018 年提出应适当加发城乡居民年限基础养老金，增强缴费激励性，现收现付制养老金与个人账户养老金的结构比例相应变化。

2. 参数改革

伴随着市场经济体制改革，城镇职工基本养老保险作为配套机制同步改革，由企业保障向社会保障转变，建立统账结合基本养老保险制度。在完善养老保险体系过程中，城镇职工基本养老保险制度参数逐渐优化，2019 年城镇职工基本养老保险用人单位缴费率由 20% 降到 16%，减轻了用人单位负担，促进了养老保险缴费可持续发展。近年来，个人账户记账利率逐渐统一，并趋向合理值。城乡居民基本养老保险制度对满足城乡居民基本养老需求发挥了重要作用，随着物价指数上涨，城乡居民基本养老保险的基础养老金最低标准动态上调，不断提高保障能力。养老保险制度参数不断优化是完善养老保险体系的重要途径，也是推动中国养老保障制度与经济发展相契合的有效手段。

（二）国外经验教训对中国养老保障制度改革的启示

中国是一个人口众多、老龄化程度较深的发展中国家，迫切需要借鉴国际经验，建立一个与社会经济发展水平相适应、资金来源多渠道、保障方式多层次、权利与义务相对应、管理和服务社会化、统一规范、可持续运行的养老保障制度。

1. 合理构建适合中国国情的多支柱养老保障体系

中国已经选择了“社会统筹与个人账户相结合”的多支柱养老保障体系。要完善这

个体系还需要对政府在再分配领域和储蓄领域的不同角色进行合理定位：国家基本养老保险计划，由政府强制推行；企业补充养老保险计划，由用人单位自愿选择；个人储蓄性养老保险，由个人自愿选择。政府鼓励企业补充养老保险、个人储蓄性养老保险的建立和发展。同时也鼓励社会互助保障、慈善组织、家庭养老保障继续发挥作用。

2. 坚持“适度水平、广覆盖、多层次、统账结合”的基本原则

中国应当对基本养老保险制度进行合理调整，采用适当方式，合理确定基本养老保险待遇水平，既可以减轻政府负担，又可以为发展企业年金和个人养老储蓄留下制度空间；逐步地、谨慎地扩大养老保险覆盖范围，使越来越多的劳动者享有养老保障待遇；采用多层次养老保障方式，体现国家、用人单位、个人的责任，充分发挥市场经济各主体的积极性；坚持社会统筹与个人账户相结合，其中社会统筹通过收入再分配体现公平，个人账户体现效率。

3. 科学设计与有效管理养老保障制度

养老保障制度的设计与管理是一项综合性很强的社会工程，需要以科学的态度和使用科学的手段来从事这项工程。中国需要发展养老保障的精算科学、财务预算科学和培养专业人员队伍，以保证科学厘定养老保障的费基、费率，待遇发放的替代率和计算公式，通过基金与资本市场的互动促进金融市场的发展，既要保障老年人的基本生活，又要实现养老保障在财务上的可持续性。

4. 实现养老保险基金的保值增值

中国基本养老保险制度改革的目标模式为部分积累制，客观上要求对养老保险基金进行投资运营，化解通货膨胀对养老保险基金造成的贬值和增加基金支出负担的风险；同时利用资本市场获得投资收益，实现基金增值，弥补基金收入的不足，提高养老金给付水平。我国目前处于经济转型时期，资本市场不够完善、金融风险较大，基金投资要遵循安全性、收益性和流动性的原则，提高养老保险基金投资运营收益。

5. 发展企业年金制度

企业年金作为多支柱养老保障体系的重要组成部分，可以减轻基本养老保险制度的压力，加大养老保障的保障力度。发展企业年金同样成为中国完善多支柱养老保障体系的重要途径，政府在该领域的责任是完善发展企业年金的政策，在筹资、投资和给付三个环节可以采取税收优惠政策；在人力资源社会保障部 2017 年颁布的《企业年金办法》基础上，随着经济社会发展环境变化，对企业年金筹资、待遇计发和税收优惠等规定进行持续的动态调整；建立健全符合市场化投资要求的监督、管理体制，对企业年金的运营效益和安全性进行监管，优化企业年金的管理运营，保障基金的良性运行。

6. 加快养老金立法

国际实践经验表明，养老保障制度改革是国家一系列改革的重要组成部分，建立与国家宏观政策目标相一致的法律框架至关重要。《中华人民共和国社会保险法》对养老保险制度筹资与给付模式等方面进行了明确规定，但面对数字经济快速发展等制度环境变化对养老保险制度提出的新挑战，需要进一步出台专门的养老保险法律法规，以适应新时代的要求。

7. 努力建设养老保障的社会化服务体系

社会化服务体系有助于为退休人员提供良好的服务，并在城乡之间、不同社会群体之间、不同养老保险制度之间建立“一站式”服务系统，可以降低老年人生活成本、提高老年人生活质量，并可以促进劳动力合理流动。

案例分析

案例 1　人口老龄化对养老保障结构性改革的影响

平滑人口年龄结构变动所带来的“养老金危机”，是养老保障制度构建不能回避的问题，也是推动制度改革和发展的基本原动力之一。自 20 世纪 70 年代以来，各国（地区）积极推动养老保障制度结构性改革，注重发挥多层次养老保障体系风险分散作用，在积累了相关改革经验的同时，改革风险也逐步暴露，为中国改革提供了有益的参考和镜鉴。

各国（地区）为应对人口老龄化挑战，积极推动养老保障制度结构性改革，积累了丰富经验，结构性转轨、参数改革等措施明显改善了养老保障制度的长效保障能力，多层次养老保障体系建设使公共养老金支柱的财务压力得到分担。

1. 推动养老保障结构性转轨，建立自平衡财务机制

为了克服现收现付制所内生的赡养结构敏感问题，部分国家（地区）对养老保障体系的第一支柱进行了根本框架性调整，把传统以现收现付制为财务基础并预先承诺待遇的制度模式改革为完全个人账户制，使个人待遇与个人缴费明确挂钩，实现制度的财务自平衡，并在改革过程中弹性缩减隐性债务，减轻财政的支付压力。在具体实施上，包括建立完全积累账户（FDC）、名义账户（NDC），以及名义账户与积累账户相结合三种方式。

2. 启动制度参数改革，改善养老保险基金收支结构

由于现收现付制养老保险的财务稳定性取决于制度内赡养结构，各国（地区）均通过优化基金收支结构、适度增收节支的方式来提高养老保险在老龄化社会下的可持续保障能力。一是提高养老金待遇门槛，适度延迟退休年龄，延长最低缴费年限，缩减待遇领取人数，增加参保缴费人口，并鼓励参保人长缴和多缴，从而起到优化制度内赡养结构、减轻制度支付责任的效果。二是调整待遇确定和调整办法，建立更加温和平稳的待遇调整机制，减缓制度责任的自然增长。

3. 积极发展多层次养老保障体系，减轻第一支柱的保障压力

为了使退休人员获得更加充裕的养老金待遇，同时减轻基本养老保险的责任压力，各国（地区）均大力推出职业养老保险和个人养老储蓄的税收优惠政策，加快多层次养老保障体系建设。从既有政策实践来看，补充养老保障有职业养老保险计划和个人养老储蓄账户两种形式。一是针对签订劳动合同的就业群体建立广泛的职业养老保险计划，规定政府机构、企业及非营利组织等不同类型雇主为雇员缴费形成的养老保险基金账户可以享受税收优惠，其中雇主缴费部分可以税前扣除，并设定了最低缴费比例。在美国、法国、德国和英国等发达国家，职业养老保险计划可以替代20% ~ 30%的退休前收入。二是支持建立第三支柱养老储蓄账户，面向职业养老保险计划无法覆盖的灵活就业群体及有进一步补充保障需求的签订劳动合同的就业群体。个人可以自愿参与养老储蓄计划，储蓄资金采用信托管理方式进行市场化投资运营，允许个人根据自身的风险收益喜好，自主、灵活配置资产。政府通过税收优惠对个人账户提供支持。个人账户可替代约20%的退休收入。综合运用三支柱保障手段，可以使老年人在退休时综合收入水平相对合理，实现在职与退休期间的收入有效平滑。

案例2　中国第一层次基础养老保险制度结构调整设想

中国自20世纪80年代中期开始推行的企业职工退休费用统筹，很长时期维持在县市统筹的层面。可以说迄今为止真正意义上的省级统筹，即由省级统一规定养老保险缴费基数、统一缴费率、统一征收和统一发放，并未真正实现。如果按照既有的制度演化逻辑，全国统筹的目标在短期内很难实现。造成这种状况的主要原因除了财政"分灶吃饭"的体制困扰，关键是部门之间、地区之间、不同行业之间的利益格局难以突破。如果我们进一步聚焦养老保险制度改革顶层设计的思路，或许有助于破解这一难题。

整合创新第一层次基础养老保险制度。在现有基础养老保险制度的基础上，逐步建立全国统一的基础养老保险制度，待条件成熟时向国民年金制度过渡。制度设计的要件包括：按社会平均工资的一定比例发放基础养老金，建立社会保障税征收机制，职工养老保险待遇水平基本统一。差距体现在各省既有的社会平均工资差异上，但领取养老金待遇水平的相对比例应保持大致一致，职工按照工作时间的长短呈现待遇水平的差异性。这种改革思路有助于破解长期困扰我国基本养老保险统筹层次低的难题，加快实现基础养老金全国统一的步伐，这是解开多层次养老保障制度难题的首要步骤。

一是调整费率结构推进全国统筹。目前亟须为基本养老保险“瘦身减压”，严格界定其在多层次体系中的功能和结构。以现收现付的社会统筹账户为基础实现全国统筹，提升社会统筹基金在全国范围内的社会互助能力，提高基本养老保险基金的可持续性。同时，根据统筹后的基金规模和制度赡养率情况，适时降低社会统筹账户的筹资比例和第一层次养老金替代率。

二是建立个人养老储蓄账户制度。根据改革系统推进的实际情况，适时分离第一层次“统账模式”下的个人账户，在多层次体系内，建立个人养老储蓄账户制度，用于积累强制性个人养老缴费、自愿性个人养老缴费及不同层次养老金计划中用人单位或政府的匹配缴费。在个人养老储蓄账户内，适度区分不同筹资渠道资金的管理原则和使用条件，采用受托管理的方式，分别依据基本养老保险基金投资管理办法、企业（职业）年金基金管理办法和保险资金管理办法，来管理个人账户积累的结构式基金。要在合理分层的原则下灵活调整个人账户缴费的多层次费率结构，提高多层次养老金总的替代率。

资料来源：

（1）杨宜勇，关博．老龄化背景下推进养老保障供给侧结构性改革的思路［J］．经济学家，2017（3）：97–104.

（2）林义．中国多层次养老保险的制度创新与路径优化［J］．社会保障评论，2017（3）：29–42.

讨论题：

中国多支柱养老保险体系改革的作用是什么？

深度阅读

1. 刘桂莲，房连泉．典型国家的非缴费型与缴费型养老金制度融合设计研究［J］．华中科技大学学报（社会科学版），2020，34（3）：27–35，44.

缴费型与非缴费型养老金制度的建立均可追溯到19世纪末期。在这一百多年的时间里，根据与缴费型养老金制度的发展对比，非缴费型养老金制度经历了与缴费型制度并行发展、处于边缘从属地位和快速崛起的发展历程。

（1）与缴费型制度并行发展阶段：1889年到20世纪40年代。缴费型与非缴费型养老金制度的诞生前后相差两年时间，1889年德国率先建立缴费型养老金制度，随后1891年丹麦正式推出由税收融资的针对60岁以上贫困人口的非缴费型养老金制度。该制度基于家计调查确定受益资格，由地方政府管理。1897年，丹麦1/4的老年人领取了相当于当地平均工资收入20%的养老金。新西兰于1898年引入非缴费型养老金制度，很快部分北欧国家和英联邦国家纷纷建立非缴费型养老金制度，如1908年澳大利亚、英国和爱尔兰，1913年瑞典，1919年乌拉圭，1927年南非，1936年挪威和1937年芬兰等。同期，俾斯麦式的缴费型养老金制度从德国迅速传播到奥地利、法国、西班牙和葡萄牙等国，并于20世纪上半叶陆续扩散到其他OECD国家，该时期缴费型和非缴费型养老金制度并行发展。

（2）处于边缘从属地位的缓慢发展阶段：20世纪40年代到80年代末期。第二次世界大战结束后，发展中国家开始大力发展本国的养老金制度，因养老金政策扩散效应和世界银行、国际劳工组织等国际机构的积极推动，拉丁美洲、非洲、中东和亚洲多国引入缴费型养老金制度。这一时期，在最早一批建立非缴费型养老金制度的国家中，非缴费型养老金占主导，辅之以缴费型制度，如新西兰、澳大利亚和部分北欧国家；而在其他中低收入国家养老保障体系中，非缴费型养老金制度发展相对滞后，一直处于边缘地位。究其原因主要有三点：一是这些国家人口年龄结构较为年轻，老年人口在总人口中的比例相对较低；二是多代同堂的家庭占主导地位，家庭支持是老年人收入的重要来源；三是政府用于减贫的财政资源有限。

（3）非缴费型养老金制度快速崛起时期：20世纪90年代以来。虽然非缴费型养老金制度发展历史悠久，但直到近30年才开始崭露头角，原因在于缴费型制度的参保人往往是那些收入水平较高、拥有稳定职业的劳动者，在扩大制度覆盖面上受限。因此，非缴费型养老金制度的重要性逐渐凸显，根据国际助老会数据统计，近20年共有60个国家引入社会养老保险制度。全球范围内引入或强化社会养老保险制度的速度在加快：发达国家正面临着人口老龄化加速带来的日益增长的社会保障待遇支出压力，养老金制度的改革需要在削减支出和保障最弱势群体之间取得平衡。发展中国家的宏观人口结构正经历着快速变化，面临着建立综合退休收入保障的艰巨任务，技术变革、贸易开放和灵活就业劳动者大量涌入劳动力市场，使得缴费型养老金制度管理难度加大，而且劳动力区域流动的加快正在持续弱化传统家庭保障，如果没有公共部门的干预，老年人陷入贫困的风险加大。虽然缴费型养老金制度建立时间较久，但覆盖面一直停滞不前。据估计，全球范围内仅有25%的劳动人口被强制性缴费型养老金制度覆盖，尤其是撒哈拉以南非洲和南亚等较贫困地区，仅有10%左右的劳动者被缴费型养老金制度覆盖。即使是在中等收入国家，缴费型养老金制度覆盖面也很少超过50%。为有效实现减贫和扩大制度覆盖面，需要重新考虑养老金制度设计。在世界银行、国际劳工组织、联合国等国际机构或组织的积极推动下，部分国家在引入非缴费型养老金制度时更加注重一体化设计，通过对资格条件和待遇水平的合理设计实现与缴费型养老金制度的融合发展，满足老年人多元化的经济保障需求。

2. 郑秉文，房连泉．社保改革"智利模式"25年的发展历程回眸［J］．拉丁美洲研究，2006（5）：3-15，79.

自20世纪50年代起，养老金体系面临的危机已成为智利历届政府最关注的问题之一；70年代之前，三届政府都曾成立专门的研究委员会对传统养老金体系的弊病进行分析，但真正的改革始自皮诺切特军政府执政时期。1980年11月4日，在军政府的强力推动下，最终的养老金制度改革法案以3500号法令的形式予以公布，它废除了原来的现收现付制，引入了个人账户养老金计划。在1980年11月6日的演讲中，改革设计师何塞·皮涅拉将新制度改革的目标解释为："创建一个基于自由和社会团结的养老金制度；一个公平但富有效率的养老金制度；一个为所有人服务的制度，这是一项使全体智利国民受益的改革，它符合自由、进步和社会公平的精神。"新制度自1981年5月起正式实施，改革的基本内容为：（1）为每个雇员建立养老金个人账户，雇员缴费全部存入该账户；（2）成立单一经营目标的养老金基金管理公司（AFP），负责对养老金账户进行管理；（3）雇员自由选择AFP，退休时养老金给付由账户积累资产转化为年金或按计划领取；（4）成立养老金基金监管局（SAFP），对AFP进行监管，并且由政府对最低养老金进行担保。新制度的实施是强制性的，法律规定，1983年1月1日以后参加工作的所有雇员（军职人员除外）都要加入，而自我雇佣者和灵活就业人员则可自愿。出于政治上的考虑，为了实现新旧制度的平稳过渡，对改革前原体制内的成员和在1983年前第一次加入养老金计划的成员，政府允许他们可以自由选择转入新制度或继续留在旧制度内，但一旦加入新制度，则不能返回旧制度。这意味着改革将会有一个很长的过渡期，在终止原体制下最后一批退休人员养老金给付之前的一段时期内（大概65年时间），新旧两个制度将平行运转。

本章小结

养老保障是社会保障的重要构成部分。养老保障具有自身的含义和特征。在它的发展和演变过程中，经历了政府角色不断变换和模式的不断演变。

根据不同层次的养老保险责任主体，养老保险可以划分成社会养老保险、职业养老保险和个人养老保险。除此之外，养老保险还可以根据资金筹集模式、账户模式、支付模式等进行划分。

养老保险覆盖率、缴费率、替代率等指标是国家间养老保障制度比较的重要指标，通过这些指标的对比，可以更加清晰地分辨各国养老保险模式的异同。

通过分析多支柱养老保障体系产生的社会原因和对多支柱养老保障概念内涵的解释，可以了解多支柱养老保障体系在内涵与外延方面的必然发展趋势。借鉴国际经验可以清楚地认识中国养老保障制度改革的成绩与不足，并明确其发展方向。

重要概念

普惠型（福利）计划　缴费型（保险）计划　储蓄型（积累）计划　覆盖率　缴费率　替代率

思考题

1. 试述国民年金、职业养老保险和个人养老保险的主体特征和区别。
2. 试述多支柱养老保障体系的社会背景和主要特征。
3. 简要说明当今养老保险缴费率、替代率、覆盖率的现状和特点。
4. 阐述国外养老保障制度改革的趋势和经验，以及对中国养老保险的启示。

第九章
医疗保障制度国际比较

第一节　医疗保障模式比较

自1883年德国制定了世界上第一部《疾病社会保险法》以来，医疗保障发展的历史已有一百多年。由于历史背景的不同，各国的医疗保障制度的模式也不相同。世界上的医疗保障制度大致可以划分为四种模式，即国家卫生服务模式（又称全民医疗保险制度模式）、社会医疗保险模式、商业医疗保险模式、储蓄医疗保障模式。

一、国家卫生服务模式

国家卫生服务模式即全民医疗保险制度模式，也称政府卫生服务模式，是指由政府直接举办的医疗保险事业，通过税收形式筹集医疗保险基金，并采用国家财政预算拨款的形式将医疗保险资金分配给医疗机构，向国民提供免费或低收费的医疗服务。采取这种模式的主要是西方福利国家，如英国、瑞典、捷克等。

英国1946年通过并颁布《国家卫生服务法》，实施全民医疗保险制度。英国国家医疗保险又称国民卫生保健制度（NHS），其主要特点是政府通过税收筹措医疗卫生经费，按区域人口结合其他因素给国立医疗机构直接拨款，向全民提供免费或价格极为低廉的医疗预防保健服务。国立医疗机构的经费95%来自政府拨款（其中82%来自普通税，13%来自医疗方面的国民保险基金收入），另5%来自服务收费等。近年来，英国NHS经费占GDP和政府预算支出的比重见表9-1。

表 9-1　英国 NHS 经费占 GDP 和政府预算支出的比重　%

年份	2008	2009	2010	2011	2012	2013	2014	2015	2016	2017	2018
国民卫生保健费用占 GDP 的比重	9.17	10.02	9.99	9.97	10.05	9.98	9.96	9.90	9.87	9.83	9.99
国民卫生保健费用占政府预算支出的比重	16.89	17.58	17.35	17.80	17.92	18.16	18.49	18.76	19.10	18.99	19.19

资料来源：OECD 网站（http：//stats.oecd.org）和世界银行网站（www.worlkbank.org）。

瑞典医疗卫生保健制度始建于 1955 年，保障的对象覆盖所有国民，其医疗卫生保健制度内容主要包括初级卫生保健服务，市、县议会负担的卫生保健服务，以及地域性卫生保健服务。制度建立之初，旨在为国民提供医疗卫生保健“安全网”，按照普遍性和统一性的原则，以郡政府运营的公立医院为主，向全民提供免费医疗服务。瑞典政府为全民提供免费医疗的同时，还对自我雇佣者和雇员提供疾病补助。疾病补助由社会保险厅负责，各郡社会保险机构具体执行。疾病补助的法律依据是瑞典的《社会保险法》，资金来源于保险费（2015 年自我雇佣者缴纳工资收入的 4.44%、雇主缴纳 4.35%）和中央政府财政补助。

1992 年捷克议会通过《全民医疗保险法》，从 1993 年 1 月 1 日起实行强制性全民医疗保险。其筹资水平为：按照雇员月收入的比例，雇员缴纳 4.5%，雇主缴纳 9%；个体劳动者保险费全部由自己缴纳；政府为儿童、学生、退休人员、失业人员投保。员工及其供养人可以在公立和私立医疗机构得到门诊和住院治疗、药品、牙科保健（分担部分费用）、生育保健、医疗器械，以及享受交通费用补贴等。

国家卫生服务模式的主要特征：一是医疗保险基金绝大部分源于国家财政预算拨款，政府可以根据资金投入量来控制医疗费用总量；二是卫生行政部门直接参与医疗服务的计划、管理、分配与提供，医疗保险基金往往通过全额预算下拨给政府举办的医疗机构，或是通过合同购买民办医疗机构、私人医生的医疗服务；三是向全体国民提供免费或低收费的医疗服务；四是卫生资源的配置具有较强的计划性，市场机制对其基本不起调节作用。

国家卫生服务模式的优点在于医疗服务面向全民，体现公平性和福利性。其主要问题在于，医疗机构微观运行缺乏活力，卫生资源配置效率低下，难以满足国民不断增长的医疗需求；由于供需双方缺乏费用意识，医疗消费水平过高，政府财政不堪重负。

二、社会医疗保险模式

社会医疗保险模式是指国家通过立法形式强制实施，由雇主和雇员按一定比例缴纳保险费，建立社会医疗保险基金，支付雇员或其家属医疗费用的一种医疗保险制度。实行这类医疗保险制度的国家有德国、日本、巴西等。

德国是世界上第一个建立社会医疗保险制度的国家，早在 1883 年，俾斯麦执政时期就制定了《疾病社会保险法》，目前已形成较为完善的医疗保险体制。经过对医疗保险体系的不断改革，现阶段德国的医疗保险主要是由两部分组成：法定医疗保险（GKV）和私人医疗保险（PKV）。根据 2018 年德国政府规定的收入标准，低于 4 950 欧元 / 月的人必须强制参加法定医疗保险，因此德国约有 87% 的人口参加法定医疗保险。法定医疗保险的保险费按照固定比例缴纳，为员工收入的 14.6%，缴费金额取决于个人薪酬的高低，保险费由雇员和雇主共同分担。另外约 13% 的人参加的是私人医疗保险，只有极少数人没有任何医疗保险。私人医疗保险主要面向自由职业者、企业家，以及薪酬超过一定数额的企业雇员。

日本的医疗保险制度始于 20 世纪初，1927 年正式实施，到 30 年代中期逐步趋于完善。1938 年厚生省从内务省分离出来，专门承担年金保险和医疗保险的职能。1961 年日本实现了“全民皆医疗保险”。1973 年，政府规定 70 岁以上的老年人免费看病，这一年被称为“福利元年”。日本的医疗保险体系由雇佣保险、国民健康保险以及以两者为基础的老年人医疗制度组成。雇佣保险包括一般雇佣保险和特定雇佣保险，其中一般雇佣保险包括面向中小企业的全国健康保险协会和面向大型企业的组合健康保险，特定雇佣保险包括船员保险、国家公务员共济组合、地方公务员共济组合、私立学校教职员共济组合。

巴西于 1976 年建立行业互助共济的社会医疗保险制度，制度规定，工商业雇员、家务佣工和个体劳动者必须参加医疗保险。政府对学生与公共雇员实行特别制度。工商业雇员的社会保险费（其中含医疗保险费）由参保人根据工资的档次缴纳，一般分为三个档次，分别缴纳收入的 8%、9%、10%；个体劳动者根据十个工资档次以及在每档工资的工作时间，按其工资的 10% ~ 20% 缴纳；雇主按工资总额的 20% 缴纳（家务佣工的雇主按工资总额的 12% 缴纳）。

社会医疗保险模式具有以下特征：一是通过法律强制参保和筹集医疗保险基金；二是基金由医疗保险机构统一筹集、管理和使用，不以营利为目的；三是基金管理的原则是以收定支，力求当年收支平衡，一般不会有积累；四是提供的医疗服务内容一般包括基本医疗服务、大多数病种的住院治疗及必要的药品，多数国家还包括专科医疗服务、外科手术、孕产保健、某些牙科保健服务及某些医疗服务设施，筹资与偿付水平较高的国家还包括患者的交通费用与家庭护理服务等；五是对参保人的医疗保障一般分两种方式，一是直接向患者提供免费或部分免费的医疗服务，二是患者垫付医疗费用后由保险机构予以补偿。

社会医疗保险模式的优点在于：社会互助共济、风险分担；医疗保险机构同医疗服务提供者建立契约关系，促使医疗服务提供者提供优质的医疗服务，对控制医疗服务提供者的垄断行为较为有效。但是，由于这种模式实行现收现付，当年平衡，没有纵向积累，不能解决代际医疗保险费用负担的转移问题，随着人口老龄化社会的到来，这种矛盾将日趋尖锐。

三、商业医疗保险模式

商业医疗保险模式同社会医疗保险模式相对应，它是按市场法则自由经营，医疗保险作为一种商品在市场上自愿买卖。卖方是指民间团体或私人保险公司，买方既可以是企业、民间团体，也可以是政府或个人。商业医疗保险模式主要以美国为代表。

美国的医疗保险制度主要有三种类型。

（一）为老年人提供的医疗照顾

1965 年美国国会通过立法，将医疗保障加入《社会保障法修正案》，其中包含强制性的住院保险和自愿性的补充医疗保险，并从 1967 年 7 月 1 日起实施老年健康保险和医疗救助两个医疗保障项目，为 65 岁以上老年人和伤残社会保障受益人支付大部分住院和医疗费用。

（二）向低收入群体和残疾人提供的医疗救助

医疗救助是专为生活在贫困线以下的低收入群体提供的医疗保险制度，由联邦政府和州政府联合举办。其经费主要来自各州财政，患者得到医疗救助的水平因州经济状况而异，差异较大。参保人主要是智力严重缺陷者、身体残疾者、丧失父母的穷苦儿童等，除此外，还有部分贫困老年人。

（三）为雇员提供的医疗保险

美国为雇员提供的医疗保险，一般都通过两种方式，一是大工商企业、机关团体员工由雇主资助而获得健康保险和个人投保的健康保险。蓝盾（Blue Shield）和蓝十字（Blue Cross）是美国最大的两家民间医疗保险协会，覆盖人口 1.07 亿人。参保人缴纳保险费后，医疗费用一般不用参保人分担，公司作为第三方给医院和医生付费。由于采用按服务项目支付的方式，对供给和需求双方都缺少有力的约束机制，因而医疗费用不断上涨。蓝盾和蓝十字两个相互独立的医疗保险协会同属于非营利性组织，两者在作用上是相同的，只是在提供服务上有所区别。蓝盾主要为门诊医疗提供服务，蓝十字为住院患者提供保险。

商业医疗保险模式的主要特点：参保自由，灵活多样，尊重国民的自由选择权，社会人群通过自愿入保，共同分担意外事故造成的经济损失。商业医疗保险模式的优点主要是可以根据社会不同需求产生的不同险种开展业务，其供求关系由市场调节。但是仍存在一些问题：医疗服务供方与需方一般处于不对等地位，供方可以利用技术优势诱导需求、刺激消费，因而医疗服务供求联系完全由市场调节，往往出现“市场失灵”，导致医疗消费的膨胀，社会医疗总费用失控是商业性医疗保险模式的突出弊病。尽管 2019 年美国的卫生总费用居全球之首——占其国内生产总值的 16.9%，但仍然有 2 700 万人得不到任何医疗保障。并且这种以营利为目的的制度，往往拒绝接收健康条件差、收入低的群体参保。因此，其造成卫生总费用失控的同时，公平性较差。

四、储蓄医疗保障模式

储蓄医疗保障模式是依据法律规定，强制性地以家庭为单位建立医疗储蓄基金，并逐步积累，用以支付日后患病所需的医疗费用。目前只有少数国家采用这种模式，这种医疗保障模式的代表国家是新加坡。新加坡的医疗保障体系是在中央公积金制度下，逐步建立了适合本国国情的医疗保障制度，形成了以保健储蓄（Medisave）计划、健保双全（Medishield）计划和保健基金（Medifund）为主的 3M 健康保护网，由个人、社会、政府共同承担医疗费用。

（一）保健储蓄（Medisave）计划

新加坡 1983 年立法、1984 年制订了“保健储蓄计划”，这是一项全国性的、强制性的储蓄计划。要求每一个有工作的人，包括个体业主，都要按法律规定参加保健储蓄计划。1993 年 7 月 1 日，55 岁以下职工的总公积金缴纳率为工资总额的 40%，雇主和雇员分别缴纳 18.5% 和 21.5%。每个公积金会员有三个账户，即普通账户（占账户总额的 30%）、保健储蓄账户（占账户总额的 6% ~ 8%）、特别账户（占账户总额的 32% ~ 34%）。保健储蓄账户的存款可用于支付本人及家庭成员的住院和部分昂贵的门诊检查治疗项目的费用。保健储蓄资金由雇主和雇员分摊，根据不同的个人医疗储蓄账户划入相应比例（见表 9–2）。同时，为了避免储蓄余额过多“沉淀”，还规定了退休后继续工作的，需要缴费达到基本医疗保健额（BHS）后，高于 BHS 部分将依据年龄决定流入该会员的特别账户或者退休账户。

表 9–2　　2016 年新加坡各年龄段储蓄账户的缴费情况　　%

年龄	缴费比例（月工资大于 750 新元的雇员占工资百分比）			存入（占工资百分比）		
	雇主缴费	雇员	总计	普通账户	保健储蓄	特别账户
<35 岁	17	20	37	23	8	6
35 ~ 45 岁	17	20	37	21	9	7
46 ~ 50 岁	17	20	37	19	10	8
51 ~ 55 岁	17	20	37	15	10.5	11.5
56 ~ 60 岁	13	13	26	12	10.5	3.5
61 ~ 65 岁	9	7.5	16.5	3.5	10.5	2.5
≥ 66 岁	7.5	5	12.5	1	10.5	1

资料来源：Central Provident Fund Board.

（二）健保双全（Medishield）计划

健保双全计划作为保健储蓄计划的补充，主要针对那些患重病或慢性病的群体。随着人口老龄化趋势愈加严峻及医疗费用不断上升，新加坡政府于 2015 年对健保双全计划进行全面改革，并修改名称为终身健保计划。与健保双全计划相比，终身健保计划在进一步保障民众抵御重大特级风险中发挥了重要作用。

终身健保计划是一项强制性、全民参保、终身受保的计划，具有社会统筹的作用。终身健保计划的保险费需要终身缴纳，并且随着年龄增长而增加。当被保险人自己没有能力支付、又没有家人支持来帮助他们支付终身健保计划保险费时，政府将为他们兜底支付保险费。

（三）保健基金（MEDI）

保健基金建于 1993 年，它是由政府设立的捐赠基金，为那些不能支付医疗费用的穷人提供一个安全网，以确保每个国民都能得到基本医疗服务。政府捐赠基金的利息收入分配给国立医院，每个国立医院都有一个由政府任命的医院保健基金委员会。无力支付医疗费用的穷人可以向医院保健基金委员会申请帮助，由该委员会审批和发放基金。

储蓄医疗保障模式的特征：以个人责任为基础，政府分担部分费用，强调个人通过积累支付部分医疗费用；享受的医疗服务水平越高，付费也越多，这样可避免过度利用医疗服务行为的发生，减少浪费；政府补贴、保健储蓄、健保双全和保健基金四位一体、相辅相成，保证每个国民都能够获得基本医疗服务。这一模式要求每个有收入的国民都要为其一生的医疗需求而储蓄，以解决自身的医疗保健费用，从而避免上一代人的医疗保健费用负担转移到下一代人身上。储蓄医疗保障模式的缺陷是不能实现社会互助共济、共同分担疾病风险，低收入人群得不到医疗保障，或者难以得到更好的医疗服务。

第二节　医疗保障运行机制比较

一、医疗保障覆盖范围比较

医疗保障覆盖范围是指国家立法规定可以享受医疗保障待遇的国民范围。由于各国的政治、经济发展不平衡，不可能所有国家都建立人人享有的医疗保障制度，尤其是发展中国家还远远不及“全民皆保险”的覆盖范围。

（一）国家卫生服务模式

实行国家卫生服务模式的国家，其医疗保险的覆盖范围原则上适用于全体国民。英国是世界上第一个实行全民医疗的国家。凡居住在英国的人，不需要取得保险资格一律可以享受各种医疗保健服务，其目的在于“让每一个社会成员以免费或低价享受医疗卫生服务”。瑞典的健康保险向全体国民及外籍居民提供医疗服务，16 岁以下的随其父母参加保险。该健康保险属于强制性的，几乎所有医疗事业均由地方政府举办，私人开业医生只占全国医生人数的 5%。

（二）社会医疗保险模式

实行社会医疗保险模式的国家，其共同之处在于收入低于一定水平的大多数国民是被强制参加保险的，其他劳动者如独立经营者通常允许自愿参加。在许多发展中国家，医疗保险适用于一定规模或一定地区的工商企业的员工。医疗保险通常先在首都及其他少数大城市实行，然后逐年推行到其他地区。

德国的法定医疗保险对象是：工资超过最低要求的所有雇员；农民、家庭手工业者；失业人员、大学生、残疾人和退休人员；参保人配偶及子女，只要他们的收入达不到最低要求，就可以免费参保。公务员、自由职业者、独立经营者不在法定医疗保险范围内。

日本于1938年制定《国民健康医疗保险法》，实行以地区为单位的地域性保险制度，属自愿投保。1958年日本开始全面修正有关制度，除参加雇佣保险以外的国民，均一律被强制纳入国民健康保险范围。1961年，日本全面实施国民健康保险。

（三）商业医疗保险模式

美国是实行多元化医疗保障制度的国家，即包括国家各级政府举办的公共医疗保障和各种私人及团体举办的保险项目。前者属医疗救助型，后者属私人健康保险，并且以后者为主。从保险形式来看，官方的医疗保险只包括医疗照顾和医疗救助两项，仅限于老年人、残障人士、儿童、低收入人群、现役军人、退役军人等少数特定群体，大多数劳动者通过雇佣关系获得雇主医疗保险（即私人健康保险），其他65岁以下公民的医疗保险需求，均由私营商业保险公司承担，属自愿保险。

美国医疗保障的覆盖范围主要根据其医疗保障类别进行划分：一是老年健康保险，即政府为65岁以上老年人提供医疗费用减免；二是低收入群体医疗救助，即政府为低收入群体或残疾人等无力支付医疗费用的人提供免费医疗；三是儿童健康保险；四是军人与少数民族医疗保险，即政府向现役军人、退役军人及其家属提供特别医疗保障。2015年，约占总人口61.8%的国民接受团体健康保险（约1.8亿人）；9.2%的国民向保险公司购买商业健康保险；29%的老年人、残疾人和退役军人等特殊群体接受政府提供的社会医疗保险或医疗救助项目。

（四）储蓄医疗保障模式

新加坡在全国实行统一的医疗保障制度，没有行业的区别和特殊照顾。政府高级官员与一般雇员享受同样的医疗保健服务，其保健储蓄计划从1984年开始实行，每一个有工作的人，包括个体业主都按法律要求必须参加保健储蓄计划。储蓄金可用于支付本人及家庭成员住院治病和部分昂贵的门诊检查治疗项目费用。保健储蓄账户的所有人去世后，余额以现金形式归还给家属，且不缴纳遗产税。总之，医疗保障与养老、伤残等保险项目比较，享受条件一般比较宽，它没有年龄限制和缴纳费用必须满一定时间的限制。但绝大多数国家规定，参保人在就医时本人还要缴纳一定的医疗费用，才能享受医疗保障待遇。在发展中国家，全民覆盖是少有的。有些国家甚至未能为改善基础医疗建立必要的基础设施，这与这些国家资金不足和政府投入少有直接关系（见表 9–3）。

表 9–3　　部分国家公共医疗卫生支出占 GDP 的比重（2009—2018 年）

比重（%）	国家
1.00 ~ 3.99	埃及、马来西亚、墨西哥、菲律宾、泰国
4.00 ~ 5.99	阿尔及利亚、巴西、韩国、土耳其
6.00 ~ 8.99	阿根廷、澳大利亚、加拿大、希腊、冰岛、意大利、日本、葡萄牙、西班牙、荷兰
≥ 9.00	挪威、瑞典、英国、丹麦、法国、德国、美国

资料来源：世界银行网站（www.worldbank.org）。

二、医疗保障筹资与支付方式比较

（一）医疗保障筹资方式比较

医疗保障筹资方式，各国政府以法令的形式公布实施，多数国家医疗保障资金由企业、个人和国家共同负担，各方负担的数额无一定规律。按资金筹措方式划分可分为以下四种类型。

1. 国家卫生服务模式

实行国家卫生服务模式的国家，资金来源于税收，全部或大部分由国家财政的公共开支支付，个人基本上不缴纳费用或缴纳得不多。英国实行国民医疗保险，医疗保险财源大部分由国家依靠税收予以承担（约 82%），只有 18% 是由国民保险基金（13%）和本人（5%）负担。马来西亚的医疗卫生经费中，由政府税收支付 76%，通过患者付费等渠道筹集 24%。

国家卫生服务模式的资金来源有三个。

一是公共资金筹集，主要包括政府税收（约占 90%）、参保人缴费以及全民医疗保险基金等。二是商业保险性质的医疗保险资金，即政府通过税收优惠等政策措施，鼓励有需求的个人购买商业保险，由商业保险公司直接向参保人就诊的医疗服务机构付费。

三是个人自费支付渠道，主要指医疗费用中需要个人承担的自费部分，以及超出医疗保险服务范围的特殊医疗服务，由个人直接向医疗机构支付。

2. 社会医疗保险模式

实行社会医疗保险模式的国家，一般将医疗保险的资金筹措和其他社会保险项目结合起来，向劳资双方征收单一的保险费。比较常见的办法是，由雇主和雇员按照一定额度以下的工资的固定百分比缴纳保险费，多数国家政府不提供任何补助，少数国家规定政府负担一部分保险费。

德国疾病保险基金主要来自劳资双方所缴纳的保险费，通常由双方各半负担。因各疾病基金会财务状况不同，因此，其保险费率亦有所差异，1976—1983 年平均费率维持在 11.3% ~ 11.98%、1995 年为 12.2%，但近年来，财政也负担一部分经费。法国的医疗保险费由雇主负担大部分，雇主承担 75%，余下 25% 由雇员本人负担。只有在医疗保险出现赤字时，国家与地方财政才予以补助。

3. 商业医疗保险模式

以美国为代表的商业医疗保险模式，费用主要由本人负担。美国的公共医疗保障，主要由住院保险和补充医疗保险组成，基于个人负责的原则。前者除每月缴纳 192 美元（1992 年）外，住院还需本人负担高额费用。按规定，老年人患病可住院 90 天，前 60 天本人须先支付 652 美元，后 30 天本人每天需自付 163 美元（1992 年）；后者从 1991 年起规定 65 岁以上老年人收入在贫困线以下者，必须缴纳月额 3 190 美元的补充医疗保险费，以及年间自负定额 100 美元的医疗补充金，并且每次就诊本人还须支付 20% 的费用。国家即联邦政府不对住院保险提供任何财政援助，仅对补充医疗保险提供财政补助，财源来自从未满 65 岁的劳动者那里征收的社会保险税。

美国医疗保障体系资金来源有四个。一是商业健康保险的保险费收入，主要由雇主通过购买团体健康保险的方式承担了大部分费用。二是社会健康保险的保险费收入，老年健康保险的医疗保险费以工薪税形式收缴，统一纳入医疗保险信托基金。三是财政投入，老年健康保险中的补充医疗保险的保险费收入 75% 来自财政拨款，医疗救助由联邦政府和各州政府共同出资，儿童健康保险由联邦政府负担 70%、各州政府负担 30%，军人医疗保险和少数民族医疗保险全部由联邦政府负担。四是个人自费部分，老年健康保险中的补充医疗保险的保险费收入 25% 来自个人缴纳的费用，处方药物补贴由个人少量缴费。

4. 储蓄医疗保障模式

储蓄医疗保障资金来源主要靠强制性的个人储蓄，由参保人长期积累，国家在政策上予以优惠待遇。储蓄医疗保障计划是新加坡医疗保险的主要筹资工具，通过法律规定，强制性地把个人工资的一部分以中央公积金的方式转化为医疗保障基金。一般来说，医疗账户的储蓄金缴费比例占其工资的 8% ~ 10.5%。缴纳的储蓄金可以免缴个人收入所得税。因此，每月缴纳金额是有限制的，月薪超过 6 000 新加坡元部分不用缴纳。个体户从 1992 年 7 月实行，按照年收入的一定比例缴纳，目前储蓄金缴纳上限为 22 023 新加坡元，多出的资金自动转入中央公积金的普通账户中。

总之，在医疗保障筹资模式上，政府承担比重较大的是国家卫生服务模式，而个人承担较大比例的是商业医疗保险模式（见表 9–4）。

表 9–4　部分国家医疗支出情况（2010—2018 年）　%

国家	公共医疗支出占 GDP 的比重			全部医疗支出占 GDP 的比重			公共医疗支出占全部医疗支出的比重		
	2010 年	2015 年	2018 年	2010 年	2015 年	2018 年	2010 年	2015 年	2018 年
英国	8.22	7.94	7.86	9.99	9.90	10.00	82.28	80.14	78.60
瑞典	6.86	9.08	9.27	8.33	10.79	10.90	82.41	84.08	85.09
挪威	7.54	8.66	8.57	8.91	10.13	10.05	84.68	85.51	85.32
德国	8.40	8.60	8.88	11.09	11.18	11.43	75.69	76.95	77.68
法国	7.92	8.30	8.26	11.24	11.47	11.26	70.47	72.39	73.37
日本	7.50	9.15	9.21	9.16	10.89	10.95	81.93	84.08	84.08
荷兰	6.83	6.72	6.48	10.16	10.32	9.97	67.26	65.06	64.92
美国	7.95	8.47	8.51	16.35	16.71	16.89	48.64	50.69	50.41

资料来源：世界银行网站（www.worldbank.org）和 OECD 网站（www.oecd.org）。

（二）医疗保障支付方式比较

医疗保障支付是指医疗保障机构作为付款人，代替参保人支付他们因接受医疗服务所花去的医疗费用，对医疗机构或医生提供医疗服务所消耗的经济资源进行补偿。医疗保障的支付方式大体上可以分为后付制和预付制，以及工资制。前者表现为按服务项目付费；后者有按人头付费、总额预算制、按病种付费等方式。

1. 按服务项目付费

按服务项目付费是医疗保障最传统，也是运用最广泛的一种费用支付方式，医疗机构根据约定的医疗机构或医生，定期向医疗保障机构上报医疗服务记录，按每一个服务项目向服务提供者支付费用。这种付费方式的优点是：实际操作方便，适用范围较广。缺点是：由于医院的收入同提供医疗服务的项目多少有关，因而有过度提供服务的动机，医疗费用难以控制；医疗保障机构为了控制过度提供服务，必然要深度介入规范医疗行为审查，管理成本较高。如澳大利亚的病人在公立医院的门诊治疗费用、住院费用和医生治疗费用都不需要自己支付，其费用由保险公司按医疗照顾计划表支付给医院。

2. 按人头付费

按人头付费是由医疗保障机构根据医疗机构或医生服务的参保人数，定期向医院或医生支付一笔固定的费用。在此期间，医疗机构或医生负责提供合同规定的一切医疗服务，不再另行收费。按人头付费是一定时期一定人数的医疗费用包干制。其特点是：医疗机构或医生服务的参保人数越多，收入就越多；提供的医疗服务越多，收入就越少。这种支付方式能够鼓励医疗机构或医生主动控制、降低医疗费用，但易发生减少服务提供或降低服务质量的现象。美国的健康维持组织（HMO）广泛采取了这种办法；英国、意大利等国的医生（包括家庭医生）和专科医生也根据登记的参保人数，即按人头支付报酬。

3. 总额预算制

总额预算制是由医疗保障机构根据与医疗机构或医生协商确定的年度预算总额进行支付。特点是医疗机构或医生必须为前来就诊的所有参保人提供合同规定的服务，但收入不能随服务量的增加而增加；如果全部服务的费用超出了年度总预算，医疗保障机构不再追加支付，亏损由医疗机构或医生自负。实行这种支付方式的优点是，医疗保障机构能够较好地控制医疗费用，但必须合理确定医疗机构或医生的年度预算，考虑的因素包括医院的规模、服务数量和质量、设备设施情况、服务地区的人口密度、人群死亡率、通货膨胀等。预算总额一般每年调整一次。采用这种方式的国家，如英国、加拿大、澳大利亚等国，卫生总费用一般控制得较好，2018 年英国卫生总费用占 GDP 的比重约为 10.0%，澳大利亚约为 9.3%。

4. 按病种付费

按病种付费是根据国际疾病分类法，将住院病人的疾病分为若干组，每组又根据疾病的轻重程度及有无合并症、并发症分为若干级，对每一组的不同级别分别制定价格，按这种价格对该组某级疾病治疗的全过程进行一次性支付。这种支付方式的优点是可以激励医疗机构或医生为获得利润而主动降低成本，缩短平均住院日，有利于费用控制；

缺点是当诊断界限不明时，容易诱使医疗机构或医生令诊断升级，以获得较多的费用支付，而且制定标准的过程复杂、调整频繁，管理成本过高。

5. 工资制

由医疗保障机构根据医生或其他卫生人员提供的服务向其发工资。这是医疗保障常见的一种支付形式，广泛地运用于芬兰、瑞典、西班牙、葡萄牙、希腊、土耳其、印度、印度尼西亚、以色列以及拉美国家。英国、加拿大等国对在医院工作的医生也实行这种方式。工资制的特点是医疗保障机构对医生支付固定的费用，不考虑医生看病次数和服务人数的多少。所以，工资制存在难以调动医生多提供服务、提高服务质量的积极性的缺陷。

总之，医疗保障的支付有多种形式，医疗保障机构可以根据不同的情况和需要，选择不同的支付方式或组合。医疗保障支付方式影响整体医疗费用支出水平及其上涨率、医疗服务体系总体及部门收入与规模、医疗服务质量、医疗保险管理组织及事务繁简。所以，医疗保障支付制度的改革成为各国医疗保障制度改革的核心内容之一。

三、医疗保障基金监管机制比较

在医疗保障政策的执行过程中，基金监管机制对医疗保障政策有效执行至关重要。目前，发达国家的医疗保障监管组织体系经过多年发展演变，已经形成包括政府监管、非政府机构监管、专业组织监管等在内的不同层次的监管体系。从医疗保障基金监管主体角度，各国医疗保障基金监管模式可以分为政府主导的国家卫生服务模式、社会主导的社会医疗保险模式、市场主导的商业医疗保险模式以及中央公积金局主导的储蓄医疗保障模式。

（一）国家卫生服务模式

国家卫生服务模式的医疗保障监管是由政府主导，以政府设立或支持专业机构为监管主体，利用内部市场化的竞争机制，规范医疗服务各方行为。英国国民卫生保健的监管组织体系主要是采用这种监管模式，在政府监管方面，主要是由英国卫生部负责从国家政策层面提供战略性指导；地方政府负责支持当地国家医疗服务的运行和提高。其中，英国卫生部为英国医疗服务的最高主管机构，由议会提议建立，具体责任包括：制定医疗服务方面的国家政策法规，指导国家医疗领域的发展；为医疗服务提供资金以确保服务的可持续性，支持医疗系统整体建设，以公众利益为核心原则；支持医疗创新研究及技术进步，提高医疗领域的开放性和透明度，引导医疗水平的提升等。英国卫生部不直接管理国民卫生保健体系的运行，于 2013 年 4 月出资建立了公共卫生署作为医疗服务管理方面的专职行政机构。该机构具有一定的自主性，负责向各级政府和组织提供国民卫生保健运行方面的信息、技术、人才等专业支持。

（二）社会医疗保险模式

社会医疗保险模式在医疗保障监管中的主要特征是广泛的社会组织参与，监管更多依靠行业的自我管理。德国作为现代社会医疗保险制度的起源地，医疗保险基金的监管工作和监管制度相对完善。在医疗保险基金监管中，通过政府和社会组织合作，以行业管理为主，政府负责政策、规划的制定和监督执行，社会管理组织在医疗保险基金监管工作中发挥着重要作用。德国通过完善的个人信用档案体系建设，来强力约束医疗机构、医生和参保人等个体的行医或就医行为，从而奠定了维护医疗保险基金安全的信用基石。同时，德国对医疗服务供方有着非常严格的准入管理，并会通过医德医风建设有效控制医疗服务供给端的信用风险。为解决医疗保险支付过程中的信用问题，德国研发了 DRG① 付费系统，将 DRG 作为住院医疗费用的支付方式，从而抑制了医疗保险支付过程中可能发生的道德风险。

（三）商业医疗保险模式

商业医疗服务体系是建立在完全市场化基础上，主要由民营医疗管理集团、私人医院等医疗服务组织构成。其医疗保障监管主要以私人医疗保险机构对医疗保险基金进行监管，政府主要通过卫生行政部门和信托基金会对政府主管的少数医疗保险项目的医疗保险基金进行监管，尤其注重诚信体系构建与作用发挥。美国的医疗保险基金建立了市场化下的基金监管诚信体系，通过较为成熟的合同机制和信用体系，商业保险占主导的美国医疗保险市场在道德风险控制上已经达到很高的水平。此外，美国还采用 DRG 医疗保险支付方式，建立了不同病种的付费标准，实现了医疗保险基金使用的标准化管理。DRG 制度使医院失去了收费和定价的自主权，很大程度上限制了医院过度提供医疗服务造成医疗保险基金滥用的现象。

---

① DRG 付费系统是根据患者的临床诊断、年龄、合并症、并发症等因素，将治疗疾病所产生的医疗费用相近的患者划分到相同的诊断组进行管理的支付方式。

（四）储蓄医疗保障模式

储蓄医疗保障模式是政府立法规定的强制性长期储蓄。新加坡实行的中央公积金管理模式，具体而言就是由政府成立中央公积金局，直接对公积金进行日常的运营管理，可谓基金管理权、经营权、监督权三权合一。在新加坡，基金管理监督这一体系中涉及三个主体：第一是劳工部，负责制定政策并进行监督；第二是中央公积金局，负责制定具体的政策并管理日常事务；第三是货币管理局和政府投资管理公司，负责基金的投资管理，并接受中央公积金局的监督，如此形成了互相制约和监督的机制。

四、疾病防控和医药卫生体制比较

（一）疾病防控体系比较

疾病防控体系是医疗卫生体系的重要组成部分，疾病防控体系水平的提升，对提高全人群健康水平有着显著的促进作用。

1. 预防保健服务体系

随着人们生活水平的提高，健康观念逐渐发生改变，健康意识进一步增强，对保障健康、疾病预防的需求日益增长，因此现代医学逐步向提高健康水平方向转变。由于卫生资源的有限性、卫生费用快速增加等原因，疾病防控体系不能继续延续治疗为主的模式，应该强调预防优先和重视预防保健的作用。当前，国际上以人群健康为核心，重视整合医疗卫生机构在促进和改善人群健康中的功能和角色，这也是我国未来卫生政策改革和发展的趋势：从关注单一的疾病到关注整体的人，从关注疾病诊治和医疗服务转向全面关注生命全过程中的健康促进与疾病预防保健，从只专注疾病本身的治疗到转向关注影响疾病和人体健康决定因素的社会、心理与环境等因素的整体化保健服务，从关注治疗已存在的疾病到关注疾病的预防与控制，减少其发生、发展。

2. 慢性病防控体系

慢性病患病率和医疗费用的增加，使慢性病成为威胁人类健康的主要危险因素之一，因此，对慢性病的预防和控制意义重大。目前，国外慢性病防控主要包括政府顶层设计保障慢性病防控机制顺利运行，广泛的多元合作促进防控工作的实施，基于社区开展多形式的健康促进活动，通过信息技术的支撑助力慢性病防控全程管理。美国的卫生与公共服务部通过制定慢性病预防政策以及长期、总体的规划和战略目标来指导防控工作的开展。隶属国家卫生与公共服务部的疾病控制与预防中心（CDC），下设国家慢性病预防和健康促进中心，中心通过与医院、社区卫生服务机构、教育机构、慈善基金会等其他机构合作，开展慢性病防控项目，并对项目的实施进行评价和考核。美国作为一个联邦制国家，除在中央设有防控的专门机构外，各州、地区和县都设有卫生署或卫生局，负责当地的慢性病防控工作。各州政府也可以建立本地区的慢性病防控体系，并制定相应的政策法规，为防控工作提供强有力的政策支持和法律保证。此外，各州在国家卫生数据中心、慢性病预防和健康促进中心的指导下，建立了监测体系（如危险因素监测体系 BRFSS），收集个体数据并在全国实现共享，为卫生机构采取慢性病干预措施提供数据支撑。

3. 传染病防控体系

传染病对人类带来健康风险和生命威胁，也给世界贸易和国际交通带来干扰。目前，国际传染病防控体系主要是由世界卫生组织主导，世界卫生组织的职责主要是疫情的监测、通报、磋商和核实，确定疾病事件是否构成国际关注的突发公共卫生事件，入境管理和检疫检查措施是否合理，以及国际合作和援助。各国政府依据《国际卫生条例（2005）》确定了传染病防控的国际合作规范和决策程序。《国际卫生条例（2005）》是由196个国家达成的维护全球公共卫生安全的国际法规。该条例以预防和控制疾病在国与国之间的传播为目的，同时规定各国采取的传染病防控措施要尽可能减少对国际交通和货物贸易造成的干扰。

（二）医药卫生体制比较

随着经济的发展和人们健康需求的增加，各国政府加强了对卫生系统的干预。为了提高医药卫生服务的供给和公平性，政府一方面对医疗供给体系采取扩展政策，积极发展卫生资源，包括大力培养和引进卫生人才，兴建卫生服务设施和增加住院床位；另一方面推行各种健康保障政策，扩大健康保险的覆盖范围，确保人们普遍获得最低水平的卫生保健，形成了各国基本的医药卫生体制和卫生经济政策。根据各国卫生服务筹资、提供和组织形式，以及政府作用的不同，医药卫生体制和政策大致可分为以下几种类型。

1. 国家卫生服务模式

1946年，英国政府正式颁布《国家卫生服务法》，对所有医疗机构实行国有化，由中央政府提供资金，分配预算到地区卫生部门，再由地方卫生局分配预算给医院和全科医生（GP），免费向全民提供医疗卫生服务。政府同自由开业的全科医生签订协议，按注册的服务人数支付报酬。英国的卫生部是其医疗制度的最高权力机构，下设地区和地段（社区）卫生局，共三级，卫生部控制资源分配，地区的职能主要是计划，地段是提供医疗服务的执行机构。

瑞典是地方分权型的，由县议会以税收形式筹集资金提供服务，中央政府只给予补助，并同地方政府协商卫生费用占 GDP 的比重。意大利也推行分散权力，地方卫生单位为各自区域内的居民提供医疗服务津贴。在芬兰，国家卫生服务仅限于住院医疗，政府开办国家医院、州医院、区医院、卫生中心和村卫生站五级医疗机构，并提供大部分卫生服务。

2. 社会医疗保险模式

实行社会医疗保险模式的国家，其医药卫生供给体系，以私立医疗机构和私人医生为主，医疗服务的供给以市场调节为主。这些国家都推行强制性保险，通过强制性保险计划筹集国家大部分的医疗费用，为全民提供基本的医疗卫生服务，并允许人们自愿购买私人健康保险，以获得更好的医疗服务作为补充。主要通过雇主和雇员缴纳保险费筹集基金，由相对独立的疾病基金会或医疗保险机构进行管理。

德国的法定医疗保险机构按区域和行业划分，管理上按照自治原则、依法行事。对医疗保险的具体实施与管理主要依靠按行业和地区设立的 1 270 个疾病基金会，依参加对象的职业分为地方、企业、商业、矿工、海员、农民六种法定疾病基金会。

阿根廷的医疗保险制度中，参保人及其供养的妻儿（子女为 18 岁以下，若为学生则 21 岁以下，残疾子女无年龄限制），根据与全国社会服务机构签订的合同，可以到公立或私立医疗机构接受治疗和住院。1991 年中央政府公共卫生支出占 GDP 的 3%，2000 年公共卫生支出占 GDP 的比重为 9%，2004 年为 10%。

在巴西的医药服务体系中，参保人及其供养人享有的保障包括全科和专科治疗、住院、药品（某些药费由病人分担）、生育保健、牙科治疗以及必要的交通费用。

3. 商业医疗保险模式

美国是商业医疗保险模式最典型的国家，其医疗卫生服务体系是市场为主、政府为辅的模式，不论医疗服务的提供还是医疗资金的筹集都主要通过市场需求来调节，医疗卫生资源分散且多元。美国卫生与公共服务部（HHS）并无多少实体医疗卫生资源；公共卫生应急反应体系是卫生与公共服务部中少有的拥有实体性医疗卫生资源的政府机构；疾病控制与预防中心（CDC）主要负责预防、控制疾病和传染性疾病的传播；CDC与卫生资源及服务管理局（HRSA）在地区的“医院应急准备系统”和地方一级的“城市医疗应急系统”形成了一个纵向应急系统，但相互间的协调关系并不融洽。尽管美国联邦政府控制着一部分医疗卫生资源，但只向自己的服务对象开放，大多数时候并无公共服务职能。奥巴马政府签署医疗法案后，美国医疗照顾保险中增设了第四部分内容，政府将对老年人在购买特殊药品时给予折扣，但在总消费额超过一定限度时将不予报销。

4. 储蓄医疗保障模式

新加坡的医疗保障制度是以个人责任为基础，政府负担部分费用并严格控制医疗费用增长，以保证政府和个人都能够承受基本的医疗服务价格。新加坡政府认为，卫生服务和医疗保险不能完全依靠市场机制，单纯的市场机制不能确保医药成本降低，政府对此必须有强有力的干预和严格的宏观调控。新加坡政府重点进行了以下四个方面的宏观调控：做好卫生事业发展的宏观规划，严格控制高科技在国立医院普遍使用，严格控制药品的使用和采购环节，严格控制医院业务收入的增长。

五、医疗保障水平比较

关于医疗保障的水平，应是一种综合性的总体体现。适度的医疗保障水平应与国家的经济发展水平以及各方面的承受能力相适应，即坚持以下标准：（1）从人们对于医疗的需求来看，适度的医疗保障水平应有利于改善一国居民的健康水平；（2）从医疗供给上来看，适度的医疗保障水平应与经济发展水平相适应；（3）从医疗费用使用的效率来看，适度的医疗保障水平是建立在医疗资源的高效使用之上的。

（一）医疗保障支出

法定医疗保险给付率，即医疗费用支出中法定医疗保险的负担比率，是国民医疗保障水平的重要标志，可以说它是医疗上的“最低保障”。对于法定医疗保险给付率，一般都由国家统一规定，不得低于45%（国际劳工组织第102号公约所规定的最低给付率），这实际上代表了最低的医疗保障水平。此外，国际上还通常用人均医疗给付和医疗保障支出占国内生产总值的比率来表示医疗保障的水平，部分OECD国家的医疗保障支出占GDP的比重见表9-5。

表 9–5　　部分 OECD 国家的医疗保障支出占 GDP 的比重（选定年份）　　%

国家	1990 年	2000 年	2005 年	2010 年	2015 年	2016 年	2017 年	2018 年
澳大利亚	6.7	7.6	7.9	8.4	9.3	9.2	9.2	9.3
奥地利	8.4	9.2	9.6	10.2	10.4	10.4	10.5	10.3
比利时	7.2	7.9	9.3	10.2	10.4	10.3	10.4	10.3
加拿大	8.9	8.3	9.1	10.7	10.7	10.9	10.8	10.8
捷克	4.5	5.7	6.4	6.9	7.2	7.1	7.2	7.6
丹麦	8.3	8.1	9.1	10.3	10.2	10.1	10.0	10.1
芬兰	7.7	7.1	8.3	9.1	9.6	9.4	9.1	9.0
法国	8.4	9.6	10.2	11.2	11.5	11.5	11.4	11.3
德国	8.3	9.9	10.3	11.1	11.2	11.2	11.3	11.4
希腊	6.7	7.2	8.6	9.5	8.0	8.2	8.0	7.7
匈牙利	6.1	6.8	8.0	7.5	6.9	7.0	6.8	6.7
冰岛	7.8	8.9	9.1	8.5	8.1	8.2	8.3	8.5
爱尔兰	6.0	5.9	7.6	10.5	7.3	7.4	7.2	6.9
意大利	7.7	7.6	8.3	8.9	8.9	8.7	8.7	8.7
日本	5.8	7.2	7.8	9.2	10.9	10.8	10.8	11.0
韩国	4.0	3.9	4.6	5.9	6.7	6.9	7.1	7.6
卢森堡	5.4	5.9	7.2	7.0	5.3	5.2	5.3	5.3
墨西哥	4.4	4.4	5.8	6.0	5.8	5.6	5.5	5.4
荷兰	8.0	7.7	9.1	10.2	10.3	10.3	10.1	9.9
新西兰	6.8	7.5	8.3	9.6	9.3	9.3	9.0	9.2
挪威	7.6	7.7	8.3	8.9	10.1	10.6	10.3	10.1
波兰	4.8	5.3	5.8	6.4	6.4	6.5	6.6	6.3
葡萄牙	5.7	8.4	9.4	9.8	8.9	9.4	9.3	9.4
西班牙	6.5	6.8	7.7	9.1	9.1	9.0	8.9	8.9
瑞典	8.2	7.3	8.1	8.3	10.8	10.8	10.8	10.9
瑞士	8.2	9.4	10.3	10.3	11.4	11.7	11.9	11.9
土耳其	2.7	4.6	4.9	5.0	4.1	4.3	4.2	4.1
英国	5.9	7.3	8.5	9.9	9.9	9.9	9.8	9.9
美国	12.4	12.5	14.6	16.4	16.7	17.1	17.0	16.9

资料来源：OECD 网站（www.oecd.org）和世界银行网站（www.worldbank.org）。

（二）医疗保障供给

医疗保障供给水平主要体现在医疗机构、设施以及有关医务人员的配置上。在国际上通常是用每个医生负担人数、每个护士负担人数和每张病床负担人数来表示（见表 9–6）。

表 9–6　　部分国家卫生保健状况　　人

国家	每个医生负担人数					每个护士负担人数					每张病床负担人数				
	1999年	2005年	2010年	2016年	2017年	1999年	2005年	2010年	2015年	2017年	1999年	2005年	2010年	2015年	2017年
美国	455	411	411	386	383	127	101	79	89	85	333	313	328	357	348
日本	—	—	453	415	—	132	—	97	—	—	97	71	74	76	77
德国	313	291	266	238	235	108	91	84	79	76	145	118	121	123	125
法国	303	291	296	309	307	152	123	111	101	95	238	139	156	163	167
英国	526	415	381	363	359	120	104	114	126	128	263	269	341	383	394
意大利	238	270	262	253	251	192	202	181	184	149	227	248	275	313	314
加拿大	476	—	491	433	383	99	101	107	101	100	303	323	360	382	395
印度	—	1 737	1 511	1 318	1 286	—	775	1 150	689	474	1 000	2 439	2 128	1 724	1 887
阿尔及利亚	1 000	976	829	546	559	—	—	514	—	450	500	—	—	526	—
巴西	1 000	600	551	—	462	—	266	136	103	102	333	397	422	465	478
韩国	769	570	504	434	424	714	261	216	168	144	204	169	114	86	81
墨西哥	667	567	447	430	420	455	453	415	361	348	909	952	952	1 000	1 010
新加坡	1 000	632	582	436	—	—	212	175	160	160	333	313	—	417	402

资料来源：

①陈秀英．世界经济统计简编［M］．北京：中国物价出版社，1997.

② OECD 网站（www.oecd.org）、世界银行网站（www.worldbank.org）、世界卫生组织网站（http://apps.who.int/gho/data/view.main.92100）。

注：“—”表示缺少该项数据。

第三节　长期护理保险国际比较

许多国家（或地区）为了应对人口老龄化、解决老年人口长期护理的难题，先后推行了长期护理保险（Long-Term Care Insurance，LTCI）。长期护理保险是指通过发挥保险的风险共担、资金互济的功能，对被保险人因接受长期护理服务而产生的费用进行分担补偿的一种制度。

一、长期护理保险运行模式

（一）长期护理保险筹资机制比较

根据发达国家经验，建立健全适合我国国情的长期护理保险制度的关键在于筹资。根据长期护理保险制度主要筹资机制，将国外已经建成的长期护理保险制度分为三种模式，分别是福利国家主体模式、社会保险主体模式和商业保险主体模式（见表 9–7）。

表 9–7 三种典型长期护理保险制度筹资模式比较分析

模式	资金来源	福利类型	财政责任	缴费与待遇关系	代表国家
福利国家主体模式	政府	普惠型	完全由财政负担	单向关系	瑞典、丹麦、芬兰等
社会保险主体模式	政府、企业、个人	互济型	承担部分缴费责任	不完全对等	德国、意大利、法国等
商业保险主体模式	个人	残补型	对特殊困难群体给予补助	对等关系	美国、英国、澳大利亚等

资料来源：李长远，张会萍．发达国家长期护理保险典型筹资模式比较及经验借鉴［J］．求实，2018：69–78，111.

1. 福利国家主体模式

根据普遍性福利原则，福利国家主体模式下的长期护理保险制度基于国民需要无差异地、免费地向其提供福利服务，不以职业、家庭结构、个人收入、资产等设限。在这种模式下，长期护理保险覆盖全体国民，任何有护理需求的国民，经过评估后都可以根据不同的标准享受现金补贴或不同形式的护理服务。长期护理服务的责任主要由国家承担，家庭或子女护理父母未被列入法定责任。在该模式下，国家主要通过税收筹集长期护理所需资金，所有的高水平福利均由高税收来支撑，依赖国家雄厚的财政实力，老年人可以享受到待遇优厚的长期护理服务。

大多数北欧国家采取这种模式，包括瑞典、丹麦、芬兰和挪威等国家。国家福利体制中长期护理公共支出占公共财政支出的比例普遍较高，2019 年，瑞典、丹麦、荷兰和挪威长期护理方面的公共支出占 GDP 的比例为 3.4% ~ 4.1%，其中，占比最高的荷兰达 4.1%，政府在长期护理中的公共支出占 GDP 的比例是美国的 4 倍。[①] 政府作为长期护理

① http：//www.oecd.org/health/health–systems/health–at–a–glance–19991312.html.

保险制度的责任主体，除了为该制度运行提供所需资金，还承担着制定相关政策、审核享受资格标准、组织实施及监管等责任。

2. 社会保险主体模式

社会保险主体模式是指政府通过立法来强制征收保险费，以保证长期护理保险的普遍覆盖率和服务的可持续发展。社会保险主体模式国家普遍采用包含政府、企业及个人的多元化筹资主体模式，多方责任主体共同承担社会义务，强调福利待遇的享受以参与劳动和缴纳保险费为前提，福利待遇水平取决于个人的工作和参保年限、工作业绩和保险精算结果、欧洲大陆国家普遍采取此种模式，如德国、意大利、法国等。其中，德国规定所有参加医疗保险的人均应参加长期护理保险，2017 年德国长期护理保险数据报告显示，86.7% 的国民参加了社会长期护理保险，11.3% 的国民参加了私人长期护理保险，全民参保率高达 98%。此外，公务员、军人和法官等群体可享受免费的政府长期护理保险，而贫困人口、弱势群体缴费由政府提供相应的补助或减免。

3. 商业保险主体模式

商业保险主体模式的国家其福利服务由市场提供，强调个人责任，政府仅对收入或资产低于一定水平的弱势群体承担有限的补救责任。美国作为商业保险主体模式的代表性国家，其最大的特点是主要通过保险市场上的商业长期护理保险产品解决绝大多数美国人的长期护理问题，虽然建立了针对 65 岁以上老年人、低收入者、残疾人等特殊困难群体的医疗照顾和医疗救助，但医疗救助设立了严格的收入和资产门槛，大部分国民的护理需求仍然需要由市场来解决。美国的医疗救助为长期护理服务的发展发挥了举足轻重的作用，医疗救助覆盖了 30% 的长期护理对象，医疗救助费用支出中有 30% 用于长期护理开支。虽然政府也资助个人购买商业长期护理保险，但由政府资助个人购买商业长期护理保险的比例依然很低。

（二）长期护理保险给付方式

长期护理保险给付方式是影响制度实施效果的重要因素。长期护理保险的给付方式主要有现金给付、服务给付、混合给付三种方式。

1. 现金给付

现金给付是对参保人因为失能造成的财务损失进行赔付的一种模式，政府根据失能等级的评估结果直接向参保人家庭支付现金。在现金给付模式中，主要是通过现金补贴的方式发放到参保人账户，该模式更灵活便捷，可以给参保人更大的选择自由，但是可能造成逆向选择和道德风险。一般来说，商业长期护理保险主要采用现金支付模式。美国作为以现金给付为主的国家，购买了商业长期护理保险的参保人在产生护理需求时由保险公司给付现金以补偿其护理费用。随着“管理式医疗”在美国推进，服务给付的方式开始出现，参保人可选择居家护理、机构护理服务以及急诊服务等。

2. 服务给付

服务给付是由经办机构根据评估结果向符合资质的护理机构购买相应的服务，通过直接提供护理服务的形式满足参保人的护理需求。在服务给付模式下，政府及经办机构通过对参保人展开失能评估，筛选出符合标准的受益对象。进而，政府将受益对象的相关资料提供给其选择的定点护理机构，由其为受益对象提供相应护理服务。在这期间，政府及经办机构负责定期对护理机构服务质量进行监督和考评。服务给付能够更好地保证受益对象的需求，促进护理服务市场的发展。一般来说，社会长期护理保险主要采用服务给付的方式，并且服务内容呈现多样化趋势。这类国家主要以日本为代表，日本的长期护理保险制度对现金给付有一定的限制，其护理服务给付的类型主要包括居家护理、机构护理、护理预防服务和地区密集型护理服务。

3. 混合给付

混合给付主是将现金和服务两种给付方式结合，允许参保人根据自身状况或其个人偏好来选择接受现金或服务给付，这给参保人更多自主选择权。混合给付吸纳了上述两种方式的优势，既可以发挥现金给付的补充性作用，又可以实现为参保人提供长期护理服务的制度目标，使得长期护理保险制度的实际运行更加灵活高效。但同样，混合给付也增加了项目调控和监管的难度，政府不仅需要对现金给付的流向以及服务转化效果进行考评，同时也需要对定点护理机构进行监督管理，因此，对政府的调控和监管能力提出了较高要求，也增加了政策的执行成本。为了更好地满足参保人多样化、个性化的需求，许多国家采用混合型给付方式，这类国家以德国为代表。在德国，住院护理只提供现金给付，居家护理服务的给付方式的选择权掌握在参保人自己手中。德国规定，现金给付和服务给付所对应的标准是不同的，考虑到支付给亲属的现金只是对他们的一种补偿，不能算是报酬，因此规定现金给付的标准须低于服务给付的标准。

（三）长期护理保险类型

1. 居家护理

居家护理主要是指护理人员上门为参保人提供所需要的服务，主要包括非正式护理服务和专业护理服务两个层次。非正式护理服务是指由家人提供的家庭护理和老年人住在家中接受到的居家上门服务；专业护理服务则是由社区、政府购买，养老机构、医疗机构或志愿者队伍提供的专业护理服务。居家护理的内容非常全面，涵盖了日常生活居家服务、送餐服务、紧急救援服务和住宅修缮等各个方面。居家护理能使老年人在熟悉的居住环境中得到照顾，为老年人提供精神支持与情感慰藉，有利于老年人身心健康。然而一定水平的居家护理对子女而言，时间成本、医疗成本较高，部分家庭难以负担。居家护理是我国台湾地区最主要的老年护理方式，台湾地区的县政府及乡公所均设置居家服务支持中心作为居家服务的组织者，支持中心不仅充当服务中介，还为家庭护理提供者提供咨询，以期更有效地为老年人提供服务。

2. 社区护理

社区护理是指失能参保人在社区的定点服务场所获取短期、临时服务。社区提供适当程度的干预和支持，以使人们能获得最大的自主性，掌握自己的生活。发达国家的经验显示，即使在人口已经老龄化的社会中，也没有哪个国家老年护理机构的老年人口超过这个国家老年人口总数的5%。社区作为联系家庭和社会的服务平台，既能提供老年人相对熟悉的生活环境，行动和生活方式自由度高，又避免了单纯依靠子女的家庭护理的局限性；同时，社区护理服务的覆盖面大，可以为社区内绝大多数需要护理的老年人提供服务，并且能够有效利用社区资源，合理配置并充分利用各类服务设施。在发达国家，随着社区护理的快速发展，除在社区内设置相应的日常服务机构、日托照料、活动中心等满足居家老年人日常需求外，以老年人需求为目标建设的老年社区也发展蓬勃。在美国，“退休社区”（retirement communities）被认为是老年人退休后的一种住房选择，采取开放式布局模式，为老年人提供全生命周期的养老服务与设施。从其服务类型来看，主要有以提供休闲生活为目的的“退休新镇”“退休村”“退休营地”，和以提供医疗服务为目的的“老年人照顾中心”“持续照顾退休社区”。

3. 机构护理

机构护理是较为专业的综合护理模式，参保人需要住到机构中接受护理人员全天候的服务，这种情况通常更适用于需要专业护理的重度失能者，也是长期护理服务中最常见的模式，欧洲国家推行长期护理保险制度时，推崇的就是发展各种各样的护理机构。经过 2008 年全球经济危机之后，发达国家在老年人的长期护理服务方面开始转向市场化。现在西方的老年护理机构类型不仅有大型的提供生活照料和医疗护理全方位服务的养老院，很多社区也会兴办一些类似的老年人护理机构，如托老所、社区养老院、生活护理院等，这使社区护理和机构护理的边界变得不那么清晰。老年人集中在专业机构内护理，服务递送直接、及时，政府的资金投入集中、管理方便。然而，机构护理集体化、制度化的管理使得老年人生活缺乏自由。此外，机构护理的费用往往超出老年人的经济承受力，使得服务覆盖面窄、社会资源利用率低。

目前，机构护理相对成熟的做法是将其划分为不同的层次，以针对不同年龄和不同健康状况的老年人。在英国，老年护理机构可以分为健康老年人居住的老年之家和失能老年人居住的护理之家；在日本根据老年人护理的需要和健康情况的严重程度，机构护理划分为老年人日常照料福利机构、老年人日常照料保健机构和日常照料养老型医疗机构三种类型。

部分国家或地区长期护理模式的类型与内容见表 9–8。

表 9–8　　　　部分国家或地区长期护理模式的类型与内容

<table>
<tr><th></th><th>英国</th><th>美国</th><th>日本</th><th>中国香港</th><th>中国台湾</th></tr>
<tr><td rowspan="9">居家护理</td><td>居家医疗照顾</td><td>居家照料服务</td><td>访问日常照料、访问入浴服务、访问护理、住宅改建资助</td><td>综合家居照顾服务</td><td>居家服务</td></tr>
<tr><td>居家护理保健照顾</td><td rowspan="8">老年人公寓</td><td>居家疗养管理指导</td><td>提供公共房屋</td><td>“喘息服务”</td></tr>
<tr><td>个人生活照顾</td><td>日间日常照料、日间康复项目服务</td><td rowspan="7">提供优质住房</td><td>紧急救援</td></tr>
<tr><td rowspan="6">家政服务</td><td>短期机构日常照料、短期机构疗养</td><td rowspan="6">居家无障碍</td></tr>
<tr><td>阿尔茨海默病患者的集中日常照料</td></tr>
<tr><td>收费养老院的日常照料</td></tr>
<tr><td>福利辅助用具的借贷与购买服务</td></tr>
<tr><td>康复拜访</td></tr>
<tr><td>日常照料计划制订</td></tr>
</table>

续表

<table>
<tr><th></th><th>英国</th><th>美国</th><th>日本</th><th>中国香港</th><th>中国台湾</th></tr>
<tr><td rowspan="7">社区护理</td><td>日间医院</td><td>托老所</td><td>小型特别护理养老院</td><td>长者邻舍中心</td><td>日间照顾</td></tr>
<tr><td>日托中心</td><td>荣誉公民社区中心</td><td>小组托老所</td><td>长者活动中心</td><td>日间护理</td></tr>
<tr><td rowspan="5">短期护理服务中心</td><td>食品供应所、荣誉公民营养所、送饭服务所</td><td>小型多功能养老院</td><td>长者地区中心</td><td rowspan="5">社区复健</td></tr>
<tr><td>收容所、暂住所、公营住所</td><td rowspan="4">阿尔茨海默病患者共同生活护理</td><td>长者日间护理中心</td></tr>
<tr><td>生活辅助设施</td><td>长者度假中心</td></tr>
<tr><td>日间照料中心</td><td>长者志愿服务队</td></tr>
<tr><td>退休社区</td><td>改善居家及社区照顾服务</td></tr>
<tr><td rowspan="7">机构护理</td><td>养老院</td><td>长住型养老院</td><td>特别护理养老院</td><td>长者宿舍（正逐步转型为护理安老院）</td><td>安养机构</td></tr>
<tr><td>老年人福利院</td><td>日托型养老服务中心</td><td>护理疗养型保健院、护理老年人保健院</td><td>长者宿舍及安老院宿位（正逐步转型为提供持续照顾的护理安老宿位）</td><td>养护机构</td></tr>
<tr><td rowspan="5">老年人护理院</td><td>护理院</td><td rowspan="5">护理付费养老院</td><td>护理安老院</td><td>身心障碍机构</td></tr>
<tr><td rowspan="4">临终关怀机构</td><td>护养院</td><td>长期护理机构</td></tr>
<tr><td>长者住宿暂托服务</td><td>财团法人护理之家</td></tr>
<tr><td rowspan="2">紧急住宿服务</td><td>医院附设护理之家</td></tr>
<tr><td>退役军人之家</td></tr>
</table>

资料来源：日本厚生劳动省网站、美国卫生与公共服务部网站、中国香港卫生署网站、中国台湾福利部疾病管制署网站。

二、典型国家长期护理保险比较

（一）德国长期护理保险

德国为了满足老年人长期护理的需求，减少社会救助压力，于1994年颁布了《长期护理保险法》，确立了一个全民覆盖的、不经家计调查的、由雇员和雇主共同缴费的长期护理保险制度，成为继养老保险、医疗保险、事故保险、失业保险四大险种之后的第五大险种。

1. 参保对象

德国的长期护理保险模式采取强制参保的方式，所有参加法定医疗保险的人自动加入社会长期护理保险（Social Long Term Care Insurance，SLTCI），有私人健康保险的人必须参加私人长期护理保险（Private Long Term Care Insurance，PLTCI）。其中，社会长期护理保险在 2017 年覆盖了 86.7% 的人群，私人长期护理保险在 2017 年覆盖了 11.3% 的人群。

2. 筹资来源

德国的长期护理保险基金采用现收现付制运行。德国规定长期护理保险只与个人收入有关，与身体状况、年龄无关。长期护理保险设立之初，确立了费用覆盖的“部分负责”理念，所有的费用都设置了预算限额。随着长期护理保险的不断完善，不同主体的缴费责任也逐渐发生改变，雇主和雇员各自承担一半的缴费责任。自 2019 年 1 月 1 日起，缴费率为总收入的 3.05%，无子女者比有子女者的缴费率高 0.25% 即 3.3%，失业人员的缴费由失业保险基金负担，自由职业者、学生、退休人员由个人全额负担。

3. 等级评定

德国有两个部门负责评估参保人的护理等级，并不是只要申请就可以获得保险给付。社会长期护理保险委托医疗服务机构（MDK）进行评估，私人长期护理保险由医疗鉴定组（MED–ICPROOF）的专家负责评估。通过考查身体移动性、心理和交际能力、行为和精神问题、自理能力、独立处理由疾病或治疗产生的要求或压力、日常生活和社会交往六部分，将其分为五个护理等级。从 1996—2016 年，护理等级评定呈现出日益向轻度等级移动的趋势：护理等级Ⅰ的比例从 40.1% 增长到 2015 年的 58.7%，护理等级Ⅱ的比例从 43.3% 下降到 30.4%，护理等级Ⅲ的比例从 16.6% 下降到 10.9%。

4. 待遇给付

就德国长期护理保险待遇而言，可分为针对参保人的给付和针对护理人员的给付两部分。需要护理的参保人可以选择实物福利，如由经批准的门诊护理机构提供的护理服务，由护理保险基金在最高限额内支付；或是申请现金福利，如由护理保险基金或是私人保险公司支付护理津贴；还可以通过报销的方式使用州法律承认的某些服务。自 2017 年 1 月 1 日起，对于离开原工作岗位照顾需要护理的人的护理人员，长期护理保险基金为其缴纳整个护理期间的养老保险费和失业保险费。

（二）日本长期护理保险

1994年日本进入深度老龄化社会，随后经过不断调整养老服务政策，于2000年实施了长期护理保险，成为继养老保险、医疗保险外对老年人生活支持的第三大支柱。日本《介护保险法》主要是针对老年人长期护理的法律，其第7条规定，介护是因年老使身体或精神受到障碍，造成洗浴、排泄、饮食等日常生活所需要的全部或部分的基本活动受限，从而需要长期护理的状态。

1. 参保对象

日本是典型的社会保险型长期护理保险模式，其参保对象为所有年满40岁的国民。其中65岁以上国民被认定为第一号被保险人，40岁以上但未满65岁的健保组合、全国健康保险协会、由市町村运营的国民健康保险等医疗保险参保人为第二号被保险人。第一号被保险人无论出于任何原因，只要被认定需要护理或需要支援时，即可获得护理服务。第二号被保险人因衰老相关疾病（特定疾病）被认定需要护理（需要支援）时，方可获得护理服务。

2. 筹资来源

日本的长期护理保险基金采用现收现付制运行，基金运转的资金来源于税收补贴和参保人缴纳保险费两个部分，其中，50%来自税收补贴，50%来自参保人缴纳的保险费。在这50%的税收补贴中，中央政府提供25%，都道府县提供12.5%，市町村提供12.5%。而在占比50%参保人缴纳的保险费中，第一号被保险人缴纳的保险费占到22%，这一群体的缴费采用定额方式，从养老金内扣除，由市町村征收；第二号被保险人缴纳的保险费占到28%，这一群体根据比率进行缴费，通过国民健康保险、健康保险组合等方式征收，形成全国性基金。

3. 等级评定

日本长期护理保险的评定分级是基于日本全国统一的标准和认定程序，由介护认定审查会负责护理等级评定。具体分为3种情况7个维度：需要护理者，细分为1～5等级；需要支援者，细分为1～2等级；不符合护理服务要求者。1～5等级需要护理者的护理给付，实行机构服务计划和居家服务计划，其中，居家服务计划又分为居家服务和地域密集型服务。1～2等级需要支援者的预防给付，实行护理预防服务计划和护理预防与管理计划。其中，护理预防服务计划分为预防护理服务、地域密集型护理预防服务，护理预防与管理计划分为护理预防与生活支援事业、一般护理预防事业（见表9-9）。

表 9–9　　日本护理服务认定分类、服务内容与准入监管

<table>
<tr><th>认定类别</th><th>认定等级划分</th><th colspan="2">服务内容</th><th>监管</th></tr>
<tr><td rowspan="3">需要护理者</td><td rowspan="3">1 ~ 5 等级（护理给付）</td><td>机构服务计划</td><td>特别护理养老院，护理老年人保健机构，护理疗养型医疗机构等</td><td rowspan="2">都道府县、计划单列市、中心城市负责指定服务和监管</td></tr>
<tr><td rowspan="2">居家服务计划</td><td>居家服务：上门护理、上门看护、日托护理、短期机构入住等</td></tr>
<tr><td>地域密集型服务：定期巡查、随时对症上门护理，小规模多机能型居家护理，夜间对症上门护理，老年认知症对症护理等</td><td>市町村负责服务指定和监管</td></tr>
<tr><td rowspan="4">需要支援者</td><td rowspan="4">1 ~ 2 等级（预防给付）</td><td rowspan="2">护理预防服务计划</td><td>预防护理服务：护理预防上门看护，护理预防日托康复训练，护理预防住宅疗养管理指导等</td><td>都道府县、计划单列市、中心城市负责服务指定和监管</td></tr>
<tr><td>地域密集型护理预防服务：护理预防小规模多功能型居家护理，护理预防老年认知症对症日托护理</td><td rowspan="4">由市町村负责指定服务内容和监管</td></tr>
<tr><td rowspan="2">护理预防与管理计划</td><td>护理预防与生活支援事业：上门型服务、日托型服务、其他生活支援服务</td></tr>
<tr><td>一般护理预防事业：护理预防事业，地方或社区护理活动支援事业，地方或社区康复训练活动支援事业</td></tr>
<tr><td>不符合护理服务要求者</td><td></td><td colspan="2">护理预防服务计划（同需要支援者）</td></tr>
</table>

资料来源：日本厚生劳动省网站（www.mhlw.go.jp/index.html）。

4. 待遇给付

日本护理服务涵盖预防及护理两大板块，通常采取实物方式进行给付，少数情况才会采用现金给付。在长期护理保险实施前，护理服务均由非营利性机构提供；实施后，营利性机构进入家庭护理市场，主要提供居家护理服务，机构护理服务仍由非营利性机构提供。营利性机构的进入，较好地满足了参保人多层次护理服务需求，使养老服务市场更具有竞争性，服务质量和效率得到提升。

三、中国长期护理保险现状及发展

（一）长期护理保险试点政策现状

自1999年起，按照国际标准我国已经进入老龄化社会。为了更好地应对人口老龄化程度不断加深和失能老年人数量递增的情况，我国先后于2016年、2020年在全国29个地区推行长期护理保险制度，借此解决失能老年人的长期护理需求。2020年国家医疗保障局、财政部发布《关于扩大长期护理保险制度试点的指导意见》指出，探索建立以互助共济方式筹集资金、为长期失能人员的基本生活照料和与之密切相关的医疗护理提供服务或资金保障的社会保险制度，明确我国构建的长期护理保险模式为社会保险模式。

截至2022年，我国长期护理保险参保人数1.69亿人，享受待遇人数195万人。累计基金支出624亿元，年人均支出1.4万元。试点地区长期护理保险定点服务机构达7 600家，护理服务人员增加到33万人。我国长期护理保险试点的总体特征见表9–10。

表9–10　　我国长期护理保险试点的总体特征

制度特征		数量	第一批试点城市
覆盖人群	城镇职工	28	安庆、齐齐哈尔、承德、宁波、重庆、天津、晋城、盘锦、湘潭、南宁、黔西南布依族苗族自治州、昆明、汉中、乌鲁木齐、开封、福州、济南、淄博、枣庄、潍坊、烟台、泰安、威海、日照、临沂、德州、聊城、甘南藏族自治州
	城镇职工+城乡居民	21	上海、南通、青岛、石河子、长春、广州、苏州、荆门、成都、上饶、石景山区、呼和浩特、吉林、通化、梅河口、珲春、东营、济宁、滨州、菏泽、松原
筹资渠道	医疗保险统筹基金	3	上海、苏州、宁波
	医疗保险统筹基金+个人缴费	12	长春、齐齐哈尔、重庆、天津、福州、湘潭、吉林、通化、梅河口、珲春、枣庄、松原
	医疗保险统筹基金+个人缴费+单位缴费	4	南宁、临沂、德州、甘南藏族自治州
	医疗保险统筹基金+个人缴费+政府补助	15	承德、南通、安庆、青岛、荆门、成都、广州、开封、昆明、石景山区、汉中、晋城、乌鲁木齐、呼和浩特、菏泽

续表

制度特征		数量	第一批试点城市
筹资渠道	医疗保险统筹基金＋个人缴费＋单位缴费＋财政补贴	4	上饶、盘锦、东营、泰安
	医疗保险统筹基金＋个人缴费＋财政补贴＋福彩公益金	11	石河子、黔西南布依族苗族自治州、淄博、烟台、潍坊、济宁、威海、日照、聊城、滨州、济南

资料来源：根据各地长期护理保险的政策总结整理。

（二）长期护理保险典型模式

1. 山东模式

2012 年 7 月，山东省青岛市人民政府办公厅发布《关于建立长期医疗护理保险制度的意见（试行）》，开始探索长期护理保险制度，青岛因此成为长期护理保险制度的“开拓者”。山东省 2016 年被人力资源社会保障部确定为开展长期护理保险制度国家试点的两个重点联系省份之一，2017 年在全省范围开始探索建立长期护理保险。截至 2019 年底，山东省长期护理保险参保总人数达 2 676 万人，其中，城镇职工 1 856 万人、城乡居民 820 万人；2019 年共为 57 106 名失能人员支付 7.36 亿元护理费。[①] 从 2019 年 1 月 1 日起，山东全省普遍实施了长期护理保险制度，发展至今形成了自己的发展路径和特色。以济南、青岛和日照为主要代表，表 9–11 从保障人群、筹资标准及待遇水平三个方面的政策简要概述了山东省长期护理保险现状。

表 9–11　　济南、青岛、日照长期护理保险试点现状

试点城市	保障人群	筹资标准	待遇水平
济南	市区范围的职工基本医疗保险的参保人员	医疗保险统筹基金、财政补贴每人 5 元、福彩公益金出资每人 10 元	医疗专护 机构医疗护理 居家医疗福利
青岛	职工基本医疗保险、城乡居民基本医疗保险的参保人员	医疗保险统筹基金、个人账户、财政补贴（每人 30 元）	医疗服务：相关费用据实按比例支付 护理服务：失能人员护理需求等级评估为三、四、五级

① 山东省医疗保障局．省政府新闻办举行 2019 年落实省委省政府医疗保障工作部署情况新闻发布会［EB/OL］. http：//ybj.shan-dong.gov.cn.

续表

试点城市	保障人群	筹资标准	待遇水平
日照	职工基本医疗保险、城乡居民基本医疗保险的参保人员	上年度全市居民人均可支配收入2‰左右确定，暂按50元筹集（医疗保险30元、财政20元）	医疗专护：定点住院护理机构提供24小时连续护理服务 机构护理：定点养老护理机构提供护理30天以上参保人 居家护理

资料来源：根据各试点地区长期护理保险相关政策整理所得。

总体来说，山东省正在试点的长期护理保险，并没有一个全省统一的体制框架，均是根据试点地市的财政、医疗保险、养老保险和人口等方面的实际情况进行制度设计与政策制定，该制度的最大特点是长期护理保险与基本医疗保险制度相对分离。首先，长期护理保险制度单独构建。根据服务对象的特殊性，把长期护理保险制度作为对基本医疗保险制度的延伸和拓展，进行了独立的制度架构设计，使其既源于基本医疗保险制度，又不同于传统的基本医疗保险制度。其次，资金单独管理。长期护理保险的资金按一定标准从基本医疗保险缴费中单独划拨、独立建账、单独监管。最后，保障内容相对独立。不同于基本医疗保险制度以保障住院治疗为主，长期护理保险制度重点保障失能、半失能老年人的医疗护理需求。①

2. 江苏模式

2016年，江苏省南通、苏州两市被列入国家首批试点城市范围；2017—2019年，先后在徐州、无锡、常州、扬州、泰州等5个设区市开展省级试点。5年来，试点城市围绕政策体系、标准体系、管理办法和运行机制等四个方面积极探索，制度覆盖超过4 000万人，基金收支规模近63亿元，累计享受待遇人数约21万人，基金支付比例在70%左右，试点取得了初步经验和阶段性成效。以南通、苏州、徐州为主要代表，从保障人群、筹资标准和待遇水平三个方面的政策简要概述了江苏省长期护理保险现状（见表9-12）。

表9-12　南通、苏州、徐州长期护理保险试点现状

试点城市	保障人群	筹资标准	待遇水平
南通	市区范围的城镇职工基本医疗保险、城乡居民基本医疗保险的参保人员	按本市上年度城镇居民人均可支配收入的0.3%左右确定，暂定为每人每年100元	医疗机构：基金支付60%，同时享受基本医疗保险住院待遇 养老护理机构：基金支付50% 上门服务：按月限额支付，每人每月限额1 200元

① 郑洪满，唐文萍.中国上市公司资本结构影响因素分析［J］.中国管理信息化，2016，19（9）：35-37.

续表

试点城市	保障人群	筹资标准	待遇水平
苏州	城镇职工基本医疗保险、城乡居民基本医疗保险的参保人员（学生少儿、大学生财政暂不负担）	个人缴费不高于上年度全市常住居民人均可支配收入的 0.3%；政府补助不低于个人缴纳部分；城镇职工基本医疗保险统筹基金按一定标准划转（待定）	医疗机构：基金支付 60%，符合规定的药品费享受基本医疗保险住院待遇 养老护理机构：基金支付 60% 上门服务：按月限额支付（待定）
徐州	市区范围的城镇职工基本医疗保险、整合后的城乡居民基本医疗保险的参保人员	按本市市区上年城镇居民人均可支配收入的 0.35% 左右确定，暂定为每人每年 100 元，少儿、大学生暂定为每人每年 80 元	入住医疗机构：按床日付费，基金支付每人每天 48 元 入住养老护理机构：按床日付费，基金支付每人每天 30 元 协议机构提供的居家护理：基金对机构按月支付，每人每月限额 500 元 居家接受家人等非协议机构的护理服务：对参保人员发放补助，每人每天 15 元

资料来源：根据各试点地区长期护理保险相关政策整理所得。

总体来看，江苏省按照独立的社会保险险种和“保基本、全覆盖、可持续”的思路，坚持整体设计、分步实施、量力而行、逐步完善，初步构建了“覆盖全民、多元筹资、差别待遇”的基本政策框架。

长期护理保险基金参照现行社会保险基金有关管理制度单独管理、专款专用。遵循社会保险大数法则，建立长期护理保险与基本医疗保险同步的参保机制，政府补贴、医疗保险基金划转、个人缴纳、社会捐助“四源合一”的多元化动态筹资机制，实现个人、社会和政府责任共担。筹资标准根据当地经济发展水平、护理水平、护理服务成本以及保障范围和水平等因素，按照以收定支、收支平衡、略有结余的原则合理确定。按照国家试点要求，待遇保障从低水平起步，根据护理等级、服务方式等确定差别化的待遇保障政策，对符合规定的护理费用，基金支付比例控制在 70% 左右。

（三）长期护理保险政策的发展趋势

1. 加快顶层统筹设计

人口老龄化背景下，全社会日益增长的长期护理需求，迫切需要国家对长期护理保险制度进行顶层设计，统筹各方力量和资源，建立党委领导、政府主导、部门联动、社会参与、齐抓共管的工作机制，形成工作合力，共同推动长期护理保险稳健发展。首先在法律层面上，长期护理保险制度是弥补社会保障体系空白的制度安排，为解决长期护理保险作为“第六险”的法律定位问题，需要在立法上双向发力。其次，统一制定各项标准和细则。在保证制度一致性和公平性的基础上，尽快在参保对象、保障范围、资金筹集等制度设计框架上形成国家统一的基础要求，各地区在此基础上进行调整，避免制度碎片化的弊病。

2. 建立多元筹资机制

目前，我国长期护理保险试点缺乏独立的筹资渠道，对医疗保险基金依赖严重，不能持续发展。因此，为了提高制度效率，应建立多元化筹资机制，实现多渠道筹资整合。首先，要尽快建立独立、多渠道的筹资机制，以个人缴费和单位缴费为主、财政补贴为辅，合理规划年度基金筹资总额。其次，筹资机制可进行分层设计，依据收入水平与家庭结构的不同，在确保总体筹资金额的条件下，科学划分政府、个人的筹资比例。最后，拓宽筹资渠道，积极引导社会力量共建长期护理保险，充分发挥个人捐款、团体捐赠、企业捐赠以及福利体彩等社会化筹资渠道的作用。对特殊困难群体给予适当资助，充分发挥社会保险的互助共济功能。

3. 统一失能评估方法和标准

作为长期护理保险制度的重要审查依据，逐步制定我国统一的标准化评估体系刻不容缓。首先，借鉴巴塞尔（Barthel）国际通用标准指数评定量表，设计本土化的失能量化评价工具。此外，在部门间建立评估数据共享机制。在确保信息安全的前提下，构建数据共享平台，实现部门间信息的互联互通，对于经医疗保障部门评估符合长期护理保险待遇享受条件的失能老年人，民政部门在给予护理补贴、指导养老机构开展入院评估时，探索采信医疗保障部门评定结果的方法。部门间的协调配合不仅有助于提高评估效率，也能大大降低评估成本。

4. 加快长期护理配套体系建设

建立一套内容完整、结构合理、要素齐全、衔接配套、和谐统一的长期护理保险体系，不仅需要法律根据，也需要完善相关配套体系。一是加强护理服务人才队伍的建设。我国现有老年护理服务人才短缺，国家应通过政策指引，大力开展专业技能培训，助推老年护理服务质量提升。例如，在职业教育体系中灵活开设与护理、康复相关的专业，本科教育阶段设置护理学、中医康复学等相关专业，培育更多的老年护理专业人才。2020 年我国约设置了 1 200 个高职养老护理服务方面的专业点，未来还可以根据需求适度扩招。二是重视对护理服务机构的培育。目前，机构护理供需失衡，我们应鼓励现有机构增设护理服务，增加提供老年护理服务的医疗机构、床位数量和服务供给，通过税收优惠等政策鼓励非营利性组织进入长期护理市场，最终按国家政策来完善长期护理服务体系。

第四节　医疗保障面临的问题和改革趋势

21 世纪以来，全球人口老龄化问题越来越突出、公共卫生事件时有发生、人们对健康日益重视等一系列新情况的出现，导致医疗保障存在的问题逐渐暴露并日益加深，这些问题主要反映在医疗费用急剧上涨、卫生资源配置不合理、医疗服务质量不高、医疗服务覆盖不足四个方面，随着矛盾的深化，各国纷纷采取各种措施完善本国的医疗保障体系。

如何实现既能满足国民医疗健康需求，又能遏制医疗卫生费用的过快增长已成为世界各国面临的共同问题。无论是美国的商业医疗保险模式还是西欧、北欧国家的国家卫生服务模式，都存在医疗卫生费用上涨过快和公共财政支出负担过重的情况。

一、国外医疗保障现状及存在的问题

（一）国外医疗保障改革现状

1. 扩大制度覆盖面，体现社会公平

联合国人权公约规定，本盟约缔约国确认人人有权享有社会保障，包括社会保险。社会保障是实现人权的有效途径，而医疗保障是基本人权保障的重要方面，享受医疗保障是社会成员的基本权利。欧洲许多国家采取了扩大医疗保障覆盖面的措施，将不能享受医疗保障的人口逐步纳入医疗保障。例如，以色列（1995 年）、瑞士（1996 年）引入强制性社会医疗保险制度。扩大覆盖面还会涉及长期护理这个问题，欧洲多国为应对人口老龄化带来的老年群体长期护理问题，德国（1996 年）、奥地利（1993 年）和卢森堡（1998 年）等国要么建立了单独长期护理保险计划，要么在医疗保险待遇中涵盖长期护理项目。强制参保，也是不断扩大医疗保障覆盖面的重要举措，而这成为医疗保障制度发展的大势所趋。2006 年 10 月，德国通过了《法定医疗保险强化竞争法案》，规定所有人均月收入低于 4 050 欧元，或者年收入低于 48 600 欧元的雇

员或者其他领域工作人员必须参加法定医疗保险，2009 年，德国历史上第一次实现了全民医保。美国 2010 年《患者保护与平价医疗法案》规定，美国国民必须参保，其中的关键条款，个人强制购买商业保险已于 2014 年 1 月 1 日生效。智利通过强化社会医疗保险（FONNASA）的筹资功能，医疗保障覆盖率显著提高，2003 年覆盖率达到 86%，2006 年基本实现全覆盖，从而保证了国民公平地获得基本医疗服务。自改革以来，哥伦比亚的医疗保障覆盖面得到了显著的提高，2003 年加入个人医疗保险计划的人口达到了就业人口的 30%，参加补助计划（ARS）的比例为 25%，总参保比例达到 55%。

2. 引入竞争机制，走管理型市场化道路

发达国家这些年医疗卫生体制改革的实践充分说明：引入市场竞争机制，提高效率，协调政府与市场在医疗不同领域配置资源的功能定位，走管理型市场化道路成为一个明显趋势。英国 NHS 通过改革，在医院与其他服务提供者之间引入内部市场机制，其原则是将医疗服务的筹资者、购买者和提供者分开。在英国，初级医疗卫生服务是高度市场化的。英国是采用“守门人”制度的国家，以按人头收费作为其激励核心，全科医生管理着许多公共卫生范畴的事务，国家依据合同向他们支付服务费。如果全科医生因为服务不佳使得注册民众流失，其获得的人头付费也相应会减少。美国在已经高度竞争和高度市场化的体制中引入更多的管理和计划，并且政府和大的健康保险机构都在发挥重要作用。1992 年克林顿总统提出的全民健康保险计划，倡导在医疗服务的筹资和提供两个方面都实行政府干预和市场调节相结合，大力发展 HMO、PPO 这类融保险和服务提供为一体的新型组织，同传统医院和保险组织进行竞争。政府和市场的作用体现着美国建国原则和建国精神，也是容易引起争议的问题之一。2010 年 3 月 23 日，奥巴马签署了美国医改法案，在医改基本原则和主要内容上，都参照了 2006 年马萨诸塞州议会以几乎全票通过的医疗保险制度改革法案，而这是一个比较温和又妥协的立法，政府和市场都发挥着重要作用。有管理的市场化在欧洲的其他国家也同样开花结果，如德国、荷兰以及瑞士等国赋予参保人在不同疾病保险基金之间选择的权利，达到提高基金承担风险能力的目的，通过给疾病保险基金内部施压，提高资源利用效率。

3. 提高资源利用效率，控制医疗费用

从国际经验看，随着人口老龄化问题日益突出，医疗费用增长是一个普遍现象，甚至在一些国家医疗费用增长速度超过了经济增长速度，而控制医疗费用的关键应该在如何减少资源浪费、改善利用低效现象和控制不合理增长这三方面做文章。相关资料显示，发达国家65岁以上老年人人均医疗费用是此年龄段以下人口的5倍，人口老龄化加剧了德国、卢森堡、法国等国家的长期护理问题。美国的医疗服务及医疗保障体系是世界最为昂贵的，2011年医疗卫生支出约占GDP的18%。为改善这一局面，美国开始推动增加集团化医院的数量，主要采取连锁化、一体化两种模式，通过整合医院资源，降低成本、提高效率，也提高了与健康保险机构谈判的筹码。由于英国国民卫生保健制度向全体国民提供免费的医疗服务，80%以上的资金来自国家预算拨款，英国政府面临巨大的财政压力。2011年1月19日，保守党领导的英国政府公布新的医疗改革草案，主要内容是在医疗费用风险承担上进行改革，将原来由政府直接承担的风险转移给全科医生。1989年德国有超过12万家法定医疗保险经办机构，通过合并，2004年仅为250家，2015年剩余不到50家。为了控制成本，有些国家提高了病人就医时的自付比例。例如，德国在1993年和1999年分别增加了病人分担比例以后，借鉴澳大利亚经验，于2003年对单病种费用（DRG）进行改革，缩小服务范围，降低服务水平，减少费用开支。2001年奥地利对门诊分担的比例制定了年度最高限额。在药品费用控制方面，瑞典通过低价仿制药和平衡进口政策，有效降低了药品费用支出。2007年末，瑞士议会通过新法律，改革医院管理费用。改革后，公立医院因出现赤字或改善硬件条件时，将无法从州政府获得补贴。2010年，美国总统奥巴马签署《患者保护与平价医疗法案》，意在缓解财政赤字，同时提高医疗保险的可及性。然而为了提高医保覆盖率，奥巴马医改使得美国财政支出持续走高。2017年之后，美国在特朗普政府时期的改革方向更多是将医疗保险商品化，去除其公共产品的属性以缩减政府在医疗保障方面的财政支出。

4. 实现服务种类多样化，服务模式更加完善

随着社会经济的发展，疾病谱也逐渐发生变化。同时人口老龄化加剧，人们的健康意识不断提高，居民对卫生服务的需求增加，并呈现多样化。在全世界范围内，医疗服务模式逐步发生转变，由过去单一的生物医学模式转变为生物—心理—社会新型医学模式。医生在诊疗过程中由以疾病为中心转变为以健康为中心，由此应运而生的是全科医学理念，全科医生也逐渐开始运用全科医学理念。在此模式下，也规范了一些相关制度，例如，重视建立社区首诊制、实行严格转诊制度和基本药物制度。英国NHS体系中，初级卫生保健由全科医生诊所（GPs）和卫生中心负责，全科医生扮演“守门人”的角色，如果不经过全科医生转诊，非急诊病人一般无法接触到二级和三级医疗服务。从国际经验来看，英国、澳大利亚、瑞典、挪威等国家已经全面普及了全科医生制度。全科医生通过综合运用生物医学、行为科学和社会科学等专业知识和技能，为个人和家庭提供健康教育、健康咨询、疾病预防以及一般疾病初级诊疗等服务。对于难以诊治的疾病，会将患者转诊给专科医生进行治疗。全科医生承担初级诊疗的责任，在医疗卫生服务中发挥基础性的分级医疗的枢纽作用，既方便人们就近就医，又帮助人们获得医疗卫生知识，提高自我保健能力。巴西建立了覆盖城乡的卫生服务网络和双向转诊制度、社区首诊制，老年人、妇女和儿童在社区就诊可以免费获得初级卫生保健服务。

5. 整合医疗管理机构资源，降低运行成本

在医疗保险制度改革进程中，各国医院、卫生管理机构积极整合现有资源、降低运行成本、提高效率。经济合作与发展组织（OECD）中 83.3% 的成员国以及七国集团全部成员国都实行医疗保障与医疗服务统筹管理体制。英国整合 NHS 的管理机构，将社区服务与初级卫生保健结合成立社区卫生中心。日本于 2001 年将厚生省和劳动省合并成立厚生劳动省，承担国民健康、医疗保障等责任。2005 年，德国将劳动和社会政策部的社会保障职能与卫生部合并，时称联邦卫生与社会安全部。2008 年，意大利将卫生部、劳动与社会保障部合并成立劳动、卫生与社会政策部。英国 NHS 将重点放在卫生保健层面，逐渐整合医疗卫生和“社会照顾”，2014 年推行《社会服务法》，通过对社区资源进行合理化配置，对社区护理的相关事项作出更加明确的规定。新加坡卫生部在 2020 年 4 月组建专业的长期护理保险理事会，以监督实施。

（二）国外医疗保障制度改革存在的问题

1. 医疗费用急剧上涨

医疗费用占国内生产总值的比例增长。1960—1989 年，英国、加拿大、美国、德国、意大利、法国、日本七个国家医疗费用占国内生产总值的比例增长幅度分别是：48.7%、58.1%、59.5%、70.0%、94.9%、102.3%、123.3%。2018 年，上述七国医疗费用支出情况见表 9-13。

表 9-13　　部分国家医疗费用支出情况（2018 年）

国家	人均 GDP（美元）	公共医疗费用支出占 GDP 的比重（%）
英国	42 993	7.86
加拿大	46 455	7.93

续表

国家	人均 GDP（美元）	公共医疗费用支出占 GDP 的比重（%）
美国	63 064	8.51
德国	47 950	8.88
意大利	34 609	6.40
法国	41 572	8.26
日本	39 808	9.21

资料来源：世界银行网站（www.worldbank.org）和 OECD 网站（www.oecd.org）。

具体来看美国，美国人均医疗费用 1960—1970 年增长了 145.8%，1971—1980 年增长了 202.0%，1981—1990 年增长了 137.2%，1990 年人均医疗费用为 1960 年的 17.6 倍。美国医疗费用增长速度始终较快，2018 年医疗费用占 GDP 的比重达到 16.9%（见表 9–14）。

表 9–14　　　　美国医疗费用增长情况

年份	医疗费用占 GDP 的比重（%）	人均医疗费支出（美元）
2000	13.0	4 564.5
2005	14.6	6 454.7
2010	16.3	7 930.2
2015	16.7	9 491.1
2016	17.0	9 877.9
2017	17.0	10 209.6
2018	16.9	10 623.8

资料来源：

①本书编写组 . 医疗保险操作顾问［M］. 北京：改革出版社，2000：271–272.

②世界银行网站（www.worldbank.org）。

2. 卫生资源分配不合理

卫生资源分配投入偏重于医疗。以美国为例，美国医疗从业人数占整个医疗卫生系统的 3/4。联邦政府与州及地方政府对医疗卫生系统投入的 58% 和 36% 用于医院，医院消耗了整个医疗卫生系统 30% 的费用。美国为创伤性医疗服务和检查性医疗服务重复购置高、精、尖仪器设备，花费了过多的资金。相比之下，对初级保健的投入却不足，社会各阶层没有从预防、免疫和健康促进服务中获益。OECD 部分国家医疗仪器人均占有情况见表 9–15。

表 9–15　OECD 部分国家医疗仪器人均占有情况（2019 年）　台 / 百万人

医疗仪器	澳大利亚	加拿大	法国	意大利	韩国	芬兰	美国
核磁共振仪	51.3	62	123.1	75.4	73.9	53.1	128
CT 扫描仪	69.74	14.61	18.17	36.46	39.63	16.30	44.94

资料来源：OECD 网站（www.oecd.org）。

3. 卫生资源利用效益不高

有关调查表明，德国住院治疗患者中约有 17% 的人是不需要住院治疗的。有人认为全德国有 10 万张病床（占全国病床总数的 15%）是多余的。美国兰德公司调查表明，美国有 23% 的患者住院治疗是不必要的，另有 17% 的住院患者可以在院外治疗。近年来，美国医疗床位利用率一直徘徊在 63% ~ 65%，如改进偿付办法，床位利用率可提高 20% 以上。

二、国外医疗保障制度改革面临的挑战及发展趋势

（一）国外医疗保障制度面临的挑战

1. 人口老龄化在加速发展

21 世纪是人口老龄化的时代。伴随老龄化而来的是重度老龄化和高龄化的现象，老年群体的生理条件、自理能力随着他们年龄的增大而日趋弱化，许多国家早已认识到发展老年长期护理的必要。部分 OECD 国家数据显示，2010 年 65 岁及以上老年人平均失能率约为 11%，到 2020 年 65 岁及以上老年人平均失能率上升至 12.2%，其中 85 岁及以上老年人失能率达到 34.7%；预计到 2030 年，65 岁及以上老年人平均失能率为 14%，其中 85 岁及以上老年人失能率将达到 37.9%。研究表明，老年人口对医疗服务的需要量远高于其他人群，人口老龄化将不可避免地带来医疗费用的增长，长此以往，会出现缴费人群相对缩小、享受待遇人群持续扩大的“系统老龄化”趋势，给医疗保险筹资和待遇支付带来巨大的挑战。同时，老年人健康医疗的人均支出是年轻人和中年人的 6 ~ 8 倍，卫生费用也会受到老龄化的影响，导致医疗成本进一步扩大。可见，人口老龄化进程与医疗保险基金负担会同步增长，因为老年人的疾病医疗与健康维护成本更高。

2. 疾病谱变化

在经济全球化、工业化、城市化、大规模人口迁徙、社会分化、环境退化乃至气候变暖等错综复杂的因素作用下，当今世界的疾病谱已经从传统的传染病为主转变为以慢性病为主。伴随因传染病身亡者人数的急剧下降，使得更多人开始迈入老年期；伴随人口老龄化的推进，如心脑血管疾病、肥胖症、癌症、中风、糖尿病等原本被视为富裕社会才有的慢性病，也开始在资源匮乏、卫生系统脆弱的发展中国家滋生蔓延。精神疾患、暴力及伤害等风险亦不断增多。2016 年，在全球 5 700 万死亡人数中非传染性疾病占 71%，其中 4/5 发生在中低收入国家。具体来看，心脑血管疾病占 31%，癌症占 16%，慢性呼吸系统疾病占 7%，糖尿病占 3%，孕产妇、围产儿及营养状况致死总计为 20%，伤害占 9%，慢性病占 14%。更令人担忧的是，以高血压、糖尿病为代表的慢性病已呈现年轻化发展趋势，严重影响人们的生活质量和身体健康。与此同时，慢性病为整个经济社会的发展带来了沉重的经济负担。疾病谱的变化也对未来医疗保障管理服务模式提出了新的挑战，即探索推动传统疾病治疗向现代健康管理转变，以构建有效的慢性病综合防治体系。

3. 医疗健康需求不断增加

尽管各国的医疗保障制度已经逐步完善，但是由于生存环境、生活方式等诸多因素的影响，人们对健康问题越来越重视，这很自然地会转变成对医疗服务需求的升级，并将极大地刺激医疗消费的增长。具体到医疗保障领域，各国居民从以往基本层次的医疗服务与医疗保障的获取，转变为对更可靠、更公平、更高水平的医疗保障与医疗卫生服务的需要。因此，多样化、个性化与多层次的需求对世界医疗保障体系提出了更高的要求，进而要求在深化基本医疗保险制度改革的同时，还需要更好地完善长期护理保险制度，大力推动商业保险、互助保险以及慈善公益性医疗保障服务的发展。

（二）国外医疗保障的发展趋势

1. 医疗费用控制的发展趋势

（1）费用控制方式由侧重需方控制向侧重供方控制发展，在完善供方控制机制的同时还加大了控制的力度。英国、爱尔兰、意大利、西班牙、葡萄牙和丹麦等国实行了全面的预算控制；实行医院预算控制的有德国、法国、比利时等国，实行医院病床日定额控制的有比利时、卢森堡等国。同时，从限制性控制向诱导性控制发展。德国实行弹性预算，超预算的医院会受到经济惩罚，结余的医院会得到经济实惠。1989 年，德国根据

《卫生改革法》（GRG）对没有就诊的参保人返还相当于一个月保险费的“红利”，把奖励制度引进了费用控制系统。

（2）偿付机制由后付制向预付制发展，偿付标准由自行定价向政府控制价格发展。医疗保险传统的偿付方式是按医疗服务量进行回顾性偿付，这是医疗费用过快上涨的一个主要原因。可以通过改革偿付方式，实行预付制，帮助医疗保险机构摆脱了被动局面。通过制定预付标准和总量来约束医疗提供方的医疗行为，使其共同承担经济风险，自觉地规范自身的医疗行为。调查统计表明，实行按人头预付制后人均医疗费下降了10% ~ 40%，住院率下降了25% ~ 45%。

传统的医疗服务价格是由医疗提供方决定的，由提供方自由制定价格是造成医疗费用上涨的主要原因之一。美国以往信奉市场与自由竞争的信条，认为自由竞争的市场完全可以调控医疗服务的价格，结果恰恰相反。加拿大对医院实行综合预算，德国与日本都有全国统一的医生酬金价目表。许多国家改革了医疗服务的定价方式，实行政府定价或由医疗保险机构与医疗提供方协商定价，通过统一的价格体系引导医疗行为的规范化和资源利用的标准化。

（3）药品价格管理日趋严格。20世纪80年代以来，各国通过价格管制、限制适用药品种类、药品总额预算控制等干预措施，力图控制药品价格的上涨，同时保障药品公平性和鼓励药品企业创新。其中，价格管制的做法多针对非专利处方药，其目的是防止药品价格被制药商所主导，如英国国家卫生部门代表医疗保险部门与药厂谈判，一般根据药厂固定资产的投资计算利润，目标利润率设在17% ~ 25%，确定后的药品价格不准随意变动，如需调整须经政府批准。同时，通过采取药品总额预算制，对药品费用总额进行控制。该方法实行多年效果颇佳。如德国从1993年开始对医生使用药品采取药品总额预算制，促使医生使用更多的通用药品，据称，通过此办法可使药品费用总额下降15% ~ 20%。又如韩国，其药品费用曾经一度占门诊费用的53%、住院费用的32%。为此，近年也开始对医生处方药品费用实行预算控制，初步扭转了“以药养医”的状况。

（4）支付方式不断改革。20世纪80年代以来，在美国迅速发展的健康维持组织（HMO），有自己的医院、诊所和医生，打破了传统的三角关系。其保险机构与医疗提供方合二为一，在支付方式上也采取了按人头定额偿付的办法。实践表明，它强化了供方自我控制机制，有效控制了医疗费用的上涨。1996年节省医疗费用238亿 ~ 374亿美元。到1998年初，美国已有1.6亿人以不同形式参加了健康维持组织。以前医院普遍按项目付费，容易造成过度医疗，医疗费用不合理增长。目前支付方式主要包括按病种付费、按疾病诊断相关分组（DRG）付费、按床日付费、按人头付费、总额预付、按绩效付费（P4P）等多种方式。部分国家提倡实行多元复合式医疗保险支付方式，重点推行按病种付费，开展 DRG 付费试点，完善按床日付费、人头付费等支付方式，强化医疗保险对医疗行为的监管。例如，住院主要采取按病种付费，逐步开展 DRG 付费；按床日付费适用于病情稳定的住院付费，如精神病、康复、长期护理等；按人头付费适用于基层医疗服务、家庭医生签约服务，鼓励医生主动提供预防性服务。

（5）医疗资源精细化管理。一是从卫生资源结构上看，大大加强了对人力资源投入的控制。英国、西班牙、葡萄牙、爱尔兰、意大利等国先后实施人力资源控制计划。二是从医生专业结构上看，着手调整全科医生与专科医生人数的比例。例如，一些国家将目前 4 : 6 的比例调整为 6 : 4，同时适当提高全科医生的收入。三是从医疗服务结构上看，逐步增加初级保健、预防和非住院治疗服务的投入比重。通过加强对医疗过程的监管，规范医护人员诊疗行为，加强医院成本控制等，从源头控制医疗费用的不合理增长。

2. 医疗保障模式向完善化发展

（1）将规划导向型医疗保险引入竞争机制。有人把商业医疗保险称为市场导向型医疗保险，把社会医疗保险（如德国、法国、日本）和国家卫生服务（如英国的 NHS）称为规划导向型的医疗保险。总的来看，规划导向型医疗保险的优势主要在于使卫生资源的二次分配更具有公平性。但是，其明显的不足是投入产出或者说医疗服务利用效益不高。为此，英国政府 1991 年实行了三条改革措施，把市场竞争机制引进了国家卫生保健服务。1993 年，德国通过卫生机构改革，也把加强医疗保险组织之间的竞争作为提高效益的一项重要改革措施。

（2）市场导向型医疗保险向“管理下的竞争”模式发展。美国卫生费用一直增长很快，1992 年已占 GDP 的 14%，在全世界最高；然而同时期仍有 17% 的人没有任何医疗保障，这在发达的市场经济国家中是独一无二的。相当多的美国人对此不满，要求改革。如前所述，1992 年克林顿总统提出了全民健康保险计划，倡导在医疗服务的筹资和提供两方面都实行政府干预和市场调节相结合，大力发展 HMO、PPO 这类融保险和服务提供为一体的新型组织，同传统的医院和保险组织进行有管理的竞争，最终目标是为每个美国人提供医疗保险，既提高公平性，又保证质量和控制费用。虽然克林顿总统的全民健康保险计划因种种原因未获通过，但美国医疗保险制度仍在沿着这种趋势发展。

（3）重视初级医疗服务。在国外，不少国家“全民皆保”已成为现实，即使尚未达到把全民作为对象，也是尽量扩大医疗保障的覆盖面，以使更多的国民享受医疗服务。其中，大规模发展初级医疗服务在发展中国家尤其收效显著。

（4）社会统筹与个人账户相结合的尝试。如果说新加坡纵向积累的医疗保障模式突破了传统的横向积累的模式，那么，我国实施的社会统筹与个人账户相结合、把纵向积累与横向共济结合起来的医疗保险制度，则是一个新的尝试。

3. 疾病防控到保健预防

从医疗保障制度的发展来看，工业化初期或中期阶段，更加重视公共卫生医疗的发展。随着一些国家的工业化进度逐步进入高度发达阶段，其医疗保障的内容也发生了根本性变化，即医疗保障既包括医疗费用的保障，还包括预防医疗、护理保健和医疗水平的保障等。因此，从整体趋势来看，建立以防控为主的保健预防体系和以人们的心理、生理、精神及生活环境等整体状态为内容的医疗保障将是所有国家医疗保障制度发展的最终目标。

随着社区卫生服务功能越来越多样化，社区卫生服务站集医疗、预防、保健、护理和健康咨询为一体的医疗服务模式，可以把许多常见病、多发病解决在基层。因此，注重社区医疗预防和治疗的有机结合，可以缓解医疗资源的浪费，缓解人口老龄化带来的一系列冲击。一些发达国家在医疗保障体制改革趋势中，从十分重视中央集权的疾病防控卫生服务模式逐渐改革为以社区为基础的保健预防服务。事实上，社会医疗卫生服务，正是通过从整体上提高国民的健康水平，即降低发病率、减少医疗支出，从而有力地支持了基本医疗目标的实现。

4. 医疗体系数字化改革

随着AI时代的到来，数据量拓展迅速，医疗体系改革数字化的趋势不可阻挡。在供应端，医疗行业AI服务供应商覆盖了全价值链用户场景，其中慢性病治疗是未来AI在医疗领域的重要应用场景。在未来，慢性病将是未来医疗体系的关键所在。预计到2030年，美国总共会有将近80亿美元用于慢性病治疗，这是目前中国整体医疗支出的3倍。同时，数字健康管理将会降低医疗体系成本。从医疗体系角度而言，数字化健康管理能够使整体成本下降接近10%，并且这10%大部分都是由供应端贡献的，主要体现为更加有效的疾病和护理管理。目前，世界各国都在推进医疗体系数字化的改革，德国（Gematik电子病历项目）、英国（NPFIT项目）、美国（Health Connect项目）都是由国家推动建立统一的数据标准。物联网医疗国际峰会数据显示，2016—2019年，中国数字化医疗市场的用户渗透率由38%增长到了70%，2020年以后，数字医疗产业呈现指数级增长趋势。站在数字经济快速发展的重要关口，面对人类日益增长的医疗健康需求，数字经济与医疗健康深度融合已是大势所趋。

专栏9–1　日本医疗保险制度改革现状

（一）根据被保险人职业划分医保类型

和中国的社会保障不同的是，日本社会保障虽然由厚生劳动省统一管理，但具体承保机构的种类是根据被保险人的职业类型来划分的。如普通企业员工一般加入全国健康保险协会和健康保险组合，自由职业者参加国民健康保险组合，公务员加入国家（或地方）共济组合，退休人员则参加市町村国民健康保险。

厚生劳动省截至2016年3月底的统计数据显示，全国健康保险协会和健康保险组合的参保人数约为6 600万人，约占日本总人口（1.26亿）的52%；国民健康保险组合，参保人数约为3 500万人，占比28%左右，这两种为日本最常见的医疗保险类型。

（二）结合年龄和年收入制定报销比例

和中国医疗保险报销制度类似，日本医疗保险的报销比例也是根据参保人年龄来划分的。但不同的是，由于日本目前有一部分“团块群体”（即20世纪40年代出生的群体）的年金收入较高，考虑到社保给付的公平性问题，医疗保险报销还设定了年收入限制条件。主要分为以下四档：（1）义务教育就学前（未满6岁）的参保人，报销80%；（2）入学后（6岁）到69岁，报销70%；（3）70～74岁，报销80%（如为年课税所得在145万日元以上，约合人民币8.7万元以上，则报销70%）；（4）75岁以上，报销90%（如为年课税所得在145万日元以上，约合人民币8.7万元以上，则报销70%）。

（三）高龄群体（65岁以上）医疗保险制度

1. 医疗费用主要由财政负担

日本把65～74岁的老年人称为前期高龄，75岁及以上的则划分为后期高龄。高龄群体一般参保市町村国民健康保险，其医疗给付金主要来源于中央和都道府县的财政拨款。此外，考虑到75岁及以上老年人的医疗费用支出占比最大，日本政府还单设了“后期高龄者医疗制度”。不过和中国医疗保险制度不同的是，日本高龄群体退休后虽然享受较高的医疗报销，但仍需缴纳一定保险费。

2. 高龄化压力迫使政府转移财政负担

日本政府承担了高龄群体的大部分医疗负担，但随着日本高龄化的迅速推进，65 岁及以上老年人现已超过总人口的 25%，高额的医疗费用支出给财政带来了巨大压力。而与此相对应的是，健康保险组合等险种基金分担的高龄医疗援助金比例却相对较低。为了减轻财政压力，日本政府不得不调整了各方的分担比例。尤其是 65 ~ 74 岁的前期高龄群体，日本政府将之前的财政负担 80%、医保基金承担 20% 大幅调整为财政承担 35%、医保基金承担 65%，把高龄群体的医疗费用负担主要转移到了在职的年轻人身上。

三、中国医疗保障制度改革及国外经验启示

（一）中国医疗保障制度改革现状

自新中国成立以来，医疗保障制度经过了从无到有、试点探索、全民覆盖、新一轮完善等发展阶段。医疗保障制度 70 多年的演变脉络表现为：制度架构从多元分割到逐步整合，保障体系从单一到多层次，保障责任从个人缺位到多方分担，保障对象从部分覆盖到全民普惠，管理体制从集体管理到社会化管理。纵观我国医疗保障制度 70 多年的历史演进，一方面，预防为主、注重初级卫生保健、强调全民参与，最终实现卫生领域的低投入与高产出是计划经济时期的突出成就；另一方面，经济体制、卫生服务体系与医疗保障制度之间的协同发展，构成了整个医疗保障变迁的内在规律。中国医疗保障制度改革历程见表 9–16。

表 9–16　中国医疗保障制度改革历程

阶段	时期	内容
初步建立时期	1949—1979 年	1. 组成 由劳保医疗制度、公费医疗制度和农村合作医疗制度三部分组成，制度层面初步实现了医疗保险的全民覆盖 2. 制度确立的法律依据 1951 年颁布《劳动保险条例》，确立劳保医疗制度。1952 年 6 月 27 日，政务院颁布《关于全国各级人民政府、党派、团体及所属事业单位的工作人员公费医疗预防的指示》，8 月 30 日，卫生部发布《国家工作人员公费医疗预防实施办法》，公费医疗制度得到确立。1978 年《中华人民共和国宪法》将“合作医疗”列入其中，1979 年，《农村合作医疗章程（试行草案）》发布，农村合作医疗制度确立 这些法律法规共同构成了我国建设医疗保险法律体系的基础

续表

阶段	时期	内容
探索时期	1980—1992 年	为与市场经济体制相适应，开始以控制医药费用为核心的改革和社会医疗保险模式的探索 1. 改革卫生医疗机构收费制度 1985 年 4 月 25 日，国务院批转卫生部《关于卫生工作改革若干政策问题的报告》，提出对卫生医疗机构实行放权、让利、搞活，实行鼓励创收和自我发展的政策，改革收费制度 2. 医疗保险制度改革首次试点 1989 年 3 月 4 日，国务院批转国家体改委《关于一九八九年经济体制改革要点》，提出在辽宁丹东、吉林四平、湖北黄石、湖南株洲进行医疗保险制度改革试点，同时在深圳、海南进行社会保障制度综合改革试点。这是国家层面首次作出的医疗保险制度改革的试点探索 3. 探索医疗保险大病统筹制度 1992 年 9 月 7 日，劳动部印发《关于试行职工大病医疗费用社会统筹的意见的通知》，开始探索建立统筹基金制度，以保证职工的大病医疗
改革试点时期	1993—1997 年	为了建立适应社会主义市场经济体制的医疗保险制度，我国开始探索建立“统账结合”的医疗保险制度 1.“两江”试点阶段 1994 年，国家体改委、财政部、劳动部、卫生部印发《关于职工医疗保险制度改革试点的意见》，选取江苏省镇江市、江西省九江市进行试点，探索建立职工医疗保险制度 2. 扩大试点阶段 1996 年，国务院办公厅转发国家体改委等四部委《关于职工医疗保险制度改革扩大试点的意见》发布，试点范围从“两江”扩大到全国 40 多个城市
建立基本医疗保障制度时期	1998—2003 年	1. 开始建立职工基本医疗保险制度 1998 年 12 月，国务院《关于建立城镇职工基本医疗保险制度的决定》出台，标志着我国从单位医疗保障开始向社会医疗保障转变 2. 发展农村医疗保障制度 2003 年，国务院办公厅转发卫生部、财政部、农业部《关于建立新型农村合作医疗制度意见的通知》，决定在原有合作医疗制度基础上，建立新型农村合作医疗制度。2003 年，民政部、卫生部、财政部联合下发《关于实施农村医疗救助的意见》，提出建立农村医疗救助制度
建立全民医疗保障制度时期	2003—2017 年	1. 开始建立城镇居民医疗保险制度 2007 年，国务院《关于开展城镇居民基本医疗保险试点的指导意见》出台，提出 2007 年在有条件的省份选择 2 至 3 个城市启动试点，2008 年扩大试点，争取 2009 年试点城市达到 8% 以上，2010 年全面推开，逐步覆盖全体城镇非从业居民（实际上，2009 年全面推开）

续表

阶段	时期	内容
建立全民医疗保障制度时期	2003—2017 年	2. 社会保险制度进入法治化发展阶段 2010 年 10 月 28 日，《中华人民共和国社会保险法》出台，标志着包括医疗保险在内的社会保险制度从实验阶段走向定型、稳定、可持续发展阶段 2012 年 8 月 24 日，国家发展改革委等六部委联合发布《关于开展城乡居民大病保险工作的指导意见》，进一步减轻城乡居民大病负担 3. 全民医疗保障制度基本建立 2013 年，城乡居民医疗保险制度整合工作启动，2016 年，国务院《关于整合城乡居民基本医疗保险制度的意见》出台，整合驶入快车道 至此，我国基本形成了以基本医疗保险为主体，其他多种形式补充保险和商业健康保险为补充，社会医疗救助为托底的全民医疗保障格局 4. 探索建立长期护理保险制度 2016 年，人力资源社会保障部办公厅出台《关于开展长期护理保险制度试点的指导意见》，决定启动试点，探索建立长期护理保险制度
全面建成中国特色医疗保障体系时期	2017 年至今	以党的十九大胜利召开为标志，中国医疗保险改革发展进入全面建成中国特色医疗保障体系时期 2018 年 3 月，根据党中央关于深化党和国家机构改革的决定，《国务院机构改革方案》出台，决定组建国家医疗保障局，开启了医疗保障改革新征程

资料来源：整理政府相关文件而得。

（二）国外医疗保障制度对我国的启示

1. 加快构建多层次医疗保障体系

发展多层次医疗保障，才能有效满足不同层次人群的多样化医疗保障与健康服务需求。首先，鉴于我国广大城乡居民基本医疗保险在二级、三级以上医疗机构报销比例较低的实际情况，我国应该继续完善政府主导法定基本医疗保险的基础格局，总体上控制职工基本医疗保险待遇水平，同时合理提升居民基本医疗保险在二级、三级医疗机构的报销比例，逐步缩小不同群体之间的医疗保险待遇保障水平。其次，科学定位补充保险功能，支持发展商业性医疗保险，增加市场主体并激发其内生动力的同时，适度限制法定基本医疗保障待遇的边界，警惕商业医疗保险的盲从冒进。同时，也要进一步加强对医疗救助的精细化管理，强化医疗救助对低收入群体的保障功能，鼓励设立慈善医疗机构、引导慈善医疗募捐，进而增强对低收入群体疾病医疗的保障。

2. 完善社区卫生服务建设

随着我国城市社区卫生服务体系建设的不断完善，社区卫生服务功能也越来越多样化，不仅提供日常的医疗服务，也广泛开展预防、康复、保健、医疗等综合性医疗服务，旨在更全面地为参保群体提供服务。但是在实际运营中，还存在全科医生不足、过度注重医疗等问题，导致社区卫生服务建设有待加强。一方面，可以借鉴英国NHS的双向转诊制度，即在社区卫生服务中心提供多发的常见病诊治，大病则由社区全科医生安排转向二级及以上的医院。社区医疗机构和大医院进行分工协同，由社区全科医生负责提供疾病预防、保健、常规检查等服务，有助于更好地应对突发性公共卫生事件，推动社区医疗卫生服务体系的建设。另一方面，我国社区医疗服务水平不高，不利于形成医患双方的信任关系，为此我们需要大力培养全科医生，提高社区医疗服务水平。同时，为了更好地留住全科医生，更应该提升其待遇水平，鼓励高水平人才留在基层的社区医疗机构。

3. 推进家庭医疗保健服务制度

所谓家庭医疗保健服务，就是在医生的监督下，在家里给病人或残疾人提供必需的医疗保健和支持服务。总体来说，家庭医疗保健工作大致分为预防性、支持性及治疗工作。目前基于我国基层医疗服务能力薄弱的现状，家庭医疗保健服务的整合仍需要加强医疗机构与医疗保障部门的政策协同，合力推进家庭医疗保健服务制度。

4. 不断提升医疗保障治理信息化水平

建立覆盖全国、更加完善的医疗保障信息系统是新时代医疗保障体系建设的基础条件。从目前看，我国城镇职工和城乡居民医疗保险信息系统建设相对较为成熟，新农合系统建设尚有不足；随着城乡居民基本医疗保险的整合，信息系统的整合也面临较大的挑战。同时，当前基本医疗保险、医疗机构和商业保险的系统相对独立，没有实现“一站式”互通。为了更加优化医疗保障公共管理服务，应加强信息共享和业务协同，不断优化医疗保障公共管理服务，利用互联网、信息化、智能化手段方便人们参保、缴费，以及医疗保险基金的支付与结算；统计个人健康情况，录入覆盖全国医疗服务机构信息系统，建立每个国民的个人终身健康档案，完善医疗保障智能化建设。

5. 加快推动医疗相关配套政策落地

“三医联动”指以医疗服务体系改革为重点，加强协同合作，增强改革的整体性、系统性和协同性。医疗是中心，没有医疗服务的提供也就不存在患者就医行为的发生和医疗保险费用的补偿；医药是手段，是用以辅助医疗服务的产品和工具。因此，医疗保障制度的优化不仅依靠自身，还取决于医疗卫生服务系统和医药供应系统的优化。加快我国医疗卫生服务系统与医药供应系统的改革步伐，让医疗机构回归公益本色，让医生恪守职业道德并尽到救死扶伤责任，让医药供应系统遵循市场规则并通过公平合理竞争获取合法利益，无疑是包括基本医疗保险、商业健康保险、慈善医疗等在内的各个层次医疗保障制度持续健康发展的必要且重要的条件，也是化解医患冲突、促进人民健康的必要且重要的条件。

案例分析

青岛市长期护理保险试点运行情况

“十四五”时期，我国即将进入中度老龄化阶段，而青岛的老龄化现状更加严峻。截至2019年底，青岛60岁以上老年人口达186.8万人，占总人口的22.5%，高出全国4.4个百分点。老龄化导致失能失智人数不断增加，青岛市现有失能半失能老年人约30万人，其中重度失能7万多人。衰老与疾病并存、医疗与护理共需、家庭负担沉重，是对这一群体的真实写照，他们的社会化护理问题急需予以制度保障，而青岛为失能老年人这个群体的护理，已经进行了多年的改革探索。

青岛市于2012年在全国率先建立了长期医疗护理保险（本文简称长护险）制度；2015年制度覆盖到全体城乡参保人；2018年印发了《青岛市长期护理保险暂行办法》，在城镇职工中创新实施了医疗护理与生活照料一体化保障的新型长期护理保险制度，逐步构建了筹资渠道多元化、保障内容多样化、服务提供精准化、经办管理标准化、质量监控信息化的护理保障体系。

从2021年4月1日起，青岛长护险3.0正式上线。3.0版长护险，即修订后的《青岛市长期护理保险办法》，对城镇职工护理保险和城乡居民护理保险两项制度进行统一设计、统一制度构架、统一待遇项目、统一经办服务，城乡待遇水平保持一定差异，着力补齐农村照护服务短板，将2.0版时只面向参保城镇职工的生活照料费用报销，扩大到参保城乡居民人群。

3.0版的长护险坚持多元筹资，确保长期护理保险制度的可持续发展。坚持保基本、可持续的原则，既尽力而为又量力而行，建立了与青岛市经济社会发展水平相适应的长期护理保险多元化筹资机制。对于参保城镇职工来说，医疗保险基金划转部分，按照缴费基数0.3%的比例，从职工基本医疗保险基金划转，划转比例比原办法有所降低；个人缴费部分，在职职工和退休人员统一按照0.2%的比例，从应划入个人账户的资金中划转；财政补助方面，仍然按照原每人每年 30 元标准予以补贴。对于参保城乡居民来说，在不增加财政和个人负担的前提下，从城乡居民医疗保险统筹金中按照每人每年 30 元的标准划转，其中 20 元作为财政补助资金，另外 10 元作为个人缴纳资金。这些资金在筹集城乡居民基本医疗保险费时直接划转到长期护理保险账户，个人不必再另行缴费。

资料来源：腾讯网（https：//new.qq.com）。

讨论题：

长期护理保险从试点到全面实施，可能存在哪些制约因素？

深度阅读

安康，等 . 老年人家庭卫生服务需求及健康老龄化研究［M］. 济南：山东大学出版社，2018.

与“边富边老”和“先富后老”的发达国家不同，我国在刚迈入老龄化社会时处于“未富先老”状态，而在 2026 年深度老龄化社会到来之际，我国凭借现有的经济发展趋势也难以达到“富有”的水平，即人口老龄化进程超前于经济发展进程，这使我国面临的风险、挑战更为严峻。

健康是保障老年人独立自主和参与社会的重要基础。推进健康老龄化是建设健康中国的重要组成部分，也是积极应对人口老龄化的长久之计。实现和推进健康老龄化、积极老龄化是我国应对老龄化高速发展态势的必由之路。应科学看待人口老龄化的发展过程，全面建立有利于老年健康事业发展的政策体系，全面开发人力资源，推动医养结合，推进长期护理保险和服务体系建设，营造老年友好环境，使老年人及其家庭能够享有更高的生活质量，促进代际关系的和谐，努力实现老龄化背景下的可持续发展。

本章小结

国际上的医疗保障模式可以分为四类：国家卫生服务模式（又称全民医疗保险制度模式）、社会医疗保险模式、商业医疗保险模式、储蓄医疗保障模式。每个模式在覆盖范围、筹资方式、支付方式、疾病防控和医药卫生体制、医疗保障水平等方面各有不同。比较而言，国家卫生服务模式在效率方面、社会医疗保险模式在费用控制方面、商业医疗保险模式在保障水平方面、储蓄医疗保险模式在社会共济方面存在着明显不足。

为应对日益严重的老龄化问题，世界各国逐步建立适应本国情况的长期护理保险制度。从长期护理保险运行模式看，筹资机制可分为福利国家主体模式、社会保险主体模式和商业保险主体模式三类，给付方式有现金给付、服务给付和混合给付三种模式，制度运营包括居家护理、社区护理和机构护理三种类型。目前在实施长期护理保险的国家中，德国和日本发展较好。中国在2016年推出长期护理保险制度试点，后逐步在全国各地区推行，现已形成“山东模式”“江苏模式”等典型，未来中国将加快顶层统筹设计、建立多元筹资机制、统一失能评估方法和标准，加快建设长期护理配套体系。

本章基于目前国外医疗保险体制的发展，提出国外医疗保险体制改革的三大挑战：人口老龄化加速发展、疾病谱变化、医疗卫生需求增加，并分析未来各国可能在医疗费用控制、医疗保险模式等方面进行改革，并出现从疾病控制到预防、引入数字技术等新趋势。中国医疗保障制度经过了从无到有、试点探索、全民覆盖、新一轮完善等发展阶段，制度架构从多元分割到逐步整合，保障体系从单一到多层次，保障责任从个人缺位到多方分担，保障对象从部分覆盖到全民普惠，管理体制从集体管理到社会化管理。国外医疗保险制度发展早于中国，因此其发展和改革中所面临的挑战以及未来的发展趋势对我国也有重要启示。

重要概念

国家卫生服务模式　社会医疗保险模式　储蓄医疗保障模式　筹资方式　总额预算制　长期护理保险

思考题

1. 简述医疗保障各种模式的特征。
2. 结合实例分析国际医疗保障模式的筹资方式。
3. 结合实例分析国际医疗保障模式的保障水平。
4. 论述中国医疗保障制度的选择。
5. 中外医疗保障制度的发展趋势是什么？

第十章 失业保险制度国际比较

第一节　失业保险制度概述

失业保险制度是国家通过立法强制实施，由社会集中建立失业保险基金，对非因本人意愿中断就业、失去工资收入的劳动者提供一定时期的物质帮助及再就业服务的一项社会保险制度，具有普遍性、强制性和互济性等特征。失业保险最早由英法两国创立，第二次世界大战后，各工业发达国家纷纷推行失业保险制度，目前失业保险制度分为强制性和自愿性两大类并延续至今。

一、失业保险制度的类型及特征

失业保险覆盖范围由建立之初的行业、职业性覆盖，逐步扩大到所有雇员。目前在实行失业保险制度的国家中，大致可以分为四种类型：强制性失业保险制度、非强制性失业保险制度、失业补助制度及双重失业保险制度。

（一）强制性失业保险制度

强制性失业保险制度是指在法定范围之内的人不论是否愿意，都得参加失业保险。其强制性主要体现在对雇主、雇员为失业保险基金供款的强制性规定上。这种制度起源于英国1911年颁布的《国民保险法》，该法首次以法律形式明文规定了失业保险的实施范围等内容，包括意大利、日本、中国等大多数国家实施的是这种制度。

（二）非强制性失业保险制度

非强制性失业保险制度是指法定范围内的公民是否参加失业保险取决于其个人的意愿，一旦参加了保险，就必须根据失业保险法律规定接受管理，包括承担一定的义务和享受相应的权利。实施这种制度的国家有丹麦、芬兰、瑞典、冰岛，它们一般是由政府资助、建立以工会为主体并由工会经营和管理的失业保险基金。此外，储蓄性失业保险制度也属于此类，代表性国家有加纳、冈比亚、坦桑尼亚、尼泊尔等。

（三）失业补助制度

失业补助制度是指由国家单方出资建立的制度。这种制度完全依赖政府提供资金，领取失业救助金必须经过收入调查确认领取资格，并经有关主管机构批准，才能获得失业救助。实行这种制度的国家有澳大利亚、新西兰、阿根廷等。

（四）双重失业保险制度

双重失业保险制度，是指实行强制性与非强制性、强制性与失业补助或与其他保险形式相结合的失业保险制度。

目前，大多数国家实施的是以失业保险制度为主、失业补助为辅的双重保险制度。前者主要对象是公务员和企业雇员，后者主要针对无法享受失业保险待遇的人员或经济收入低于补贴规定的雇员。两者在保障基本生活和创造再就业条件方面都是一致的。但各国的做法不尽相同：有的实行强制性失业保险与失业补助相结合的失业保险制度，如德国、法国、英国等；有的实行非强制性失业保险与失业补助相结合的失业保险制度，如芬兰和瑞典等；有的实行非自愿失业保险与失业补助相结合的失业保险制度，如印度。

专栏 10-1　美国失业保险制度

美国失业保险制度包括四个层次。第一层次是由联邦政府指导、州政府具体管理运营的常规失业保险计划（Regular UI）；第二层次是由联邦政府和州政府共同筹资的具有永久性质的延长津贴计划（Extended Benefits Program，EB）；第三层次是联邦政府管理的具有临时性质的紧急失业补偿计划（Emergency Unemployment Compensation Program，EUC）；第四层次是联邦政府管理的失业救助计划。[①]因此，美国失业保险制度具有典型的四维双重特征：联邦政府与州政府双重管理、常规性与应急性双重待遇支付、永久性与临时性双重逆周期调节、失业保险与失业救助双重保障体制（见专栏图 10-1）。这种四维双重多层次失业保险制度在逆周期调节中发挥着重要作用，使得失业保险作为宏观经济自动稳定器的功能得到有效发挥。

① 孙守纪，杨一. 美国失业保险逆周期调节机制研究［J］. 经济社会体制比较，2020（3）：18-27.

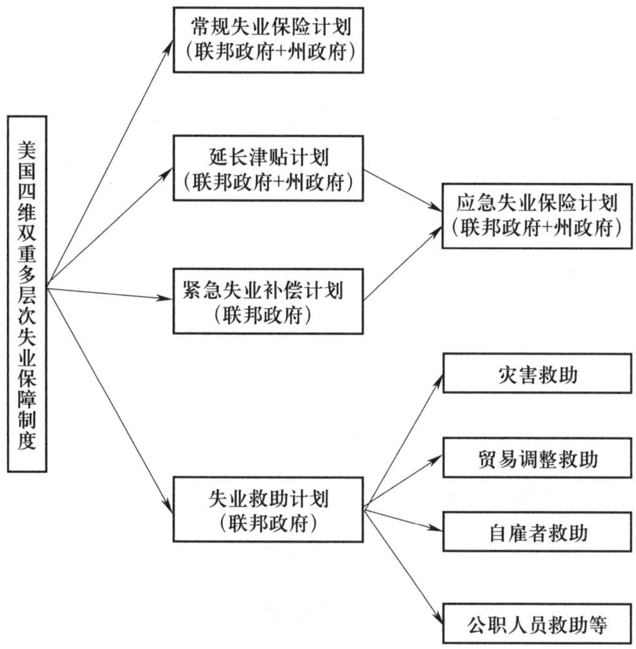

专栏图 10–1　美国四维双重多层次失业保障制度

二、失业保险制度的发展趋势

失业保险是一项被称为有着“贵族气”的社会保险，与经济发展水平关系密切。从全世界范围看，在建立失业保险制度的国家中有九成左右其人均收入超过 1 万美元。失业保险制度的发展基本遵循从救济型到福利型再到就业促进型的运行轨迹。进入 21 世纪以来，为适应经济增长速度放缓和人的多元化需求，失业保险制度发展呈现出新的特点。

（一）受益资格更为严格

在美国，申领失业保险金必须同时满足五项基本要求：（1）失业前的就业经历符合州规定（主要指工作时间及缴费长短）；（2）在就业服务机构注册，心理和身体上具备劳动能力，且在领取失业保险金期间积极寻找工作；（3）凡被认定为个人原因造成的失业则没有资格享受失业保险待遇；（4）设置等待期，一般为一周，在此期间相关部门对申领人员进行资格认定；（5）在享受失业保险待遇期间，失业保险机构要求失业人员履行定期汇报求职情况的义务。[①] 英国和日本在受益资格的认定方面和美国基本相同，只

① 孙守纪，杨一．美国失业保险逆周期调节机制研究［J］．经济社会体制比较，2020（3）：18–27.

是在就业期限和缴纳保险费期限方面略有差异。

（二）给付待遇更为细化

美国失业保险的给付项目比较多，分为联邦雇员失业补偿金和特殊支付项目（如贸易调整津贴、工作日减少补贴）。其中，失业补偿金的计发基数是选取基期中一个最高季度工资或两个较高季度的平均工资；贸易调整津贴主要援助那些因工厂受进口增加冲击和产品外销变化影响而失业的工人；工作日减少补贴主要援助那些因正常工作时间减少而介于全职和兼职工作之间的工人。英国的失业保险给付待遇则是根据劳动者年龄（以 18 周岁为界限）并结合劳动时间和收入调查结果三个方面综合考虑给予不同的待遇。日本的雇佣保险制度由善后与预防两部分构成，前者是对失业的补救措施，目的是对失业人员进行一定程度的收入损失补偿；后者是促进就业，从雇主与雇员两方面开发就业机会，提高职业技能，尽量防止失业和重新就业后的再失业。[①]

（三）失业保险基金来源和缴纳比例更加灵活

美国主要以税收的方式筹集失业保险资金，主体是对企业收取失业保险工薪税。联邦政府的计税依据是 7 000 美元，税率为 6.2%。但联邦政府允许已缴纳州失业保险税的雇主享有 5.4% 的税率抵扣，因此联邦政府的税率仅为 0.8%。英国失业保险资金来源主要是国民保险基金收入和政府财政拨付。国民保险基金由雇员和雇主双方按雇员周工资的一定比例缴纳，其覆盖范围包括周收入在 62 英镑以上的雇员、自我雇佣者、缴纳减额养老保险费的已婚妇女和遗孀。[②]日本失业保险费主要由雇主和被保险人双方共同负担，按年工资的一定比例缴纳，财政给予适当补贴。缴费率基本上按照各行业失业率的高低来确定。例如，在一般行业中，缴费率为 1.15%，其中雇主负担 0.75%，被保险人负担 0.4%；建筑业的缴费率是 1.45%，其中雇主负担 0.95%，被保险人负担 0.5%。[③]

（四）失业保险制度的重点转向促进就业和预防失业

一是提供较为完善的职业介绍服务。美国在公共职业介绍局设置职业介绍机构，雇主和求职者如果需要职业介绍机构提供服务，可将自己的需求和基本情况按规定向职业介绍机构登记，机构负责对雇主和求职者的要求进行自动匹配，当供求双方需求匹配基

---

① 施锦芳 . 日本失业保障体系建设及其启示［J］. 东北财经大学学报，2011（6）：65–70.

② 殷俊，陈天红 . 美国失业保险待遇调整机制分析及对中国的启示［J］. 新疆大学学报，2015，43（4）：19–25.

③ 杜鹏程，徐舒，张冰 . 社会保险缴费基数改革的经济效应［J］. 经济研究，2021，56（6）：142–158.

本一致时，职业介绍机构人员通知面试。英国的失业保险制度管理机构主要通过多种形式为求职者提供免费服务，对雇主提供发布用工信息的服务和对长期失业人员提供特殊帮助和服务，最终达到促进失业人员再就业的目标。

二是完善对求职者的就业技能培训，并制定严格的考核指标体系定期对培训机构的业绩进行考核。日本的雇佣促进事业充分体现了抑制解雇与防止失业、开发就业机会与培训职业技能的政策取向，主要从两方面加以实施：一方面是为失业人员提供就业补助，增强其求职动机；另一方面是抑制雇主的解雇行为，增加就业岗位，提高员工福利，开发人力资源。

三是国家在促进就业方面加大财政支出。美国通过降低个人所得税减轻失业人员压力，同时扩大失业保险的覆盖范围，让更多青年人有享受失业保险福利的机会，还通过发行债券等方式向各州提供失业救助金以将更多青年人纳入失业救助体系。日本政府也增加对大学生就业的财政支持，对于毕业后未正式工作的大学生在失业保险费用的缴纳上给予一定的优惠或减免。美国非常重视对失业人员再就业的财政支持，以劳动力市场的充分竞争和自由流动为原则，制定周期性的就业政策，并具体到每个州政府履行相应促进就业和减少失业的义务和权限。在促进以大学生为主的年轻人就业上，美国政府兴办公共工程增加失业人员与未就业大学生的就业机会，同时对失业人员进行财政补贴。[①]

第二节　失业保险制度比较

一、失业保险模式比较

为适应本国的经济与劳动力状况，很多国家失业保险制度大多向以预防失业与促进就业功能并重的方向转变，主要分为以下几种发展模式。

（一）瑞典：斯堪的纳维亚模式

瑞典作为北欧高福利国家代表，其失业保险制度是由国家补助的自愿保险和劳动力市场失业救助组成的双重制度，具有高保障、高福利特性。自愿保险项目覆盖了年龄在65岁以下的参加了工会或自我雇佣者组织的失业保险基金会的雇员或自我雇佣者；劳动力市场失业救助项目涵盖没有参加自愿保险项目的雇员和20岁以上正在求职的人员。

① 唐珏，谢强，赵仁杰，等．基于失业保险的稳就业政策效果研究［J］．管理世界，2023（10）：109-131.

失业保险费用主要由雇主和政府负担。雇主的自愿保险加劳动力市场失业救助的缴费率为工资总额的5.42%，雇员主要缴纳失业保险基金会的正常会费，月缴费标准为300克朗，雇员无须向劳动力市场失业救助项目缴费，政府主要承担弥补赤字的责任。失业保险的资金95%是政府从雇主征收的，5%来自基金会员的费用和其他形式的收入。失业保险金的领取条件是参加失业保险12个月以上，在失业前的一年内至少工作了5个月，不是自愿离职或因行为不端而被开除者。失业保险金的给付时限是一周计5天，54岁以下失业人员最多可领取300天，55岁以上失业人员最多可领450天，且领取失业保险金有5天的等待期。失业保险金工资替代率在2007年之后从80%（200天）降到70%（100天）最后降到60%。失业人员因疾病未踏足劳动力市场5年的，不再享受失业津贴。

同时，瑞典政府强调积极地帮助就业优于“消极的”现金救助原则。积极的劳动市场政策分为供给导向型和需求导向型两类。其中，供给导向型劳动市场政策主要包括供求配置服务和劳动力市场培训。一方面，瑞典的国有职业介绍所免费提供工作安置和就业指导服务；另一方面，为求职者提供某些特殊技能或技能转型的免费培训，并提供一定的补助。需求导向型的劳动市场政策包括在萧条时期或高失业率时期举办暂时性的公共工程，以及安置失业人员，为残疾人就业提供辅助，增加妇女的就业机会和解决年轻人失业问题等。在相关失业保险政策和积极的劳动市场政策推动下，瑞典失业率明显降低，劳动参与率基本稳定维持在80%左右，同时通过扩大失业保险覆盖范围、完善失业保险管理制度等措施平衡了高福利和高税收所带来的挑战。

（二）英国：贝弗里奇模式

20世纪20年代起，贝弗里奇长期担任失业保险法定委员会主席，并于1942年发表了《贝弗里奇报告》，为英国失业保险制度的发展与失业救助制度的建立奠定了重要基础。英国失业保险的制度类型是强制性社会保险和社会救助双重制度。失业保险覆盖周收入在62英镑以上的雇员、自我雇佣者、缴纳减额养老保险费的已婚妇女和遗孀。失业保险基金来源于雇主和雇员缴纳的保险费、政府的社会保险财政支出，失业救助金的费用全部由政府承担。领取缴费型失业保险金的条件是：年龄在18岁以上的失业人员或每周工作低于16小时的人，最近两个纳税年度中的1年足额缴纳社会保险费（且缴费收入基数不低于应税周收入低限的25倍），或者最近两个纳税年度中每年的社会保险缴费的收入基数不低于应税周收入低限的50倍；在职业介绍所登记失业，并且每两周到职业介绍所填一次表；具有劳动能力并愿意从事全日制工作。缴费型失业保险待遇为：年龄在 25 岁以上的失业人员，每周 49.15 英镑；18 ~ 24 岁的失业人员为 38.90 英镑；18 岁以下的失业人员为 29.60 英镑；最长支付时间为 6 个月；领取上述待遇要有 3 天等待期。[①] 另外，英国实行有偿失业保险计划，领取失业保险金的长期失业人员必须做一些力所能及的工作作为回报以提高自身的素质。同时通过向雇主提供临时津贴的办法鼓励雇主招聘长期失业人员，雇主每雇用一名长期失业人员，政府支付给雇主 250 英镑的补贴。

（三）德国：俾斯麦模式

德国失业保险始建于 1927 年，属于国家性的强制保险，由失业保险和失业救助两部分组成。失业保险的覆盖范围基本采用国际标准，凡是能够工作、可以工作，并且确实在寻找工作而未成功，致使没有工资收入的人即可成为失业保险的保障对象。失业保险基金主要来源于雇主、雇员缴纳的保险费，联邦财政补贴和其他方面筹集的资金。雇主和雇员分别按雇员工资的 6.5% 缴纳，劳资双方缴纳的保险费占全部筹集额的 25% 以上。如果缴纳的保险费和分摊的款项不足以支付所需开支，那么联邦政府将给予补贴。失业保险金的领取资格是失业前参加了失业保险，取得保险资格，已在劳动局申报过失业并正式提出申请失业保险金，正在等待职业介绍。其中，取得保险资格是指失业人员在失业前 3 年内缴纳了 1 年以上的保险费。失业保险金从失业人员正式向劳动局申报失业之日开始支付，领取时间的长短根据失业人员失业前的工作时间和失业人员的年龄确定，享受失业保险的待遇是 78 ~ 832 天。在失业保险金的工资替代率方面，有抚养子女义务的雇员为 67%，其他为 60%；长期失业的成年人每人每月可以拿到 502 欧元补贴，其家中的未成年人也可根据不同年龄段获得 348 欧元（6 ~ 13 岁）或 420 欧元（14 ~ 17 岁）的补贴。另外，失业保险的一个重点支出是职业促进费用，职业促进的措施主要有劳动市场和就业政策研究，职业咨询、职业培训、鼓励就业和职业恢复。

（四）日本：雇佣保险模式

日本在 1947 年以后，根据失业保险法建立了失业保险制度，在参保人失业后，向其支付失业保险金，以保障参保人的生活安定。1974 年 12 月，日本出台雇佣保险法，失业保险法随之被废止，雇佣保险继承了失业保险制度的“失业救助”功能，而且进一步增强了积极预防失业、调整雇佣状态、扩大雇佣机会、促进劳动者能力的开发及提高，进而谋求改善劳动者福利状况的功能。一方面，通过降低保险费率、修改雇佣保险

---

① 杜选，高和荣 . 典型国家失业保险制度功能完善对中国的启示［J］. 金融与经济，2015（9）：76-81.

津贴的领取资格、缩短雇佣保险给付时间要求来调整雇佣保险制度，以适应越来越多的契约式雇佣保险关系。另一方面，政府放宽非正式员工加入雇佣保险的条件，设置“就职促进给付”来提高劳动者求职的积极性。日本雇佣保险还针对特殊人群设有继续雇佣给付，包括高龄者再就业的给付金和育儿或护理停职给付。除此之外，日本的雇佣保险制度也有专门针对雇主安排的雇佣安定事业与雇佣能力开发事业。前者是对因经济波动、产业结构调整而不得不缩小经营活动或停业以进行教育培训或产业转型的雇主支付雇佣调整辅助金，后者是对受技术进步和产业转型影响，或者结束育儿、护理期重返职场的员工进行培训的雇主进行的支付奖励。

（五）澳大利亚：福利—激励模式

澳大利亚作为一个高福利国家，政府所制定的失业救助政策不局限于满足失业人员的基本生活需要，而是采取福利—激励模式，利用政策的平等性和人性化的特点帮助受益群体抵御和缓解贫困。联邦政府针对失业人员安排了包括青年津贴、起步津贴、家长津贴、行动津贴、开始就业付款以及房屋贷款暂缓救助等一系列津贴，帮助起步青年和失业人员为获得就业与再就业机会而得到足够的收入，以接受教育、培训或安置。与此同时，还向失业人员和求职人员提供各种促进就业的职业培训，包括工作实习、以工作换福利、义务工作等。而失业人员在领取津贴前除了接受审查，还必须履行义务，即证明自己正在积极寻找工作，证明方式有签订寻工活动协议、在求职过程中使用雇主联络卡、随时接受政府为其安排的工作或培训等。具体来看，其福利性体现在，合法纳税之外，个人无须缴纳任何保障类费用，失业救助的津贴和就业服务所需的经费基本都在联邦政府预算中列支，由政府财政全额承担。从澳大利亚历年财政支出的数据来看，用于失业救助的政府支出占全部财政支出的 12% ~ 17%。[①] 其激励性体现在，保障对象的权利与义务相结合。失业人员可以在领取救助金的同时获得就业指导、心理辅助等服务，但必须承担相应的义务，如接受严格的收入、资产审查并配合联络中心针对求职活动的调查。一旦审查或调查被认定为不合格或不配合，则无权领取或被终止领取救助金。

（六）智利：“双账户”模式

智利传统失业保险制度存在覆盖面不高、待遇水平低、公共支出中用于失业保险的比重较少等问题，不能为劳动者提供有效保护，因此，智利在失业保险制度改革中探索出失业保险储蓄账户制度，该制度由两部分组成：一是个人账户，二是团结基金。该

---

① 裴沛．澳大利亚失业救济制度的挑战及改革［J］．社会保障研究，2015，22（2）：176–184.

制度以个人账户作为运行基础，雇主和雇员每月按工资的一定比重缴入失业保险储蓄账户，雇员缴费为上一年度月均工资的0.6%，缴费完全进入个人账户，封顶线为每月2 000美元；雇主缴费为上一年度月均工资的2.4%，其中1.6%进入个人账户，剩余部分（0.8%）存入团结基金或者社会统筹失业保险基金；政府的财政转移支付进入团结基金，每年的数额既定，约为1 200万美元。失业发生时，失业人员可从个人账户中提取失业保险金，如果账户基金不足以支付失业期间待遇，失业人员转为失业救助的对象，符合条件者可以从团结基金得到一定的收入支持。较之实施该制度的其他拉美国家，智利由于存在团结基金作为个人账户的补充，使制度更具创新性。同时，该制度有助于增强就业激励，促进劳动力流动，并减少传统失业保险制度存在的道德风险。

二、失业保险享受资格比较

从事正规工资就业的劳动者是失业保险的基本覆盖对象，在法定劳动年龄之内，具有劳动能力、因暂时失去工作而中断收入的人群便具有失业保险享受资格。虽然各国失业保险制度不同，但在享受失业保险的具体资格条件上有共通性，享受失业保险的个体条件，一般包括缴纳保险费用期限、就业时间、居住时间、失业情况等，具体见表10–1。

表10–1　部分国家享受失业保险待遇的条件比较

国家	缴费时间	就业时间	本土居住时间	其他条件
美国		申请津贴前1年多时间至少就业半年		能够且愿意重新就业
英国	最近2个纳税年度中的1年足额缴费（且缴费收入基数不低于应税周收入低限的25倍）；或者最近2个纳税年度中每年缴费的收入基数不低于应税同收入低限的50倍	失业前一年内每周工作不少于16小时		具有劳动能力并愿意从事全日制工作
德国	失业人员必须在失业前3年内缴费1年以上			已在劳动局申报过失业，并正式提出申领失业保险金

续表

国家	缴费时间	就业时间	本土居住时间	其他条件
瑞典	加入工会满1年（工会会员必须参加失业保险）	失业前一年内至少工作5个月		有劳动能力并在职业介绍所登记，对所分配的“合适工作”不得拒绝
日本	失业前两年内合计至少参保缴费12个月			失业后须立即到职业介绍所登记
丹麦	最近12个月及以上为基金会会员	最近3年（或4年）内就业26周及以上		已进行就业登记，能工作并愿意工作
澳大利亚			澳大利亚永久性居民	有能力工作并正在寻找工作
阿根廷	失业前已缴费12个月及以上			已进行失业登记并正在寻找合适的工作机会
爱尔兰	缴费26周及以上并在最近1年内缴费18周及以上			有劳动能力和就业意愿，并在职业介绍所登记

资料来源：①张斌倩．美英日失业保险制度比较研究［J］．管理观察，2015（22）：16–17+20.
②郝君富，李心愉．失业保险制度机制设计的国际比较与启示［J］．兰州学刊，2018（8）：173–185.
③翟新花．失业保险制度的逻辑转型：从“独享”走向“共享”［J］．社会福利（理论版），2020（4）：25–33.

综观各国失业保险的享受资格条件，虽然宽严标准不一，但大多包含缴纳失业保险费用期限和就业时间两个主要条件。另外，多数国家还规定了失业保险金领取的拒付条件，包括但不限于：自动离职而无充分理由者；因过失而被革职者；参加劳资纠纷罢工离职者；未在相关机构登记申请工作者；拒绝接受相关机构介绍适当工作者；故意放弃职业培训机会者等。在实施申请失业救助制度的国家，失业人员还必须符合经济情况和收入情况调查所规定的特殊条件。

三、失业保险受益内容比较

目前，世界各国或地区实施的失业保险制度中涉及的失业保险受益内容主要是失业津贴和失业保险的其他受益项目。失业津贴可用于满足失业人员失业期间基本的生活支出需要，是失业保险的基本受益内容，获得该项受益通常需要满足一定期限的就业时间和失业保险的缴费。如冰岛规定在过去的12个月里至少有10周就业并缴费；韩国要求在过去的18个月里至少有6个月的失业保险缴费；瑞士和日本规定失业前2年内至少有12个月的缴费；中国台湾要求失业前3年内至少有1年的缴费。同时，几乎所有的国家或地区均要求失业人员为非自愿性失业，并在相关机构进行注册登记。除普遍提供失业津贴外，很多国家或地区的失业保险制度还提供多种其他受益内容，具体见表10–2。

表10–2　失业保险的其他受益内容示例

其他受益内容	代表国家或地区
求职人员津贴（面向首次就业人员）	比利时：支付给25岁以下不符合失业保险受益条件的正在寻找工作的人，如第一次找工作无失业保险缴费记录的人
职业培训津贴	德国、日本、中国台湾：支付给参加政府指定的教育和培训课程的失业人员
短时工作津贴	德国：支付给因有效需求不足等外在经济原因而缩短工作时间的就业人员
短期转移津贴	德国：支付给特定情况下破产公司的雇员
恶劣天气津贴	德国：支付给因恶劣天气而停止工作的建筑工人
提前再就业津贴	日本、中国台湾：支付给在失业津贴最长受益期限届满之前重新开始工作的人
创业津贴	德国、英国：支付给自主创业的失业人员
育婴假津贴	中国台湾：支付给因照护3岁以下的子女而处于停薪留职休假期间的被保险人
家庭照护津贴	日本：支付给因照护亲属而休假的被保险人
高龄求职人员津贴	匈牙利：支付给五年内将达到法定退休年龄的高龄失业人员

资料来源：
①郝君富，李心愉．失业保险制度机制设计的国际比较与启示［J］．兰州学刊，2018（8）：173–185.
②姚婷．失业保险制度国际比较研究［J］．合作经济与科技，2020（1）：184–185.
③董保华，孔令明．经济补偿与失业保险之制度重塑［J］．学术界，2017（1）：18–33，321.

四、失业保险待遇水平比较

（一）失业保险待遇

失业保险待遇主要是指政府规定的在合理给付期限内支付失业保险津贴，其中又可以分为两部分，即基本生活津贴和促进就业有关费用，包括就业培训、提供信息、职业介绍等所需的费用。超过法定期限而给予的失业救助金也是失业保险待遇的一部分。

（二）失业保险待遇水平

各国对失业保险待遇水平的立法规定存在差异，本节主要以失业保险津贴为例即失业保险金展开比较。除波兰等少数国家按固定水平提供失业保险津贴外，多数国家基于失业人员失业前一定期限内的平均收入水平的一定比例即替代率确定受益水平，受益水平的最终确定还可能综合考虑失业人员的家庭收支状况及所处的失业期等因素。

1. 替代率水平

德国失业保险金的工资替代率，有抚养子女义务的雇员为67%，其他为60%。西班牙失业保险金的替代率水平为70%，180天后调低为60%。瑞士失业保险金的替代率，有25岁以下子女抚养义务的雇员为80%，其他为70%。奥地利失业保险按需要抚养的子女数量额外提供抚养补贴，包括抚养补贴在内的失业保险金总替代率不得超过80%，其他人为55%。日本失业保险金替代率为50% ~ 80%，且规定低收入者适用更高的替代率，60 ~ 64岁雇员的失业保险金替代率为45% ~ 80%。俄罗斯失业保险制度规定前3个月替代率为75%，第4 ~ 7个月为60%，第8 ~ 12个月为45%，第13 ~ 24个月则根据当地最低生活保障水平上浮一定比例。葡萄牙失业保险制度规定前180天失业保险金替代率为65%，180天后减少10%，若配偶也在领取失业保险金并有受抚养子女，受益金额上浮10%。①

2. 待遇水平

英国规定，发放失业保险金的标准每周为45.45英镑，其中，年龄在25岁以上的失业人员为49.15英镑；18 ~ 24岁的失业人员为38.90英镑；18岁以下的失业人员为29.60英镑。德国长期失业的成年人每人每月可以拿到502欧元补贴，其家中的未成年人也可根据不同年龄段获得348欧元（6 ~ 13岁）或420欧元（14 ~ 17岁）的补贴。美国各州规定每周失业保险金的最低起点为5 ~ 60美元（1/2的州为30美元以上），最高为84 ~ 224美元（1/2的州为170美元以上），如加利福尼亚州的失业保险金给付标准为：季度工资收入为900 ~ 6 300美元的，每周失业保险金为40 ~ 190美元。智利领取失业保险金的标准是，前90天每月12 500比索，91 ~ 180天每月8 071比索，181 ~ 360天每月6 053比索。法国、比利时、丹麦、葡萄牙，针对失业人员的失业保险金最低标准为每日28.21欧元，最高限额分别为每月6 161欧元、1 422.46欧元、

① 郝君富，李心愉.失业保险制度机制设计的国际比较与启示［J］.兰州学刊，2018（8）：173-185.

1 940.4 欧元和 1 048 欧元；另外，法国规定每月工作毛收入高于 4 500 欧元的求职人员，可享受的失业保险金的最低限额为每月 2 261 欧元，从第七个月起，每月领取的失业保险金额将减少 30%，但这项措施不涉及 57 岁以上的失业人员。①

3. 给付期限

世界各国主要根据失业人员的缴费期限和年龄等因素来确定失业保险金的给付期限。给付期限包括两个方面：一是确定领取失业保险金的等待期；二是确定失业保险金给付的最长时间。多数国家规定等待期一般在 7 天之内，如美国（多数州）、新西兰、日本、英国为 3 天，芬兰为 5 天，西班牙、法国已取消等待期，等待期最长的国家厄瓜多尔为 60 天。领取失业保险金最长的期限按国际规定上限为 150 天、下限为 78 天，但各国会根据当地就业政策、失业保险基金的规模和财政状况等确定失业保险金的给付期限。德国失业保险金领取时间的长短取决于失业人员失业前的工作时间和年龄，享受失业保险待遇的期限是 78 ~ 832 天。英国失业保险金最长支付时间为 6 个月，一年后仍找不到工作的，转为领取社会救助。美国的失业保险待遇由各州自行安排，享受期限由等待期和给付期组成，各州给付期限最长达 26 周，可以根据实际作出相应调整。日本失业保险金的给付期限会综合考虑缴费期限、年龄及失业原因等因素，支付天数为 90 ~ 100 天。瑞士根据失业人员的缴费期限和年龄，最长支付 200 ~ 520 天的失业保险金。西班牙的失业保险金给付期限取决于缴费期限，最长 120 ~ 720 天。奥地利的失业保险金给付期限取决于缴费期限和年龄，最长支付 20 ~ 52 周，若参加职业培训最长可延长至 78 周。葡萄牙根据失业人员的年龄确定失业保险金的给付期限，最长为 330 ~ 540 天，如果自上次失业至本次失业前，就业每满 5 年可延长 30 ~ 60 天。俄罗斯失业保险金的支付期限最长为 24 个月。②

五、失业保险筹资方式比较

国外失业保险基金来源渠道大致有三个：雇主、雇员缴费和政府财政补贴。各国政府根据当地失业保险需求、财政状况、雇主和雇员的承担能力、雇主社会责任等因素确定失业保险金的筹资方式，一般采取四种方式筹集失业保险所需资金。

① 杨斌，丁建定 . 国外就业保障的发展及对中国的启示——以美国、英国和德国为例［J］. 理论月刊，2016（5）：177-181.

② MICHELACCI C，RUFFO H. Optical life cycle unemployment insurance［J］. American economic review，2015，105（2）：816-859.

（一）雇主、雇员和政府三方负担

失业保险基金采用由雇主、雇员和政府三方负担的筹资方式约占实行失业保险制度国家总数的40%以上。典型国家主要有德国、英国、法国、丹麦、挪威、加拿大等。[①]除前述的德国、英国外，法国失业保险费一般由雇员、雇主和政府共同负担，雇主缴纳工资总额的4.08%，雇员缴纳工资总额的1.92%，政府负担失业保险综合方案（失业救助）的全部费用。丹麦的失业保险资金由雇员、雇主和政府联合负担，雇员年保险费为每日现金补助最高标准的7倍，雇主年保险费为每日现金补助最高标准的11.25倍，政府负担雇员和雇主所缴保险费不够开支的部分。加拿大的失业保险资金由雇员每月按照工资收入的2.4%缴纳、雇主按照雇员缴费率的1.4倍即3.36%缴纳而成，政府在收支不平衡时给予补助。[②]

（二）由雇主和雇员负担

日本、智利、芬兰、希腊、荷兰、加纳、以色列等国家实行由雇主和雇员负担失业保险费的筹资方式。日本失业保险费主要由雇主和雇员双方共同负担，按年工资的一定比例缴纳，国家予以适当补助，一般失业保险费总负担比例是11.5%，其中雇主负担7.5%，雇员负担4%。智利失业保险费主要由雇主和雇员共同负担，雇主缴纳月均工资的2.4%，雇员缴纳月均工资的0.6%。以色列的失业保险总费率为工资总额的1.2%，其中雇主负担0.8%，雇员负担0.4%。[③]

（三）由雇主和国家负担

美国、瑞典、意大利等国家采取雇主和国家共同筹资的方式。美国（亚拉巴马、阿拉斯加、新泽西三个州除外）失业保险所需费用主要由雇主和联邦政府承担，雇主通过缴纳失业保险税的方式为失业保险金筹资，优惠后的工资税率为0.6%，联邦政府补贴工资总额的1.4%纳入失业保险基金。瑞典的筹资方式不再赘述。意大利失业保险费主要由雇主负担工资总额1.61% ~ 1.91%，产业雇主要为特殊失业保险和“工资补充基金”缴纳工资总额的0.3%（建筑业为0.8%）和工资总额的2.2%（企业工人不足50人时为1.9%）；政府补贴行政费用，并承担对农业工人、青年失业者和“工资补充基金”的

---

① 李常印．各国失业保险制度比较研究及完善我国失业保险制度的建议［J］．中国人力资源社会保障，2019（2）：40–42.

② 全球视野下的失业保障政策研究［J］．教学与研究，2015（1）：26.

③ 王瑶．西方国家福利制度的模式、经验及对中国的启示［J］．河北经贸大学学报，2022，43（6）：52–60.

补贴。[①]

（四）由国家负担全部费用

目前，仅有少数国家，以澳大利亚、新西兰、匈牙利等国为代表，独立负担失业保险资金的筹集。澳大利亚对失业保险（救助）没有设立基金，它所需的基金是每年由联邦财政部通过经济模型预测，再由社会保障部门综合平衡确定，提请国会讨论通过，形成预算立法后予以执行。[②] 匈牙利失业保险费用主要来源于国家就业基金，基金筹资主要依靠国家财政预算拨款，基金又被分成中央和地方两大部分，中央和地方的分配比例及分配原则由监事会依据劳动力市场指标决定。[③]

六、失业保险管理体制比较

（一）政府直接设置专门机构进行管理

由于失业保险不仅涉及津贴待遇，而且与培训和就业服务及劳动力市场政策密切相关，因此，多数欧美国家规定由政府劳工部或社会保障部门对失业保险制度进行总的管理和监督。美国的失业保险工作由联邦劳工部主管，具体工作由劳工部就业与训练署负责，联邦和州政府各有其职责，联邦的失业保险基金主要用于联邦和各州失业保险行政费用，高失业率时分担州部分失业保险金支出负担。州失业保险基金入不敷出时的借款用于退役军人、残疾军人的就业和培训服务，以及部分劳动力市场信息计划项目。各州负责支付大多数失业人员的失业保险待遇。各州劳动局下设执行机构，由执行机构负责该地区内部失业人员的保险金发放和职业培训与建议等工作，地方通过公共就业办公室接受失业保险金申请并向其提供服务。英国设立就业与养老金部，负责失业保险基金的使用和管理，包括失业保险费的收取、失业情况的登记调查、失业保险金的申请和发放、就业培训以及失业档案的管理等。日本由厚生劳动省下属就业安全管理局管理全国失业保险行政事务，地方失业保险科及公共就业安全所办理地方保险业务。[④]

---

① 徐清 . 欧洲福利制度主要模式的比较与借鉴［J］. 现代经济探讨，2021（3）：126-132.

② 裴沛 . 澳大利亚失业救济制度的挑战及改革［J］. 社会保障研究，2015，22（2）：176-184.

③ 于金财 . 关于匈牙利失业保险制度的考察报告［J］. 劳动保障世界，2010（7）：49.

④ 靳晓东 . 浅析中外失业保险制度差异［J］. 经贸实践，2015（14）：152.

（二）政府监督下授权自治机构或半官方自治机构管理

这种在政府部门监督下指定的半自治机构一般由劳方（工会）、资方（雇主）和政府三方组成，目前，德国、意大利、法国、澳大利亚等国失业保险管理体制采取该种形式。德国的失业保险管理机构在政府监督下负责失业保险、失业救助和其他各项资金（如破产补助金和缩短工时补贴）的发放、管理，失业保险管理机构下辖失业保险科，负责管理失业保险和失业救助以及在职培训和转业培训资金；就业促进资金管理科，主要负责冬季建筑补助金、破产补助金、老年提前退休金、缩短工时补贴、职业培训促进补贴等；儿童基金科，受政府委托对儿童基金进行管理，负责审批和发放儿童基金；非法就业监督科，受理各种关于违法就业的投诉，检查各种违法就业行为；调节科，受理企业、劳动者反映的一些问题，处理违规工作人员，代表劳动局到劳动法院处理法律纠纷。法国授权由劳资双方组成的理事会管理失业保险和失业保险金发放，在没有理事会的地区，可由市政当局处理失业保险金支付事宜，理事会受社会保障部监督。澳大利亚专门设置联络中心对失业保险（救助）进行管理，联络中心对每个登记在册的失业人员进行资格评估并提供再就业辅助，联络中心负责失业人员登记、调查与资产评估，并对救助对象的状况变化进行定期追踪。同时，联络中心为注册人员预约就业服务机构，后者协助救助对象寻找就业机会并提供相关辅助。[①]

（三）政府监督下由工会负责管理

实行这一管理体制的国家具有深厚的工会发展基础，如瑞典、丹麦、芬兰等北欧国家。瑞典失业保险管理体制采取在政府监督下由工会专门进行管理的模式，由工会建立的失业保险社（分中央和地方）是其专门执行机构，负责管理失业保险和失业救助基金，地方失业保险社接受地方劳动局的补贴和监督。工会对失业人员进行帮扶和救助，其工作重点是减少失业，通过举办各种以工代赈工程、受庇护工程（政府给予一定补贴）等，吸纳一部分失业人员就业以降低瑞典的失业率。丹麦失业保险管理体制由劳工局监督下的工会负责，劳工局为工会提供就业政策和法律法规指导，工会负责对劳动力供需进行合理配置，为求职者提供职业指导，如训练和转业服务，并且对失业保险基金的收支进行管理，但工会的权利和义务均在劳动管理部门的监督之下。[②]

---

① 孙云云，杨婷，夏伊麦尔旦・尼亚孜．失业保险基金制度现存问题及对策研究［J］．投资与合作，2023（12）：22-24.

② 王桑成．失业救助制度：国际经验与中国道路［J］．中国公共政策评论，2021，18（1）：203-224.

第三节　各国或地区失业保险制度对中国的启示

一、各国或地区失业保险制度的成功经验

失业保险制度的建立是为有工作意愿和工作能力的失业人员提供阶段性的收入或培训补贴，以促使其重新就业。经过多年发展，失业保险的覆盖范围、保障内容、受益水平、制度构建更加完善，凸显了其作为降低失业率，促进社会稳定的政策功能。但失业保险也具有易升不易降的福利刚性特征，许多高福利国家就面临失业保险带来的财政负担加重问题，影响失业保险制度的可持续发展。因此，在看到失业保险制度运行成效的同时，也要客观分析失业保险发展中的风险因素。

（一）通过扩大覆盖范围将更多人纳入失业保险受益体系

根据国际劳工组织 1988 年《促进就业和失业保护公约》（第 168 号），世界多数国家将失业保险纳入全面受益的社会保障体系，并努力扩大失业保险的覆盖范围，使每一位劳动者都有权平等地参与并获得失业权益的保障。近年来，很多国家通过立法改革进一步扩大了失业保险的覆盖范围，将自我雇佣者、家政人员、首次就业人员、农林渔业从业人员等特殊就业群体纳入失业保险的覆盖范围。同时考虑到这些群体就业性质、就业周期等方面的特殊性，对其适用特别的失业保险体系或在失业保险体系中设置更好匹配其需求的特别受益项目。如结合建筑工人每年工作时间的季节性特点，德国失业保险的受益内容中设有专门的“恶劣天气津贴”项目，在 12 月 1 日至 3 月 31 日的停工期间，建筑工人可按前一年与当前收入差额的 67%（无子女者 60%）获得津贴。德国、意大利等国还向失业人员提供短期转移津贴、流动津贴，以覆盖流动性较大的失业人员在求职活动中可能发生的运输费、搬家费及住宿费等。这些做法适应了时代变迁中劳动者职业变化、工作状态转换等形成的新的失业保险需求，对减轻自由职业者等社会群体的失业风险，提升就业能力有重要作用。[①]

① 吴静 . 新经济下失业保险制度覆盖范围研究——基于国际比较的视角［J］. 劳动保障世界，2019（18）：31.

（二）通过丰富失业保险的支持项目更好发挥促就业、防失业的功能

失业保险项目除了向失业人员提供现金形式的津贴，还应与积极的就业促进政策加以协调，以使失业保险更有效地发挥其在促进再就业和预防失业方面的功能。在就业促进方面，丹麦政府对满足特定培训要求的失业人员会提高其失业保险的受益水平，奥地利政府规定可根据劳动者参加劳动市场部门提供的培训情况延长失业保险的受益期限，日本、德国以及中国台湾地区等设置专门的职业培训津贴以保障失业人员培训期间的生活支出。德国政府向创业者提供 6 个月的创业津贴以用于对其的基本生活保障，创业企业实现正常运转后再给予 9 个月的奖励津贴，并给予贷款和担保支持。德国对雇用就业困难人员的企业，由失业保险基金按企业所支付工资的 75% 提供最长两年的津贴。中国台湾向在失业津贴最长受益期届满之前实现再就业的受益人提供“提前再就业津贴”，将剩余受益期限内津贴受益金额的 50% 一次性支付给受益人。

在预防失业方面，法国、德国、加拿大等国规定可动用失业保险基金支持雇主在用工需求低谷时减少裁员。例如，德国的短时工作津贴，可在外部需求下降时，缩短工人每天的工作时间以实现在不裁员的情况下降低企业工资成本，并由失业保险基金向被缩减工作时间的工人提供最长 6 个月的工资津贴。2008—2009 年全球金融危机时，德国工人的工作时间平均减少了 30.5%，相当于约 43.2 万个全职工作时间。这一政策不仅有效降低了失业，还避免了企业因重新招募而产生新的成本，并能在市场需求回升时迅速做出回应，因而该政策被认为是危机后德国经济相对快速复苏的重要因素之一。日本失业保险基金向对其现有雇员进行教育和内部职业培训的企业提供培训补贴。中国台湾的育婴假津贴可让有子女照护需求的受益人向企业申请停薪留职休假，在此期间仍保持与企业之间的雇佣关系，失业保险基金向其提供津贴以保障其生活支出，在假期届满后实现直接就业。

（三）通过综合考虑个性化因素化解失业贫困风险和道德风险

失业保险的保障水平是失业保险机制设计的核心要素。保障水平过低，失业保险金难以满足失业人员个人及家庭的生活支出需要，产生失业贫困风险；保障水平过高（更高的替代率），失业人员会不积极寻求就业，产生负面激励，极易引发道德风险。因此，世界各国为切实保障失业人员个人及家庭的生活支出需要，同时尽量避免对失业人员再就业产生负面激励，在设计失业保险的保障水平时会对失业人员个人及家庭的多方面、个性化的因素进行综合考虑。一是失业前的收入水平。世界上多数国家按失业人员失业

前收入水平的一定比例确定失业保险的受益水平，以使失业人员能够在收入的波动中维持与失业前相差不大的稳定的消费水平，实现平滑消费的作用，失业保险金的替代率通常为 45% ~ 80%。二是家庭收支状况。通过对失业人员家庭进行收入测试确定失业人员家庭的总收入水平，根据对需要抚养的子女数量、亲属数量、独居还是夫妻共同生活等因素的家计调查确定失业人员家庭的实际生活支出需求，进而最终确定失业保险的保障水平。三是失业人员的失业时间。很多国家采取递减式的失业保险金支付办法，即失业初期所享受的失业保险金保障水平高于失业后期，以促使失业人员有压力和动力努力寻找工作尽快实现再就业，降低陷入长期失业的风险。

（四）通过制度设计形成了失业保险与其他社会保障体系的良好衔接

根据国际劳工组织 1988 年《促进就业和失业保护公约》（第 168 号）的建议，各国应努力确保失业人员在失业保险受益期间获得其他社会保障权益，因此，世界各国努力做好失业保险与其他社会保障政策的协调衔接，通过立法向失业人员提供失业期间的全面保障。在养老保险体系的衔接方面，多通过养老保险缴费减免机制将失业人员的失业保险受益期计入养老保险缴费。部分国家还向再就业困难较大的高龄失业人员提供失业保险与养老保险之间的特别衔接机制，如匈牙利向临近退休的高龄失业人员按法定月最低工资的 40% 提供专门的失业津贴直至受益人有资格领取养老金；俄罗斯则允许 58 ~ 59 岁男性及 53 ~ 54 岁女性高龄失业人员享受提前退休金。在社会救助体系的衔接方面，英国、法国、德国等采取社会保险与社会救助相结合的失业保障体系，社会救助体系通过一般性的政府税收提供融资，可向那些缴费期过短、不具备获取失业保险受益资格或已用尽失业保险权益的失业人员提供较低水平的补充性失业保障。

（五）通过立法增强了对就业困难群体的利益保护

根据国际劳工组织 1988 年《促进就业和失业保护公约》（第 168 号）的建议，各国应努力通过立法建立专门的计划以帮助那些就业困难群体增加就业机会并实现就业，包括女性、年轻人、残疾人、老年人、长期失业人员及农民工等。很多国家的失业保险机制设计充分体现了对以上群体的就业帮助和利益保护。例如，通过扩大失业保险的覆盖范围将首次就业的年轻人、农业从业人员等纳入失业保险的覆盖范围；提供培训津贴鼓励缺乏就业技能的年轻人、残疾人、老年失业人员等积极参加就业培训；向实现自主创业的各类群体提供创业津贴和融资支持；向女性提供育婴假津贴和家庭照护津贴；延长高龄失业人员的失业保险受益期限，提供专门的高龄失业人员津贴，或允许其提前退体；向招聘残疾人等就业困难人员的企业提供补贴；通过与社会救助体系的组合应用向首次就业的年轻人、长期失业人员等就业困难群体提供补充性的失业救助等。

二、中国失业保险制度的现状及存在的问题

（一）中国失业保险制度的发展历程

1986 年国务院颁布《国营企业职工待业保险暂行规定》（已于 1993 年 5 月 1 日失效），标志着我国失业保险制度正式建立并规定对国营企业职工实行职工待业保险制度，明确了建立失业保险制度的主要目的之一是配合国有企业改革和劳动制度改革。1993 年国务院发布《国有企业职工待业保险规定》（已于 1999 年 1 月 22 日失效），这一规定的发布和实施标志着我国失业保险制度进入了正常运行时期。1986—1993 年是我国失业保险制度的形成和初步运行时期。该阶段，一些地方根据本地情况，扩大了失业保险的覆盖范围，将城镇集体企业、外商投资企业、私营企业及其职工，部分机关、社会团体和事业单位及其职工也纳入了失业保险的范围。为了增强失业保险基金承受能力，部分省市实行了个人缴费。1999 年，国务院颁布《失业保险条例》，以完整的行政法规形式确立了我国失业保险制度的基本框架。2011 年颁布《中华人民共和国社会保险法》，从国家立法层面再次明确了失业保险是社会保险不可或缺的重要组成部分，失业保险体系逐渐走向成熟和完善，标志着我国失业保险制度的发展进入了一个新的阶段。自 2020 年以来，为了使失业保险充分发挥应有的作用，劳动行政部门发布了一系列的要求：持续扩大失业保险保障范围、强化促进就业功能的部门规章，这些要求充分实现了对失业人员的兜底保障，对于维护就业稳定和社会稳定都发挥了巨大作用。总之，随着相关立法和政策的贯彻落实，中国的失业保险制度也在不断发展与完善。

（二）中国失业保险制度的主要内容①

1. 失业保险的覆盖范围

城镇国有企业、城镇集体企业、外商投资企业、城镇私营企业等各类企业及事业单位的职工。

2. 享受条件

（1）按照规定参加失业保险，失业前所在单位和本人已按照规定履行缴费义务满一年；（2）非因本人意愿中断就业，即失业人员不愿意中断就业，是因本人无法控制的原

① 资料来源：根据《中华人民共和国社会保险法》《失业保险条例》等政策文件整理而来。

因而被迫中断就业，如企业破产等；（3）已进行失业登记，并有求职要求，这一要求的目的是掌握失业人员的基本情况，确认其资格，并促进失业人员再就业。

3. 失业保险基金的构成

中国失业保险所需资金来源于四个部分：失业保险费，包括单位缴纳和个人缴纳两部分，这是基金的主要来源；失业保险基金利息，这是基金存入银行和购买国债的收益部分；财政补贴，这是政府负担的一部分；依法纳入失业保险基金的其他资金，主要是指对不按期缴纳失业保险费的单位征收的滞纳金等。

4. 失业保险金的发放标准

根据《失业保险条例》的规定，失业保险金的发放标准，应当与失业人员所在地最低工资标准和城市居民最低生活保障标准挂钩，即应当按照低于当地最低工资标准、高于城市居民最低生活保障标准的水平，由省、自治区、直辖市人民政府确定。根据国家统计局发布的“中华人民共和国2023年国民经济和社会发展统计公报”数据，2023年我国失业保险金的平均水平为1 814元/月。

5. 领取失业保险金的期限

失业人员领取失业保险金的期限，根据失业人员失业前所在单位和其本人累计缴费时间长短的不同，划分为三个档次：（1）累计缴费时间满一年不足五年的，最长可领取12个月的失业保险金；（2）累计缴费时间满五年不足十年的，最长可领取18个月的失业保险金；（3）累计缴费时间十年以上的，最长可领取24个月的失业保险金。

6. 失业保险待遇

（1）领取失业保险金。（2）如果患病或生育，到指定的医院就诊，可以按规定申请医疗补助金。（3）失业人员在领取失业保险金期间死亡的，其家属可以申领丧葬补助金和抚恤金。（4）免费接受职业指导、职业培训等就业服务。

7. 失业保险管理

人力资源社会保障部主管全国的失业保险工作，县级以上地方各级人民政府社会保险行政部门主管本行政区域内失业保险工作；财政、审计等其他有关部门在各自的职责范围内负责有关的失业保险工作；具体的失业保险工作，由社会保险经办机构负责。

（三）中国失业保险制度存在的问题

我国失业保险制度自建立以来，在保障失业人员基本生活、促进就业、维护社会稳定等方面发挥了积极作用。2022 年末，全国参加失业保险的人数为 23 807 万人，年末领取失业保险金的人数为 297 万人。[①] 随着社会经济生活及就业市场环境的深刻变革，我国失业保险逐渐显现出制度规定简略、覆盖范围偏窄、保障水平低下等问题，难以满足各类就业群体对于失业保险的现实需求。

1. 失业保险覆盖范围偏窄

目前我国失业保险主要覆盖城镇企事业职工，那些没有稳定工作、生活与就业易受到失业风险威胁、更需要失业保险保障的高失业风险群体却游离在制度之外，其中主要包括非合同制农民工和灵活就业人员。[②]

农民工是我国劳动者队伍的重要组成部分，但是大多数农民工却未能受到失业保险的保障。目前我国针对农民工的失业保险立法主要针对合同制农民工，但大多数农民工属于非正式就业 [③]，因此将非合同制农民工纳入失业保险覆盖范围迫在眉睫。另外，在“互联网 +”发展背景下，我国已迈入数字化时代，网络技术的迅速发展，使新就业形态不断涌现，劳动者可选择就业的渠道也越加多元化、灵活化。越来越多的灵活就业人员开始出现，但是由于灵活就业人员无法构建明确的劳动关系，导致目前的失业保险制度也无法覆盖到这一群体。数量庞大、容易失业又没有失业保险保障的人员其失业保险问题亟待解决。

2. 失业保险金领取者的义务性规定较少

《失业保险条例》对失业人员在领取失业保险金期间的义务除了“无正当理由，拒不接受当地人民政府指定的部门或者机构介绍的工作的”停止发放失业保险金这一条义务规定外，并没有其他明确的义务要求。也就是说，目前我国失业保险法律制度对于失业人员是否积极参与就业培训、是否积极寻找工作等都没有明确的约束，政府又因为与失业人员之间的信息不对称而无法对失业人员的再就业情况进行清楚掌握。这种权利和义务不对等并且权利多于义务的制度设计，不仅容易造成失业人员对失业保险金产生依赖，不积极提高自身职业技能、寻找新的工作，而且长时间的延缓就业还可能造成失业人员与社会脱节，抑制失业保险促进就业功能的发挥，导致失业保险基金的浪费。[④]

---

① 人力资源社会保障部 . 2022 年度人力资源和社会保障事业发展统计公报［EB/OL］.（2023-06-20）（2024-06-20）. http：//www.mohrss.gov.cn/SYrlzyhshbzb/zwgk/szrs/tjgb/202306/t20230620_501761.html.

② 王忠池，尚德芳 . 浅析我国失业保险制度的不足与完善［J］. 黑龙江省政法管理干部学院学报，2005（1）：76-77.

③ 何巧云 . 农民工参与失业保险的可行性与可操作性研究［J］. 农业经济，2021（12）：71-73.

④ 李满奎 . 从《失业保险条例》修订看我国失业保险制度的完善［J］. 中国劳动，2018（8）：39-46.

3. 失业保险金给付水平较低

我国失业保险金的给付标准为低于当地最低工资标准、高于城市居民最低生活保障标准，而目前世界上大多数国家都是采用工资比例制来确定失业保险金标准，即失业保险金与失业人员原工资收入挂钩，按失业前原工资的一定比例发放，并且有些国家还会结合失业人员的家庭负担情况综合确定数额。[①] 随着城镇居民消费价格指数的上涨，原有标准很大程度上会无法保障失业人员的基本生活，进而产生多方面的负面影响。

4. 失业保险促进再就业功能发挥不充分

目前我国失业保险制度对失业人员的保障多以单纯的物质救助为主，在促进失业人员再就业方面的功能发挥依旧比较薄弱。第一，促进就业资金支持比例偏低。目前，我国失业保险基金有充足的结余，但是用在促进就业方面的资金却不多。[②] 究其原因，主要是我国失业保险的功能从单纯物质救助到积极促进就业的理念刚刚发生转变，以至于更偏重于保障失业人员的基本生活，加之我国《失业保险条例》并没有将失业保险基金用于促进就业方面的支出比例明确化，导致其在实践中的投入偏少。第二，失业保险基金支出范围较窄。失业保险基金用于促进就业方面的支出目前也只包括职业培训和职业介绍两项补贴，无法满足失业人员对失业保险保就业、稳就业、促就业的需求。

三、各国或地区失业保险制度发展对中国的启示

（一）扩大失业保险覆盖范围

每位劳动者均有权公平地获得失业权益的保障，基于当前就业市场环境，亟须通过立法完善优先将农民工和灵活就业人员纳入失业保险覆盖范围。

在为全体农民工设计失业保险时可以进行分类、分层规划。针对显著市民化的农民工，实施城乡统一的失业保险制度。这类农民工长期在城市生活，职业与收入较为稳定，在失业保险参保、领取待遇方面可与城镇职工同一标准。针对流动性大的农民工，如工作受季节影响较大，往往在城市内没有稳定的岗位和住所，如果与用人单位没有签订正式合同，就无法享受失业保险权益。对于这类农民工的失业保险，可设计建立一种能够让更多农民工自愿参保，并且缴费水平较低的失业保险制度，若其农民工市民化完成后，再向统一的失业保险制度转移接续。

---

① 杨辉，张蓉蓉．论我国失业保险功能的缺陷与完善［J］．行政与法，2011（2）：40–44.

② 张玉洁，张政凯．对失业保险促进再就业功能的思考［J］．人才资源开发，2020（21）：50–51.

逐步将灵活就业人员纳入失业保险的覆盖范围是我国失业保险制度发展的必然趋势。例如，首先将那些界定清晰、数量庞大又亟须失业保险保障的灵活就业人员纳入其中，如无雇工的个体工商户、未建立任何劳动关系且依托互联网平台或共享经济就业的灵活就业人员等，等到相关制度都成熟后，再查漏补缺，将其他灵活就业人员纳入覆盖范围。

（二）增加失业保险金领取者的义务

完善失业保险金领取者的义务规定，不仅能够有效减少骗领失业保险金情况的发生，还可以监督失业人员的求职状态，强化失业人员的就业意愿，促使失业人员积极就业。

第一，明确失业保险金领取者努力就业义务。例如，德国法律明确规定失业人员需要竭尽一切所能寻找工作实现重新就业。我国失业保险制度也可以进行合理借鉴，要求失业人员在领取失业保险金期间必须履行努力就业义务，具体可以包括必须参加职业培训、进行求职活动、从事一些公益性的工作等义务①，促使失业人员一直保持求职的积极性，维持相对良好的求职能力，避免与社会脱节。

第二，明确失业保险金领取者及时报告义务。为了避免失业人员故意延缓就业或者隐形就业，宜对失业保险金领取者增加报告义务，以规制和督促失业人员积极就业。报告义务是指失业人员在领取失业保险金期间，需要在指定的时间内到有关部门如实汇报自己近期的求职动态、是否工作等情况，否则将视情况减少或取消其失业保险给付待遇。借鉴国际失业保险制度的经验，可以对失业人员报告义务作出以下要求：一是时间要求，要求失业人员每月必须到相关部门汇报一次自己的求职情况；二是求职要求，失业人员每月必须进行至少两次的求职活动，求职的范围包括但不限于面试、参加就业培训或是做公益性质的工作等；三是汇报要求，通过提供明确的汇报模板，要求失业人员定期汇报积极就业的证据。②

（三）适度提升失业保险金给付标准

我国目前失业保险金给付标准与国际上多数国家相比明显偏低，且在很大程度上影响了失业保险相应保障功能的发挥。

---

① 张盈华，张占力，郑秉文．新中国失业保险 70 年：历史变迁、问题分析与完善建议［J］．社会保障研究，2019（6）：3–15.

② 吕丹，曲展．典型国家失业保险制度［J］．中国劳动，2014（10）：29–33.

第一，提高我国失业保险金给付标准。目前我国的失业保险金给付标准需要进一步上调来满足失业人员及其家人对基本生活保障的需求，包括失业保险金绝对受益水平和替代率水平。通过上调待遇标准，确保失业人员有足够的资金去寻找更加合适的工作，实现充分就业、高质量就业的目标。

第二，上调给付标准时要遵循适度原则。发达国家失业保险运行的经验教训表明，在上调给付标准时不仅要适度，还要考虑当地的经济发展水平，否则过高的失业保险金不仅容易造成失业保险基金的压力，还会产生“福利陷阱”。[①] 另外，制度的完善不是一蹴而就的，提高失业保险金给付标准需要随着经济社会的发展，循序渐进地将失业保险金给付标准同缴费工资相挂钩，同时也要考虑失业人员的年龄、家庭结构、参保时间等个性化因素，建立更加科学合理的失业保险金给付标准，从而保证失业保险制度促进就业功能的有效发挥。

（四）完善失业保险促进再就业的功能

由于失业保险对于失业人员基本生活的保障只是应急性的，所以想要从根本上结束从业人员的失业状态，还需要依靠更丰富的就业措施来实现再就业。

第一，提高失业保险金中用于促进再就业的资金支持比例，并以立法形式明确规定该资金比例。例如，德国的失业保险费支出有四成用在促进再就业环节，为失业保险制度充分发挥促进再就业功能提供了充足的资金保障。浙江省也明确规定对促进再就业的资金支持比例可以达到20%[②]，虽然与发达国家相比仍然有较大差距，但是用于促进就业的资金比例因为被地方立法而有了刚性，为再就业工作的顺利开展、失业人员的顺利就业都提供了更多保障。

第二，扩大失业保险再就业支持范围。一是增加职业技能鉴定补贴，使失业人员可以积极参加职业技能培训，从而实现失业人员尽快就业、高质量就业。[③] 二是加强就业困难群体的利益保护，通过为用人单位提供岗位补贴和社会保险补贴等[④]，激励用人单位稳定就业岗位，或者为就业困难群体提供更多的工作岗位和就业机会。三是提供创业补

---

① 郑功成．社会保障：和谐社会的基本制度保障［J］．法学家，2005（5）：6–11.

② 《浙江省失业保险条例》第九条第二款规定，用于前款第四项促进再就业补贴的经费不超过当年筹集的失业保险基金总额的百分之二十，具体使用办法由省人民政府规定。

③ 桂祯．创新促就业 扩围保生活——失业保险实现多重创［J］．中国人力资源社会保障，2021（1）：20–21.

④ 岗位补贴政策指通过发放岗位补贴从而降低单位用工成本的方式，鼓励用人单位吸纳城乡就业困难人员就业的政策，包括吸纳农村困难人员就业岗位补贴、公益性岗位补贴。

贴、小额贷款担保基金和小额担保贷款贴息等，帮助更多失业人员创业带动就业。

第三，建立促进就业奖励机制。可以通过为提前就业的失业人员提供奖励，为主动招收失业人员或不裁员的单位和企业提供奖励，为积极参加就业活动的失业人员提供补贴等方式提供更多的就业机会，并激励失业人员尽快实现再就业。

深度阅读

郑秉文，张盈华．失业保险改革探索—兼论国际比较［M］．北京：经济管理出版社，2021.

本书分四篇十八章。第一篇共五章，介绍我国失业保险制度的建立和发展，回顾失业保险制度的初建、成型、规范、调整等四个历史阶段，分别以 1986 年、1999 年和 2011 年为时间节点。第二篇共四章，详细介绍东部七省（市）扩大失业保险支出范围试点政策的形成与试点过程，分析试点遇到的问题，总结了试点在推动失业保险发挥促进和稳定就业功能的经验。第三篇共四章，介绍国外失业保险制度和改革动态。世界各国实行的失业人员生活保障制度可以分为失业保险制度、就业保险制度、失业救助制度、失业保险储蓄账户制度、解雇金制度、公共岗位与保留工作计划制度等几个主要模式。第四篇共五章，分别介绍德国、美国、日本、韩国和中东欧国家的失业保险制度；最后，从我国失业保险制度“三位一体”功能转变视角，提出符合中国国情的失业保险制度改革路径，并结合失业保险制度改革的经验和就业形式的多样性，提出解决问题的建设性意见。

本章小结

本章整体论述失业保险的概念、类型及特征，进而从失业保险模式、享受资格、受益内容、待遇水平、筹资方式、管理体制等几个主要方面进行国际比较，明确各国或地区失业保险制度的运行效果及成功经验。最后，阐述中国失业保险制度的发展历程、制度内容与存在的问题，结合中国社会经济生活及就业市场环境的深刻变革，借鉴世界各国或地区失业保险制度的经验，提出针对性的完善策略：（1）扩大失业保险覆盖范围；（2）增加失业保险金领取者的义务；（3）适度提升失业保险金给付标准；（4）完善失业保险促进再就业的功能。

重要概念

强制性失业保险制度　双重失业保险制度　失业保险受益对象　失业保险待遇

思考题

1. 试论述失业保险制度的类型和特征。
2. 当今世界各国是如何完善失业保险的促进再就业功能的?
3. 试论述失业保险制度的发展趋势。
4. 试论述失业保险制度改革的重点方向。

第十一章
职业伤害保险制度国际比较

第一节　职业伤害保险制度类型及运行机制比较

一、职业伤害保险制度的类型比较

（一）职业伤害保险制度

职业伤害[①]保险制度是指劳动者在劳动过程中遭受工伤事故和职业病伤害，造成暂时或永久丧失劳动能力时，为保障劳动者获得医疗救治、经济补偿和职业康复服务，促进安全生产和社会安定与发展而实施的一种社会保障制度。

职业伤害保险制度是世界各国推行最早且普遍实施的一项社会保障制度，各国在安全生产、文明生产、预防工伤事故发生和提供职业伤害补偿等方面不断加强立法，完善职业伤害保险制度。

（二）职业伤害保险制度的类型和特点

1. 雇主责任保险

雇主责任保险是指由于工作遭受意外伤害的劳动者或其家属可以直接向雇主索赔，雇主依照法律法规向他们直接支付一定额度的赔偿。在商业保险发展后，雇主通过为员工投保职业伤害保险，将自身工伤赔付责任转移，承保职业伤害保险的商业保险公司负责对工伤员工进行赔偿。

---

① 职业伤害是指与职业关联的各种伤亡和疾病损害，其概念外延比工伤更广。本书根据具体情况，在论述时采用职业伤害保险或工伤保险的表述。

（1）雇主责任保险的分类。雇主责任保险在发展过程中可以大致分为三类。

第一类是国家立法对雇主的赔偿责任及赔偿办法只做简单、原则性规定，没有规定具体的赔偿标准。出现工伤事故或职业病伤害后，雇主自行支付赔偿，如有争议，由法院裁决。

第二类是国家立法具体明确雇主的责任，规定赔偿最低标准，并规定某些危险性大的行业必须向商业保险公司投保。

第三类是国家立法规定由雇主和承担工伤风险的商业保险公司向政府主管部门缴纳一定的职业伤害赔偿责任准备金，以便在雇主或商业保险公司破产时，仍能向需要工伤赔偿的雇员及其家属支付赔偿金，从而加强了雇主的工伤赔偿责任。

（2）雇主责任保险的弊端。雇主责任保险的弊端有以下几方面。

工伤事故和职业病的争议较大。由于调查工伤事故和职业病责任的过程复杂、时间较长，对伤残事实的确认标准不同，容易发生争议。结果是雇主往往未按规定标准进行赔偿，或者雇主出于自我保护的需要，支付比例一般都低于受害者的真正需要。

雇主负担重。雇主需要及时对受害者及其家属给予补偿，在遇到重大事故需支付大量赔偿金时，雇主经营会受到沉重打击，特别是小雇主，难以承受巨额赔偿，往往有破产的危险。

商业保险公司有很大局限性。商业保险公司以营利为目的，在多数情况下，会拒绝职业风险性大的雇主和雇员参加保险，而职业风险小的雇主和雇员又不愿投保，即产生“逆选择”问题。

雇主责任保险的赔偿金多为一次性支付。一次性支付往往不能满足那些永久丧失劳动能力的人及其家属的养老问题。

2. 职业伤害社会保险

职业伤害社会保险的基本特点包括以下两点。

一是国家立法，政府有关部门或监督机构负责职业伤害保险事务，建立职业伤害社会保险基金和一整套处理职业伤害事故、支付保险待遇的规章制度，明确规定雇主、雇员和政府三方的责任、权利和义务。

二是统一筹措保险基金，共同承担风险，更有效地保障雇员的利益、分担雇主的责任。凡是参加职业伤害社会保险的雇主，都必须向社会保险机构缴纳职业伤害保险费，并由社会保险机构支付伤残补助金。这样既可以使受害者及其家属得到相应的保障，又可以避免职业伤害社会保险成为由雇主或某个雇主个人承担的保险。

3. 混合型

混合型是指雇主责任保险和职业伤害社会保险并存的类型。

专栏 11–1　雇主责任保险和职业伤害社会保险的融合发展

雇主责任保险和职业伤害社会保险起源于西方国家，从国外雇主责任保险和职业伤害社会保险的发展历程可以看出，二者的发展并不是彼此孤立的，而是在不断交叉、互补中共同发展的，二者结合的基础在于都具有职业伤害补偿的作用。从长远来看，职业伤害社会保险由于覆盖范围广、保障水平低，劳动者只能在规定的范围内获得赔偿。而雇主责任保险的保障水平比较灵活，其赔偿限额可以由雇主在一定范围内进行选择。在赔偿及自付额度上，职业伤害社会保险规定雇主应自行承担法定的自付费用，并且在自付额度方面没有选择权，对于一些经营条件不好的企业，可能无法承担赔偿责任，而雇主责任保险则可以弥补这一缺陷，雇主既可以选择承担一定比例额度的费用，也可以把所承担的费用全部转移给商业保险公司。

职业伤害社会保险与雇主责任保险的融合发展具有非常重要的意义，有利于构建系统化多层次的职业伤害补偿机制，使劳动者的健康权得到保障，在受到工伤事故或职业病伤害时减少损失。中国在建设多层次职业伤害社会保险的进程中，如何促进二者的融合发展？（1）建立健全的规章制度，提供制度保障。首先，需要完善商业保险制度以及建立适应市场经济发展的雇主责任保险法，对有关雇主责任保险的内容进行系统化规定；其次，进一步完善工伤保险的有关规定和制度；最后，不断实践试点，经过反复完善之后形成法律法规，在建立过程中明确两者融合发展的基本原则，以及融合发展实现的步骤和程序，确保两者的融合发展有序进行。（2）增强对雇主责任保险的认同感。普及保险知识，加大宣传力度，使雇主对作为商业保险的雇主责任保险有更加深入的了解和认识，增强雇主对雇主责任保险的认同感。（3）进一步科学合理规范相关制度。首先，明确单位返聘以及退休人员的工伤保险费的缴纳，不应因其退休而阻断了工伤保险费的缴纳，损害退休人员的权益。其次，要加强对非全日制劳动者工伤保险费缴纳的管理。最后，不同行业的劳动者面临职业伤害的可能性以及伤害程度不同，在参加雇主责任保险时各有其特点，所以需要与时俱进作出调整，既要体现出差异性，又要有遵守的基本原则。

资料来源：刘培．国外工伤保险与雇主责任保险发展经验及其借鉴［J］．合作经济与科技，2017（6）：186–188；吴寒．工伤保险与雇主责任险融合分析［J］．经济与社会发展研究，2020（12）：293–294.

二、职业伤害保险范围和效果比较

（一）职业伤害保险范围

职业伤害保险范围一般包括工伤事故和职业病。在职业伤害保险建立初期，职业伤害的范围只包括工伤事故，后来才把由于工作原因造成的职业病等内容也包括进来。1952 年，国际劳工组织《社会保障（最低标准）公约》（第 102 号）对职业伤害保险的范围规定如下：（1）身体受职业病伤害呈疾病状态者；（2）由于永久或暂时失去劳动能力而完全或部分失去工资收入者；（3）由于丧失劳动能力并因此中断获得工资收入者；（4）由于供养者因工死亡而失去生活费来源者。

职业伤害中有关工伤范围的界定，总的趋势是内容不断增加。例如，将上下班途中发生的意外事故视为工伤。据国际劳工组织的统计，1925 年世界上仅有 7 个国家把这种非直接的工伤事故包括在职业伤害范围内，而到 1963 年 101 个会员国中已有 50 个国家把这种工伤事故视为职业伤害。许多国家进一步扩大了职业伤害保险的覆盖范围，把从事经济活动的人和从事非经济活动的人同样包括在职业伤害保险制度之中，如奥地利、丹麦、德国、芬兰、日本、挪威、瑞典和突尼斯已把个体经营者包括进来。奥地利、法国、德国、卢森堡、挪威和瑞典的职业伤害保险包括了学生和教师。

职业病也已经被越来越多的国家纳入职业伤害保险的保障范围，职业病是指劳动者在劳动过程中接触职业性有害因素所导致的疾病。1925 年，国际劳工组织将铅中毒、汞中毒和炭疽病感染列为职业病。2010 年，国际劳工组织修订版的《国际职业病目录》包括了 4 大类共 106 种职业病。随着经济的发展、科技的进步和劳动卫生工作的加强，职业病范围会逐步扩展，以适应新形势下职业病防治康复工作的需要。

（二）职业伤害保险效果比较

1. 职业伤害保险制度的实施特征

职业伤害保险制度在实施过程中表现出下列五个共同特征。

一是强制保险。所有企业（雇主）均须参加职业伤害保险，以维护劳动者（雇员）

的合法权益。

二是保障项目齐全。主要包括受伤害期间的工资待遇、暂时伤残补助、永久残疾补助、工伤医疗补助、遗属抚恤、丧葬费补助、供养亲属补助等项目，能为职业伤害事故的受害者及其家属提供全面的保障。

三是职业伤害保险费一律由企业承担，劳动者个人不缴费，政府一般也不补贴。有些国家规定企业按工资总额的一定比例缴费，以建立职业伤害保险基金，也有一些国家规定一个统一比例，但绝大多数国家实行行业风险级差费率，即根据不同行业的不同职业伤害风险收取高低不等的保险费。风险大的行业（如采矿业）费率高；反之，费率低。

四是管理统一化。一般职业伤害保险由各国劳工部门或社会保险部门统一管理。

五是实施类型各异，但目的一致。大部分国家实行职业伤害社会保险制度，还有部分国家实行雇主责任保险制度，有的发展中国家实行混合型。但是不管实行的职业伤害保险制度类型如何，都体现了保障受害者权益、帮助受害者尽快康复的目的。

2. 职业伤害保险覆盖范围比较

职业伤害保险的直接目的是把覆盖范围扩大到所有劳动者，使受到职业伤害的劳动者享受到补偿的权利。但是，即使在率先实施此项制度的发达国家，目前也没有实现劳动者全覆盖。职业伤害保险覆盖范围，除由一个国家或地区经济发展水平决定外，还受到历史原因、物质障碍和技术性困难等各方面因素的影响。表 11–1 比较了世界部分国家或地区职业伤害保险覆盖范围。

从世界各国职业伤害保险实践来看，一方面，劳动者遭遇意外伤害和职业病后能得到有效的经济保障，解除了后顾之忧；另一方面，企业在履行自己义务的同时，也解除了职业伤害带来的沉重压力。而从国家和社会角度来讲，则是体现了社会公平，有效消除了职业伤害可能导致的各种社会问题，既保障了经济良性运行，又维护了整个社会健康和稳定发展。

表 11–1 世界部分国家或地区职业伤害保险覆盖范围比较

国家或地区	覆盖群体	未覆盖群体
奥地利	雇员、自我雇佣者、学徒、学生和教师；公证人、公共部门雇员和自营职业者，包括从事贸易和工业生产以及农业生产的人员；矿工雇员有专门的保障系统	
德国	雇员、大多数类别的自我雇佣者、从事特定志愿者活动的人群、学徒、学生、学龄前儿童以及家庭佣工；公共部门雇员实行特别制度	

续表

国家或地区	覆盖群体	未覆盖群体
法国	雇员（普通制度覆盖约72%的雇员）；职业教育学校学生；社会服务组织的某些志愿者；矿业、铁路、公用事业和公共部门雇员以及海员、农业从业者、自我雇佣者，实行特别制度	独立劳动的手工艺人和自由职业者（在疾病保险项目覆盖之下）
芬兰	雇员，自营职业者；农民和政府雇员另有特别制度	家庭劳动者
意大利	从事所有体力劳动、危险职业和某些其他职业的雇员和自由职业者，包括家政工人、工匠、教师和海员，以及学生和学徒；律师、消防员、军事和警察人员以及某些其他职业从业者有特殊保障系统	
英国	全体雇员	自我雇佣者、一些公共部门雇员（如军人等）
俄罗斯	雇员、自我雇佣者、个体农民和学生、律师、文艺工作者、作家、自愿抢险人员、救火队员或类似的紧急救援人员；执行管理者交办的任务或例行工作，或从事对本单位有益的工作而造成人身伤害的全体国民均可享受医疗保健	临时工
古巴	雇员和某些生产合作社社员，自我雇佣者和自由职业者	
美国	一般工商业雇员、大多数公共雇员	在一些州，某些种类的雇员，如农业雇员、家庭佣工、临时工等；雇员人数在3～5名及以下的公司的雇员
阿根廷	私营和公共部门的雇员	家庭佣工
巴西	雇员；公共部门雇员和军人实行特别制度	
中国香港	雇员，包括家庭佣工、农业雇员及中国香港船只的船员	自我雇佣者、在家工作的工人、家庭佣工和某些临时工
印度	使用动力机械、规模在10人以上的制造业企业的雇员；无动力机械、规模在20人以上的企业雇员	季节性采矿、商业、农业和某些其他行业的雇员或雇工，以及月收入在3 000卢比以上的雇员
以色列	雇员、自我雇佣者、合作社社员和移民员工（包括占领区居民）	军人和享受一定法律保护的人员
日本	下列自愿保险或特别制度未包括的所有工商业雇员：雇佣人数不到5人的农业、林业和渔业企业的雇员；海员和公共部门雇员实行特别制度，部分自由职业者，如司机或手工艺匠经批准也可参加	

续表

国家或地区	覆盖群体	未覆盖群体
韩国	大多数类型的机构（至少有一名员工）；自愿承保某些在农业、林业（伐木、渔业和狩猎）中雇员少于5人的企业；公共雇员、军人、私立学校雇员和海员实行特别制度	家庭佣工和家庭劳动者
新加坡	所有体力劳动者；警察实行特别制度	家庭佣工、临时工、家庭劳动者、月收入低于1 500新元的薪金雇员
中国台湾	工业、矿业雇员；规模在5人以上的种植园的雇员；公用事业雇员；渔民；某些服务行业的自我雇佣者；领薪公共部门雇员和私立学校雇员实行特别制度	
埃及	年龄在18岁（政府部门雇员16岁）及以上的雇员	自我雇佣者，临时工，家庭佣工和在国外工作的埃及公民
尼日利亚	体力劳动者和年薪在1 600奈拉及以下的非体力劳动者（包括联邦和州政府雇员）	规模在10人以下的农业或手工业企业雇员、临时工及家庭劳动者
澳大利亚	雇员	自我雇佣者
新西兰	现金待遇：所有新西兰境内的雇员，可扩展到在国外受伤的新西兰常住居民 医疗待遇：适用于所有居民	

资料来源：
①仇雨临．社会保障国际比较［M］．北京：中国人民大学出版社，2019.
②美国社会保障总署网站．https://www.ssa.gov/policy/docs/progdesc/ssptw/.

三、职业伤害保险筹资与给付比较

（一）职业伤害保险筹资比较

1. 职业伤害保险筹资原则

世界各国职业伤害保险制度的筹资大多遵循四个原则。

（1）雇主缴费原则。职业伤害保险基金全部由雇主（单位或企业）缴纳，劳动者个人（雇员）对此不承担缴费义务。由于职业伤害是在劳动生产过程中造成的，劳动者为雇主创造财富而付出了代价，所以雇主负担全部保险费。

（2）按风险程度征收保险费原则。职业伤害保险管理机构根据各行业、单位职业伤害发生频率分别算定风险率，按照风险率不同，划分若干风险等级，对不同风险等级的行业、单位实行不同缴费标准，并且定期按各行业、单位实际发生职业伤害的情况重新算定风险率和确定风险等级，据此调整缴费标准。

（3）需求与可承受能力均衡原则。职业伤害保险在待遇水平及保障项目方面要比其他社会保险优厚，这是由职业伤害的特点所决定的。一方面，必须考虑受害者对职业伤害保险津贴、抚恤金、职业伤害医疗和康复的需要；另一方面，考虑雇主负担保险费的能力，不致因缴纳职业伤害保险费而被迫提高经营成本，影响其竞争力。

（4）以支定收、留有储备原则。职业伤害事故难以准确预测，带有很大的偶然性、突发性。因此，职业伤害保险基金的筹集和运用要留足储备金，满足突发性、恶性事故发生后对资金的需要。

2. 职业伤害保险基金筹集方式

在职业伤害保险基金筹集方式上有两种不同的模式。

（1）雇主责任保险下的基金筹集方式。

①雇主自我保障的办法。政府立法规定雇主对雇员负有职业伤害赔偿的责任并对职业伤害保险待遇的给付作出原则规定，但对待遇的标准并无统一规定，而是由雇主在政府原则指导下，根据自身的经济赔付能力，自行确定待遇给付标准。劳动行政部门予以监督，如发生争议，可由仲裁机构或法院作出调解或裁决，所需经费全部由雇主负担。

②由雇主向商业保险公司投保的办法。对于一些职业伤害风险较大，事故发生频率较高的行业，政府规定其必须向商业保险公司投保，而且由政府指定某些有较高信誉的商业保险公司承担职业伤害保险业务，这实际上是一种再保险方式，在一定程度上扩大了职业伤害保险基金的筹集范围，增强了抵御风险的能力。

③由政府征收职业伤害赔偿准备基金的办法。为了进一步增强保障能力，政府还强制性地向雇主和承保职业伤害保险的商业保险公司征缴职业伤害赔偿准备基金，以备雇主或商业保险公司破产时，能够确保向受害者支付职业伤害保险待遇。

（2）职业伤害社会保险下的基金筹集方式。

①社会统筹的办法。政府立法规定雇主必须参加职业伤害保险，按时足额缴纳职业伤害保险统筹费用，并由职业伤害保险管理机构负责进行职业伤害待遇的给付。雇主应缴的统筹费用全部由其负担，个人无须缴费。

②政府规定统一的待遇项目与标准，由雇主自行支付的办法。这种办法不同于雇主

责任保险的地方在于，给付项目和标准由政府统一规定，雇主无权更改，也不能向商业保险公司投保。所需开支费用由雇主全部负担，计入成本，个人不缴费。

3. 职业伤害保险费率的确定

（1）统一费率制。统一费率制即按照法定统筹范围内的预测开支需求，与相同范围内的工资总额相比较，求出一个总的职业伤害保险费率，所有雇主都按规定比例缴费。这种方式在最大可能的范围内平均分散职业伤害风险，不考虑行业与单位职业伤害实际风险的差别。

（2）差别费率制。差别费率制即对单个单位或某一行业单独确定职业伤害保险的提缴比例。此种方式的目的是要在职业伤害保险基金的分担上，体现对不同职业伤害事故发生率的行业、单位实行差别性负担，以保证该行业、单位的职业伤害保险基金收付平衡，并适当促进其改进劳动安全保护措施，降低职业伤害赔付成本。世界大部分国家都采用这种费率机制，中国目前也实行这种制度。

（3）浮动费率制。浮动费率制是在差别费率制的基础上，每年对各行业或单位的安全卫生状况和职业伤害保险费用支出状况进行分析评价，根据评价结果，由主管部门决定该行业或单位的职业伤害保险费率上浮或下浮，这种机制在国际范围也有很多国家使用。

（二）职业伤害保险给付比较

职业伤害保险的给付无论是给付项目还是给付期限、给付标准，均优于养老、失业和医疗等其他保险项目。

根据 1952 年国际劳工大会通过的第 102 号公约和 1964 年国际劳工大会通过的《工伤事故和职业病津贴公约》（第 121 号）的规定，世界上现行的职业伤害保险的给付项目主要包括治疗以及与治疗有关的给付、负伤津贴、残疾津贴、伤残抚恤金等，也有些国家将死亡保险另行规定。表 11–2 所示为部分国家或地区职业伤害保险相关待遇比较。

表 11-2　　部分国家或地区职业伤害保险相关待遇比较

国家或地区	给付期限	医疗待遇	暂时伤残待遇	永久部分伤残待遇	永久完全伤残待遇	死亡待遇
巴西	无限制	统一卫生系统直接向参保人提供医疗服务。福利包括普通护理、专科护理、住院治疗、药品（需要一些费用分摊）和必要的交通费用	每月支付平均月收入的91%，15天等待期（期间由雇主发全额工薪）后支付。临时工、家庭佣工或农村工人在主要以家庭为基础的工作活动中没有等待期 支付规定：参保人领取残疾待遇超过12个月时，1年发放13个月的补助	事故补助：按伤残程度，每天分别为事故当天收入的30%、40%或60% 支付规定同暂时伤残待遇 工伤津贴：按规定数额一次给付	永久残疾抚恤金：平均月收入，基于参保人月总收入最高的80%计算 日常照顾补助：抚恤金的25% 追加补助：事故当天收入的20% 支付规定：每年发给13个月	遗属抚恤金：每月发放事故当天死者收入的100%×30，由符合条件的遗属平均分配；遗属年龄不同，抚恤金发放年限不同 最低限额：法定的每月最低工资 支付规定：每年发给13个月 死亡补助：按规定数额一次给付
古巴	无限制	国家卫生系统提供全民医疗服务，包括工伤（疾病和产假）	在伤残开始前12个月内，每月支付平均月收入的80%（住院为70%），从伤残的第一天起支付，最长可达6个月或直至证明为永久性伤残为止；可持医疗证明再延长6个月 英雄行为补助金：如果在保卫国家、拯救生命、防止暴力行为或保护公共财产时发生工伤事故或患职业病，则支付20%的临时残疾津贴	在伤残前的12个月内，每月支付参保人平均月收入的80%，最多支付一年；重返工作岗位后，支付参保人在残疾日期之前和之后的收入差额的60%	永久残疾抚恤金：最近10年内收入最高的5年的平均收入的60%，加上就业超过30年的每一年平均月收入的2%，在以上基础上加发10%	第一个月支付一个月收入的老年或残疾抚恤金；此后，有一位、两位或三位及以上被扶养遗属的老年或残疾抚恤金分别为月收入的70%、85%或100%。如果死者无权领取老年或残疾抚恤金，则支付一个月死者收入。抚恤金由所有符合条件的遗属平均分配

续表

国家或地区	给付期限	医疗待遇	暂时伤残待遇	永久部分伤残待遇	永久完全伤残待遇	死亡待遇
古巴	无限制		每月最低：法定月最低工资的 50% 每月最高（包括英雄行为补助金）：参保人残疾开始前 12 个月平均月收入的 90%		日常照顾补助：抚恤金的 20% 上下限标准同暂时伤残待遇	英雄行为补助金：因保卫国家、拯救生命、防止暴力行为或保护公共财产牺牲的，每月支付过去 15 年就业收入最高的五年中，死者平均月收入的 20%，所有死亡待遇每月最低为 11.20 CUC（280 CUP） 政府对所有居民提供免费的丧葬服务
埃及	无限制	一般的专科、外科、住院医疗，提供药品、X 光器械检查、康复服务	暂时伤残补助：参保人每月收入；从伤残开始后的第二天起支付，直至痊愈或证明为永久残疾	部分残疾程度在 35% 以上者，按残疾程度核发全额抚恤金的相应比例；残疾程度低于 35% 者，按丧失能力程度的比例一次性支付 48 个月的基本永久残疾抚恤金乘以评估的残疾程度；部分及完全残疾者每 5 年增加抚恤金的 5%，直至年满 60 岁 日常照顾补助：支付可变永久残疾抚恤金的 20%	基本永久残疾抚恤金：为最近 1 年中月平均收入的 80%（连同养老、遗属或残疾抚恤金，最多可达 100%） 可变永久残疾抚恤金：对于完全残疾，支付参保人每月参考可变收入的 80%。每月参考可变收入是参保人在总供款期内的平均每月可变收入，最高可达 4 040 英镑	基本遗属抚恤金：死者最近 1 年中月平均收入的 80%（连同养老、遗属或残疾抚恤金，至多可达 100%） 可变遗属抚恤金：支付被保险人每月参考可变收入的 80% 死亡补助：一次性支付死者遗属三个月的老年或残疾抚恤金（基数加可变遗属抚恤金） 丧葬补助金：两个月的老年或残疾抚恤金（基数加可变遗属抚养恤金）；最低丧葬补助金为 200 英镑

续表

国家或地区	给付期限	医疗待遇	暂时伤残待遇	永久部分伤残待遇	永久完全伤残待遇	死亡待遇
中国香港	无限制	医疗检查、治疗、牙科护理，物理治疗，脊椎按摩疗法服务和器具	按参保人在事故发生前后月收入之间差额的 80% 支付最多 36 个月；用于计算福利的收入是参保人在事故发生前一个月的收入或事故发生前最后 12 个月的平均月收入，以较大者为准	按规定的标准，发给全额抚恤金的一定比例，与残疾程度成正比	完全残疾抚恤金：一次性支付 48 ~ 96 个月的收入，视雇员年龄而异 最高限额：1 361 280 ~ 2 722 560 港元，视年龄而异 最低限额：464 360 港元	遗属抚恤金：一次性支付 36 ~ 84 个月的收入，视死者的年龄而异 最高限额：死者年满 56 岁及以上为 1 361 280 港元；40 至 55 岁为 2 041 920 港元；小于 40 岁为 2 722 560 港元 最低限额：408 960 港元 丧葬补助（无遗属者）：837 000 港元
韩国	无限制	免费的一般治疗、外科、住院、牙科治疗，提供药品、护理、医疗器械、伤残康复服务，以及交通费用	平均收入的 70%。如果参保人在 24 个月后仍在接受治疗，则参保人过去 3 个月内平均日工资的 70.4% 至 90.1%（取决于评估的残疾程度）支付给被评估为一级、二级或三级残疾的人；补助金每年支付 257 个、291 个或 329 个治疗日（取决于评估的残疾程度），直到康复或获得永久残疾养恤金	对于 8 ~ 14 级伤残者，将一次性支付参保人在残疾发生前三个月内平均日工资乘以 55 至 495 护理福利：根据评估的需求，每天支付 27 450 ~ 41 170 韩元	每月抚恤金是参保人在残疾发生前三个月平均日工资乘以 138（七级残疾）至 329（一级残疾）除以 12；经评估为 4 ~ 7 的参保人，可在抚恤金和参保人平均日工资乘以 616、737、869 或 1 474 的一次性付款之间作出选择	遗属抚恤金：每月抚恤金为死者平均月薪的 52%（平均月薪为参保人在死亡日期前三个月的平均日工资乘以 365）除以 12；每增加一名遗属，抚恤金增加 5%，最高可达 67% 丧葬补助：参保人在死亡日期前三个月内的平均日工资乘以 120 最低限额：10 763 580 韩元 最高限额：15 069 990 韩元

续表

国家或地区	给付期限	医疗待遇	暂时伤残待遇	永久部分伤残待遇	永久完全伤残待遇	死亡待遇
俄罗斯	无限制	与强制性医疗保险相同，另加免费提供医疗器械和药品以及在企业自愿补充医疗保险覆盖下的专科治疗	收入的100%，从伤残第1天起支付，直至康复或核准享受残疾抚恤金 一次性赔偿：根据评估的工作能力损失，一次性支付最多96 368.45卢布	抚恤金数额因评估的残疾程度而异，至少有10%的收入损失	一类残疾：工资基数的75%+长期护理补助 二类残疾：工资基数的75% 长期护理补贴：特殊医疗护理，每月支付1 200卢布；其他情况，每天225卢布	遗属抚恤金：按老年、残疾和遗属项下支付 一次性赔偿：除养老金外，还支付了96 368.45卢布的一次性付款，并在所有符合条件的遗属之间平均分配 死亡补助金：一次性支付1 000 000卢布。雇主可以支付额外的福利
美国	无限制	所有州均规定，在需要时提供医疗保健	暂时伤残补助：大多数州为收入的66.67%，约1/5的州也对被扶养亲属提供补助 补助最高限额：每周270 ~ 714美元，约4/5的州抚恤金随周工资自动提高，大多数州规定2 ~ 7天的等待期	按工资损失的比例发给，对于规定的某些残疾类别，则支付较短时间的全额抚恤金	完全残疾：大多数州为收入的66.67% 尘肺病：每月427.4美元，有3个及以上被扶养亲属者，另加最高为抚恤金100%的补助，有些州提供日常照顾和被扶养亲属补助 最高限额：每月270 ~ 810美元，4/5的州终身或在残疾期间支付，其余州支付期为104 ~ 500周，整个支付期最多支付100 000 ~ 214 000美元	遗属抚恤金：配偶为参保人收入的35% ~ 70%，有子女的配偶为60% ~ 80% 尘肺病：配偶为每月427.40美元，另加子女补助 家庭补助最高限额：854.8美元 丧葬补助：一次性支付700 ~ 6 000美元，因州而异（有1/2的州发给3 000美元及以上）

续表

国家或地区	给付期限	医疗待遇	暂时伤残待遇	永久部分伤残待遇	永久完全伤残待遇	死亡待遇
法国	无限制	所有必要的治疗，包括一般医疗与外科手术、住院药品、医疗器械、康复及交通费用、服务费用	伤残补助：前28天按基本日薪的60%发放，最高为205.84欧元，其后按基本日薪的80%发放，最高限额为每天274.46欧元。从丧失能力之日起支付，直到恢复或证明永久残疾为止	残疾程度小于10%者，领取一次性津贴，最多为419 280欧元，残疾程度为10%～50%者，抚恤金为其年薪乘以残疾程度的1/2；残疾程度超过50%者，乘以残疾程度的3/2	完全残疾者抚恤金：最近12个月平均收入的100% 日常照顾补助：抚恤金的40%	遗属抚恤金：配偶领取参保人年收入的40%，55岁以上及残疾配偶，为参保人年收入的20%；平均年收入的25%支付给前两名20岁以下的子女，再增加一名子女，比例为20%，只有一名子女，比例为30%；其他遗属每人为死者年收入的10%，最多30% 最高限额：参保人收入的85% 丧葬补助：丧葬费用最多1 655.5欧元
德国	无限制	全部医疗保健、职业性康复和医疗器械，其费用一般由疾病基金资助；严重职业伤害由事故保险基金资助	暂时伤残补助与普通疾病待遇相同，前6周由雇主支付；6周后，由事故保险基金支付，职业伤害之日起支付，直至痊愈或证明其为永久性残疾	丧失工作能力20%及以上者，领取全额抚恤金的一定比例，领取额与失能程度成正比	永久残疾抚恤金：伤残程度100%的，发给最高年金（约为本人最近1年收入的66.67%）；伤残程度90%和80%的，分别发给最高年金的90%和80% 日常照顾补助：每月526～2 100马克	遗属抚恤金：配偶为参保人收入的30%～40%；孤儿为参保人收入的20%～30% 最高限额：参保人收入的80% 丧葬补助：一次性支付1个月的收入，最低400马克

续表

国家或地区	给付期限	医疗待遇	暂时伤残待遇	永久部分伤残待遇	永久完全伤残待遇	死亡待遇
英国	无限制	按国民医疗保健的规定提供	暂时伤残补助：前28周与疾病保险相同，若伤残持续下去按永久残疾恤金支付 收入津贴：参照疾病与孕妇津贴	残疾程度14%～90%者，每周发给34.96～157.32英镑。凡因伤残致使收入降低的，发给收入降低津贴，最多为每周67英镑	永久残疾抚恤金：残疾程度为100%者，从工伤事故发生或患职业病后的第15周开始，每周支付174.80英镑	丧亲抚恤金：每月支付2 500英镑加100英镑的一次性付款，最长可达18个月；如果配偶有权获得家庭福利，则每月支付3 500英镑加350英镑，最长可达18个月 丧偶父母津贴：每周最多支付113.70英镑 遗属津贴：金额因配偶丧偶时的年龄或丧偶父母津贴结束时间而异，津贴在死亡后最多支付52周。一次性支付2 000英镑给配偶或民事伴侣 监护人津贴：每周每名子女支付16.70英镑
瑞典	无限制	医疗、医院护理、物理治疗以及往返医生和医院的交通费用	国家从第15天至第364天支付收入的80%（如果病情严重，则可延长至550天，	残疾程度为6.7%至99%时，为参保人的全额养老金乘以残疾水平	永久残疾恤金：完全残疾者为收入的100%，最多为基数的7.5倍（自动调整）	遗属抚恤金：领取调节抚恤金（1年）

续表

国家或地区	给付期限	医疗待遇	暂时伤残待遇	永久部分伤残待遇	永久完全伤残待遇	死亡待遇
瑞典	无限制		第365天至第550天支付参保人收入的75%）。雇主从伤残第二天到第14天支付收入的80%。自由职业者从第二天到第90天（取决于所选择的等待期）可获得收入的80% 最高限额：每日为726克朗；年最高为332 250克朗			最高限额：抚恤金基数的96%，孤儿领取永久残疾恤金的40%（如果是学生，则领取至20岁）；每增加一名子女抚恤金就会增加20% 丧葬补贴：死者死亡时工资基数的30%

资料来源：

①美国社会保障总署网站 .https：//www.ssa.gov/policy/docs/progdesc/ssptw/.

②德国法定意外保险协会网站（https：//www.dguv.de）.

③仇雨临 . 社会保障国际比较［M］北京：中国人民大学出版社，2019.

第二节　典型国家职业伤害保险制度

一、德国职业伤害保险制度

德国职业伤害保险立法于1884年（工伤事故）和1925年（职业病），是世界上第一个建立职业伤害保险制度的国家，1884年首次立法时形成的“工伤、预防、补偿”基本原则仍被多国制定职业伤害保险法律时所依循。

（一）实施范围

德国的《工伤事故保险法》在1884年颁布，于1885年10月1日生效，一开始覆盖部分工业行业，后来逐步发展并覆盖到几乎所有领域的所有雇员。1963年，该法进一步修订和完善，再次明确职业伤害保险制度由半私营保险公司经营，以强制参保的形式实现全覆盖，保障对象从雇员扩大到农民、志愿者、器官捐献者及中小学学生甚至学龄前儿童。自我雇佣者和企业家、终身生活有保障的宗教团体人员、自由职业的医务工作者等可自愿参加。

（二）职业伤害保险管理机构

职业伤害保险管理机构分为三大类，一是公共部门同业公会，二是农业同业公会，三是工商业同业公会。其中工商业同业公会是德国最大也是最重要的职业伤害保险管理机构，到2010年初，共有21家工商业同业公会、8家农业同业公会和27个公共部门同业公会。

（三）职业伤害保险的保障范围

职业伤害保险的保障范围包括参保人在工作中发生的事故、上下班途中发生的事故及患职业病。在上下班途中接送小孩（排除工作时间内）、搭乘他人车上下班而绕行、为省时而绕行、因修路改道而发生交通事故，也属于工伤事故。

（四）职业伤害保险资金来源

职业伤害保险资金来源包括雇主缴纳的职业伤害保险费、第三方支付的赔偿费，其中雇主缴纳的职业伤害保险费是最主要的部分。职业伤害保险缴费完全由雇主承担，缴费以工资额为基数，实行行业差别费率制和浮动费率制。

（五）职业伤害保险待遇

1. 停工期待遇

参保人负伤后停止工作期间，前 6 周由雇主发给工资，6 周之后工资停发，职业伤害待遇给付开始转由职业伤害保险管理机构负责。

2. 伤残待遇

在医疗康复和职业康复期间参保人可享受伤残待遇，待遇标准为总收入的 80%（不能超过参保人过去的净收入）。如果不能再从事以前的工作，并且不考虑享受其他工作生活福利，则伤残待遇给付最迟在第 78 周（非住院治疗的情况下）结束。

3. 临时性补助

临时性补助是在受伤害的参保人参加职业培训、接受职业指导期间，不能获得与之前同等数额的工资或无法养家糊口的情况下发给。其标准为伤残待遇的 68%，若受伤害的参保人有子女需养育或其配偶要求提供护理的则标准为伤残待遇的 75%。

4. 年金

年金会终生给付给由于职业伤害导致永久伤残、部分或全部丧失劳动能力的参保人。伤残程度 100% 的发给最高年金，约为参保人年平均收入的 66.7%；伤残程度为 90% 的发给最高年金的 90%；伤残程度为 80% 的发给最高年金的 80%。年平均收入是参保人发生工伤事故或患职病前 12 个月的平均收入。年金根据生活费用指数定期调整。

5. 遗属抚恤金

凡年满 45 岁、有伤残或需要照顾子女的配偶，均可获得参保人年收入 40% 的遗属抚恤金，不符合条件者可获得的比例为 30%。未满 18 岁的子女、求学阶段子女或病残者（病残者年龄放宽到 27 岁），每人可获得参保人年收入 20% 的遗属抚恤金，父母皆亡时，子女可获得 30% 的遗属抚恤金。死者生前所供养的父母可得到死者收入 30% 的遗属抚恤金。遗属抚恤金总计的最高限额为参保人年收入的 80%。

6. 幸存者津贴

受到职业伤害的参保人后来由于一般性原因死亡，遗属可一次性领取的幸存者津贴的额度为死者过去年收入的 40%。

（六）工伤预防和职业康复

预防优先。德国实行工伤保险费率浮动制，根据雇主上一年度工伤保险的支缴率和工伤事故发生率等因素，确定其在该年度的保险费。这一制度很大程度上促使雇主重视员工的工作安全，减少不安全行为。

注重康复。如果发生了职业伤害，有关机构将提供必需的医疗和职业康复服务，以帮助受害者尽快康复，重回工作岗位，享受正常的生活。这种“先预防、后康复；先康复、后赔偿”的行事原则，对传统职业伤害保险中以伤残待遇给付为主的模式予以改造，反映了一种积极的职业伤害保险思想。

二、英国职业伤害保险制度

英国于 1884 年颁布《雇主责任法》以法律形式明确工伤赔偿的雇主责任，但由于该法律实施的前提是工人必须提供足够证据证明工伤事故是雇主责任，因此具有一定局限性。1897 年颁布的《工伤赔偿法案》在无过错赔偿责任原则下规定了法案的适用范围和具体赔偿办法，是对 1884 年《雇主责任法》的进一步完善。1946 年颁布的《国民工业伤害保险法》是当时建立的国民保险法律体系的一部分，至此，国民工业伤害保险与国民卫生保健、家庭津贴计划和社会救济等项目一起构成英国的社会保障体系。1974 年英国颁布《职业健康与安全法》，对雇员健康、安全和福利作出进一步规定。英国现行职业伤害保险制度是根据 1992 年《社会保障缴费待遇法》、1992 年《社会保障行政法》和 1998 年的《社会保障法》的规定建立的。

（一）职业伤害保险管理机构

职业伤害保险管理机构主要包括保险机构、仲裁机构和司法裁决机构等。而在医疗和伤残鉴定方面，还有由医疗人员组成的专门机构，主要处理有争议的案件。具体到职业伤害保险事务管理，主要由卫生与社会保障部负责，由其地方办事机构具体管理职业伤害保险费用和待遇支付等事宜。

（二）职业伤害保险享受范围和条件

依据参保人劳动能力的损失程度来确定职业伤害补偿标准。参保人的劳动能力损失被鉴定为体能或神智缺失达到 14% 以上可获得赔偿，伤残程度不到 14% 的参保人得不到任何赔偿。除了伤残程度，享受待遇的标准还可由参保人获得收入的能力和其他方面条件确定。全体雇员均享受职业伤害保险，凡参保人因工受伤或患病而失去劳动收入时，均可以领取职业伤害保险赔偿。对于事故风险高的矿工另有单独的附加补贴制度，自我雇佣者不参加职业伤害保险。

（三）职业伤害保险资金来源

英国没有单独的职业伤害保险基金，职业伤害保险待遇由社会保险基金支付。社会保险基金来源于雇主、雇员和政府三方缴费。

（四）职业伤害保险待遇

1. 伤残待遇

雇员因工作原因受伤或患职业病，可领取职业伤害残疾津贴。与其他国家以参保人工资为伤残待遇补偿基数不同的是，英国的伤残待遇补偿基数为固定数额的英镑。

暂时伤残待遇前 28 周与疾病保险相同，若伤残持续就按永久伤残待遇支付。永久伤残待遇分为两种情况，一是永久完全伤残待遇，即 100% 丧失劳动能力的每周支付 174.8 英镑，从工伤事故发生或患职业病的第 15 周开始支付。二是永久部分伤残待遇，根据丧失劳动能力的百分比与完全丧失劳动能力者的待遇相对照。

2. 长期护理补助

因职业伤害致残需要护理者，发给长期护理补助。根据需要护理的程度分为四等护理补助标准。

3. 特殊护理补贴

享受第一等、第二等长期护理补助者，可同时领取这一补贴。

4. 医疗补助

医疗补助一般按国民医疗保健的规定提供。

5. 收入降低补贴

如参保人因残疾不能获得与原职业相同的收入，发给收入降低补贴。最高为每周 67 英镑。

6. 退休补贴

领取收入降低补贴者，男年满 65 周岁、女年满 60 周岁后，停止领取降低减少补贴，改领退休补贴，最高补贴领取额为每周 9.32 英镑。

7. 遗属抚恤金

遗属包括被扶养的配偶和子女及其他符合条件的遗属，如父母或其他被扶养亲属，其待遇标准视配偶丧偶时的年龄或丧偶父母津贴结束时间而异。配偶不小于 55 岁的，每周支付 111.2 英镑，45 ~ 54 岁的作相应的折算；需要照顾子女的，每周每名子女支付 16.7 英镑的监护人津贴，丧偶遗属津贴为每周支付 113.7 英镑。

（五）职业伤害预防和职业康复

英国的职业伤害保险与安全预防是两个独立的部门，职业伤害保险由就业和养老金部负责，而安全预防是相对独立的机构负责，由国家财政支持。此外，英国政府为确保安全与健康工作的顺利进行，每年要向健康与安全委员会拨款。

三、美国职业伤害保险制度

美国是世界上少数没有全国统一的职业伤害保险制度，而是由各州自行推行的国家。美国总的立法原则是联邦政府立法不能抵触宪法，州立法不能抵触联邦政府立法。1908 年美国政府颁布《联邦雇员伤害赔偿法》，这是美国职业伤害保险首次立法，其对象仅限于联邦政府雇员。同年，又颁布了《劳工伤害赔偿法》，推动了各州职业伤害保险立法的进程。1969 年颁布《煤矿健康与安全法》，首次把职业病纳入社会保险范围，使全国性的职业伤害保险法律体系初步形成。1996 年，美国颁布《社会保障法修正案》，对职业伤害保险的基本内容做了修正。到目前为止，美国 50 个州及哥伦比亚特区都进行了职业伤害保险立法。

（一）职业伤害保险保障范围

原则上，所有存在遭受职业伤害可能的雇员都是承保对象，所以此项法律适用于工商企业雇员及大部分国家公务人员。大多数州把家庭佣工、临时工及慈善福利机构雇员排除在外，也有个别州的职业伤害保险不包括从事无危险性职业的人员。

各州的职业伤害保险没有给付条件和最低合格期限的规定，只要属于职业伤害保险所规定的范围、伤病是由工伤事故和职业病所造成的即可。并且，除华盛顿州外，职业伤害保险均由雇主缴纳。雇主可以从商业保险公司或州立保险基金处购买保险，某些大企业也可以自我保险。除此之外，针对联邦雇员和一些高风险行业的工人（易患尘肺病煤矿工人、码头工人、有害作业的能源工人、原子弹制造工人等），联邦政府还特别建立了覆盖这两类人的职业伤害保险制度。

（二）职业伤害保险资金来源

美国只有少数州实行社会保险模式，大多数州采用政府制定法律法规及标准、商业保险公司承保的“联合”模式。20 世纪 90 年代末特别是 21 世纪以来，由于美国职业伤害死亡率大幅降低，政府对职业伤害保险的管制呈放松趋势，反而更强调依赖市场调节手段管控事故风险，引入竞争费率，即允许各商业保险公司偏离基准费率并自行制定费率，允许市场需求和产品质量影响保险产品的价格，使得各商业保险公司在签订保单之初就能通过调整费率进行竞争。

美国采用政府管制的办法来确定职业伤害保险费率。联邦政府在各州设立确定费率的机构，根据职业伤害风险、待遇支付及承保商业保险公司的保险费数据确定各类保险的基准费率。各州职业伤害风险费率计算方式有所差异。例如，有些州（加利福尼亚、新泽西、纽约、特拉华和宾夕法尼亚等）采用 NCCI，有些州则采用自己的分类体系，得克萨斯州则有部分采用 NCCI 分类体系。

（三）职业伤害保险待遇

各州关于工伤保险待遇给付类别基本一致，具体数额、给付期限等规定上略有不同。

1. 暂时伤残待遇

各州规定不同，一般为每周支付，大多数州规定要有 2 ~ 7 天等待期。补偿金为收入的 2/3 左右，最高限额为每周 270 ~ 714 美元。约 1/5 的州对被扶养亲属提供补助。

2. 永久完全伤残待遇

各州不同，大多数州规定为参保人收入的 66.67%，最高限额为 270 ~ 810 美元。有 3 个及以上被扶养亲属者，另加最高为抚恤金 100% 的补助，有些州提供日常照顾和被扶养亲属补助。4/5 的州规定的支付期为伤残期间或终身支付，其余州规定为 104 ~ 500 周。

3. 永久部分伤残待遇

根据工资损失和伤残程度而定。如属于规定残疾类别，则支付金额和抚恤金随周数减少。目前，大多数州的现金赔偿额按全州工人平均工资的增长和物价指数自动调整。

4. 尘肺病年金

参保人最后一任雇主需要为其发放每月 625 美元的尘肺病年金，参保人需要扶养的人数越多，该待遇给付也随之增加，最高限额为 3 个被扶养亲属，每月 1 251 美元。

5. 医药费补助

各州职业伤害保险立法均规定支付全部医疗费用，医疗费补助开支占职业伤害赔偿金总支出的 1/3。参保人在治疗期间领取现金补偿，每周的金额相当于其受伤前周平均工资的 2/3。永久部分丧失劳动能力者，在治疗期间可获得暂时完全丧失劳动能力的现金补偿，家属可得到现金津贴。

6. 丧葬待遇及遗属抚恤金

一次性支付丧葬补助 700 ~ 6 000 美元，不同州规定的数额略有不同。配偶可领取相当于因职业伤害死亡者收入 35% ~ 70% 的配偶抚恤金，最高限额为每周 145 ~ 1 155 美元，如需抚养子女则可领取收入的 60% ~ 80%。尘肺病患者配偶抚恤金每月 427.4 美元，子女另外予以补助。其他符合条件的亲属也可获得补助。

（四）职业伤害保险政府管制

1. 职业伤害保险的经济性管制

州政府干预的主要内容包括费率厘定、费率批准、收益水平、司法程序、争议的解决等，其中费率管制是经济性管制的核心内容。

2. 职业伤害保险的社会性管制

20 世纪 70 年代以后，美国开始重视职业伤害保险的社会性管制，设立职业安全与卫生管理局等政府管制机构，为预防工伤事故和职业病，颁布了一系列劳动基本法、劳动安全基准法、劳动安全卫生法等。

（五）职业伤害预防和职业康复

美国职业伤害预防的管理机构主要是劳工部职业安全与卫生管理局，负责主导实施并完善工伤和职业病预防项目。目前已有 3/4 州强制或自愿实施相关预防项目。同时，美国建立了较为完善的职业康复体系，对由于职业伤害导致永久伤残，从而无法从事原工作的劳动者提供职业康复服务。从专门的康复协会、私人职业康复行业、职业康复咨询机构到专业康复咨询机构与社区卫生服务相结合，较好地解决了受伤参保人的康复需求。

四、新加坡职业伤害补偿制度

新加坡没有建立职业伤害社会保险制度，而是实行雇主责任保险制度，职业伤害补偿待遇按劳动者在遭受职业伤害前基本收入的一定比例进行补偿。同时严格规定了职业伤害报告制度，其对事故调查取证、受伤人员救治及职业伤害补偿待遇支付具有重大意义。先后出台了《雇员条例》《雇佣外国人力法》《工伤赔偿法》等，从签订合同、劳动者权利与义务、工伤认定、工伤补偿等方面进行了规定。2008 年通过《工伤赔偿法令》，补充完善了工伤赔偿的覆盖范围和受益面。多年来，职业伤害补偿制度不断发展，逐渐形成了自己的特色。

（一）职业伤害补偿保障范围

1. 覆盖范围

《工伤赔偿法令》保护所有雇佣合约下的雇员和学徒工，以及月收入不超过 1 600 新元的非体力劳动者，只要其因工作意外而受伤或死亡，或者因工作而患上职业病，就可以得到职业伤害补偿。自我雇佣者、独立承包商、家庭佣工、武装部队成员、警察部队队员、民防部队队员、中央缉毒局及监狱部官员不受《工伤赔偿法令》保护。

2. 职业伤害界定

以下情形均属于职业伤害范畴：（1）雇员在开展工作时因工作意外受伤，即因工作引起的意外受伤，除非有其他证据证明该雇员不是在这种情况下受伤；（2）雇员以乘客身份乘坐由雇主驾驶或安排的交通工具在上下班途中发生意外，而非其他公共或私人交通工具；（3）居住在新加坡的雇员被其新加坡雇主派往外地工作时发生意外而受伤；（4）雇员在与工作相关的争斗中受伤，但雇员受伤须是或出于自我防卫或受命调解纷争等为雇主带来利益的初衷。

（二）雇主责任补偿

雇主通常应为雇员购买职业伤害保险。保险业务由商业保险公司经营，雇主与商业保险公司之间形成保险法律关系，在因工伤事故受伤或者患职业病时，由商业保险公司向雇员支付相关的待遇。若雇主没有购买保险，且雇员向有关机关申诉索赔并成功，则由雇主向雇员支付职业伤害赔偿金。另外，雇主要为生产工人购买商业性保险以外的工伤赔偿，包括一般医疗费赔偿、误工费赔偿、伤残津贴赔偿等项目。在赔付额度方面，考虑因素包括雇员月收入、伤残等级以及年龄等。

虽然与职业伤害相关的保险事务是由商业保险公司来承办，但是政府部门在职业伤害的报告、认定、待遇核定等方面对保险业进行严格的监督和管理。

（三）职业伤害补偿待遇

1. 计发基数

一般以本人收入为基数，包括其工资、伙食补贴、住房补助、加班工资、奖金或年度奖（出差补助和养老金等不包括在内）。工作不足 1 个月的，按全月收入作为计发基数。

2. 医药费

雇主支付职业伤害补偿有关法律规定的各项费用，由发生意外当天开始计算一年内的医药费，上限为36 000新元。在此范围内，雇主须直接支付雇员向新加坡注册医生或任何政府批准的医院寻求治疗的所有医药费。在医药费超出了上限的情况下，如果雇员要索赔全部医药费，只能选择进行民事诉讼。如果雇员选择索取职业伤害赔偿，则超出上限的医药费全部由雇员承担。

3. 临时伤残补偿

病假工资包括门诊病假工资（全薪，上限为14天）以及住院病假工资（全薪，上限为60天）。超过上述时间的病假工资为正常工资的2/3，直至意外发生起一年为止。公共节假日、休息日、非工作日不得计入病假天数。虽然《工伤赔偿法令》未将公共节假日划入带薪病假的范畴，但雇员仍然可以按照《雇员条例》有关规定获得病假期间的公共节假日工资。雇主必须将病假工资不晚于发薪日支付给雇员。

4. 长期残疾补偿

长期残疾包括完全丧失劳动能力和部分丧失劳动能力。伤残补偿金额计算方法如下：伤残补偿数额等于雇员月收入乘以系数。依靠伤残雇员抚养的亲属可获补偿，其上限为262 000新元，下限为88 000新元。如果医生证明伤残雇员完全丧失劳动能力且终身生活起居需要他人帮助，该雇员可以申请护理费，且还可额外获得相当于完全丧失劳动能力补偿额1/4的补偿。

5. 遗属津贴

遗属津贴根据雇员死亡时的年龄和平均月收入而有所不同，由符合条件的遗属分摊。支付额度范围为雇员死亡前12个月平均月收入的48倍到136倍。符合条件的遗属包括配偶、父母、祖父母、继父母、子女、孙子女、继子女以及兄弟姐妹。遗属津贴最低为69 000新元，最高为204 000新元。

专栏11–2　日本工伤保险基本状况及启示

日本的工伤保险始建于1911年。1946年颁布的《劳动基准法》是日本劳动法律的基础。1947年《劳动者灾害赔偿保险法》颁布并实施后，正式确立了日本的工伤保险制度。日本的工伤保险称为“劳动者灾害赔偿保险制度”（简称“劳灾保险”）。凡是雇佣劳动者的企业均在该制度覆盖范围内。日本劳灾保险的给付认定包括业务伤害与通勤伤害两类，由专门的劳动基准署负责，对雇员遭受的伤病、死亡、交通事故与其所从事的工作之间的因果关系进行判断。

日本工伤保险有许多经验和做法值得借鉴。一是扩大我国工伤保险的适用范围。

二是在目前实行的行业基准费率的基础上，在全国范围内逐步按区域统一设定费率缴纳，细化通勤事故的相关规定与条件。三是引入“工伤医师”与“不服申诉的先行”制度。四是加强工伤预防，引入安全生产责任制，推进工伤保险＋部分高危行业强制实行安全生产责任保险模式。五是构建我国工伤认定的一般性条款，考虑将因工作过度劳累而死亡的情形纳入我国工伤范围。

资料来源：刘绮莉，陈红霞．日本工伤保险的认定及启示［J］．产业与科技论坛，2019（23）：27–28；宋晓波，问清泓．日本工伤的认定与启示［J］．工会理论研究（上海工会管理职业学院学报），2020（6）：69–78.

注：不服申诉是当工伤劳动者或其遗属对不视为工伤的认定结果有异议时，必须先向工伤保险审查官提出审查请求，如对工伤保险审查官的处理决定也不满，则再向劳动保险审查委员会提交再审查请求。只有以上两级复议程序都进行过之后，工伤劳动者或其遗属方能到司法机关提起诉讼。日本设立“先行申诉”的主要目的是保障工伤劳动者的合法权益，因为司法诉讼程序冗长、维权成本高昂，而工伤保险机构具有相关经验与专业知识背景，工伤认定争议先经过复议，可让工伤劳动者以快速且低成本的方式解决工伤争议。

五、职业伤害保险的历史演变和制度发展趋势

（一）职业伤害保险历史演变

随着经济发展，大机器和工业环境所导致的职业伤害日益增多，严重程度也有所增强。从责任确定和分担角度来看，职业伤害责任经历了不同的发展阶段，由最初的工人个人承担责任、雇主过错承担责任、雇主责任保险发展到现代的补偿不究过失阶段。

1. 工人个人承担责任

在资本主义早期，工人受到职业伤害的一切后果都由本人承担。其理论基础是英国的经济学家亚当·斯密的“风险承担理论”。这种理论认为，工人理应负担其在工作过程中因发生职业伤害而遭受到的一切损失。

2. 雇主过错承担责任

在欧洲工业化早期实行雇主过错赔偿责任原则，即雇主对工人的伤害赔偿责任，以雇主有过错为前提，工人必须证明雇主有过错，法院才判令雇主对工人在生产过程中的伤

害承担赔偿责任。但雇主过错承担责任并没有给工人带来多大的实际利益，因为要证明雇主存在过错是很困难的事情，而且高昂的诉讼费用也使得工人难以通过诉讼方式获得赔偿。

3. 雇主责任保险

随着社会发展，侵权法领域出现无过错责任原则。到 19 世纪末，英、德、法、美、日等国普遍认同职业危险原则，即凡是利用机器或劳动者体力从事经济活动，就有可能造成劳动者受到职业伤害。意外事故无论是雇主一方还是受伤害者的同事或是本人的疏忽，都由雇主进行赔偿。在这两个原则的基础上，雇主责任制逐步发展。

4. 补偿不究过失

职业伤害保险制度的补偿不究过失原则，最早出自德国 19 世纪 80 年代颁布并实施的《工伤事故保险法》。依照此项法案，工人受到工业伤害而负伤、致残、死亡，原因不管出自哪里，雇主均有义务赔偿工人的经济损失。补偿不究过失原则迄今已成为职业伤害保险制度中一项铁的原则。

（二）职业伤害保险制度发展趋势

从世界各国职业伤害保险制度的实践来看，其发展趋势可以概括为四个方面。

1. 越来越多的国家探索建立职业伤害保险制度

由于职业伤害保险制度的缺位，到 2019 年，世界上仍有 36 个国家依赖于雇主责任保险。但是这种制度只能提供最低的福利待遇和服务，且难以依法有效覆盖所有劳动者，无法给予劳动者工作安全感。据国际劳工组织编写的《世界社会保障报告（2017—2019）》，越来越多的国家正在探索从雇主责任保险转向实施职业伤害保险。这将提高职业伤害保险有效覆盖率和保障水平，特别是在职业风险更高的行业和中小企业中。例如，孟加拉国在 2015 年通过了《国家社会保障战略》，其核心内容包括建立强制性的国家社会保险制度，该制度遵循雇主和雇员共同向国家工伤保险基金缴费的原则。

2. 职业伤害保险覆盖范围日趋扩大

一些国家的职业伤害保险正在逐渐扩大覆盖范围，探索如何将覆盖范围扩大到各行业的劳动者甚至自我雇佣者。职业伤害补偿体系也趋于完善，保障范围不断扩大，如从工作时间扩展到上下班途中，从一般雇员扩展到自由职业者等。

3. 在保障补偿的基础上，增加对职业伤害预防和康复的重视程度

随着工作环境的快速变化以及全球各国职业伤害保险制度的逐步建立和完善，各国政府开始认识到对职业伤害进行预防、对受害者进行康复治疗的重要意义。关于预防投资回报的国际研究证明，在安全和健康方面每投入 1 美元都会产生 2 美元以上的积极经济影响。2017 年，国际社会保障协会提出“零愿景”概念，将安全、健康和福祉三个维度整合到各级职业伤害预防工作中。2021 年，欧盟委员会发布《欧盟工作场所健康和安全战略框架（2021—2027）》，提出改善与工作有关的事故和疾病预防手段的方式，并努力实现与工作有关的伤亡“零愿景”目标。

在职业伤害保险制度成熟的国家，均已将职业伤害预防作为其制度的首要任务，并遵循“先康复，后补偿”的原则，逐渐完善康复体系。现代观念中的康复包括了以社区为基础的康复、医疗康复、全面康复、职业性康复和社会性康复，许多发达国家不仅重视工伤中的医疗康复，还重视职工的职业性康复和社会性康复。英国实施全民健康服务，重视社区卫生服务事业，提倡全面康复；德国高度重视康复立法，奉行“社会事社会办”，践行职业康复，提倡社会康复；美国重视发展市场化的私人职业康复行业，提倡专业化的职业康复咨询，重视社区护理服务。

4. 职业伤害保险制度出现新趋势

随着世界经济发展，技术手段、劳动力格局等也在发生变化，加之各个国家职业伤害保险的建立与发展，对于保险基金的管理运营、保险信息的管理等提出了更高要求。职业伤害保险的补偿以及伤残评估流程是否便捷顺畅、建设是否完善影响职业伤害保险制度的效率。因此，在逐渐发展职业伤害保险制度过程中，发展中国家更加重视职业伤害保险制度的资金管理、信息管理系统建设、索赔处理、伤残评估等。

各国均在探索保障流动人口以及灵活就业人员等的职业伤害保障措施，这要求各国在传统的职业伤害保险制度上进行创新，增加保险征缴灵活性、待遇领取便利性和管理流动性。

第三节　中国职业伤害保险及伤残军人保障现状和发展趋势

一、中国职业伤害保险制度的现状和发展趋势

（一）中国职业伤害保险制度现状

中国职业伤害保险制度的建设集中体现在工伤保险制度上，是为了保障因工作遭受事故伤害或者患职业病的职工获得医疗救治和经济补偿，促进工伤预防和职业康复，分散用人单位的工伤风险而建立的。回顾我国工伤保险制度多年来的发展，可以将其大致分为五个阶段，见表 11–3。

表 11–3 我国工伤保险制度发展历程

发展阶段	主要事件
制度建立阶段（1950—1977 年）	1951 年，政务院颁布《中华人民共和国劳动保险条例》，第一条明确“为了保护雇佣劳动者的健康，减轻其生活中的特殊困难，特依据目前经济条件，制定本条例”。保护劳动者基本权益的建制理念顺应了当时的社会经济发展形势 1957 年，卫生部制定并颁布《职业病范围和职业病患者处理办法的规定》，首次将职业病伤害纳入劳动保险的保障范围
制度探索阶段（1978—1995 年）	1978 年，国务院颁布《关于工人退休、退职的暂行办法》，第一条规定，全民所有制企业、事业单位和党政机关，群众团体的工人，因工致残，由医院证明，并经劳动鉴定委员会确定完全丧失劳动能力的，应该退休 1988 年，劳动部总结地方经验实践，提出建立工伤保险基金，完善工伤保险待遇项目、明确工伤认定条件等主要内容 1992 年，劳动部、卫生部、中华全国总工会颁布《职工工伤与职业病致残程度鉴定标准（试行）》，统一全国工伤与职业病致残程度的各项标准 1993 年，《中共中央关于建立社会主义市场经济体制若干问题的决定》明确提出，普遍建立企业工伤保险制度。截至 1993 年底，全国有 500 多个市县开展了工伤保险试点，参加工伤保险人数达 1 104 万人 1994 年，工伤保险与养老保险、医疗保险等一起载入了《中华人民共和国劳动法》
制度发展阶段（1996—2003 年）	1996 年，劳动部颁布《企业职工工伤保险试行办法》，对沿用多年的企业自我工伤保障制度进行全面改革。至此，工伤保险有了全国统一规范，工伤保险制度体系建设进一步发展 2001 年，全国第一家工伤康复专门机构——广州市社会劳动康复中心成立，后改为广东省工伤康复中心 2002 年，广州市劳动和社会保障局印发全国首个工伤康复管理规范性法律文件——《广州市社会工伤保险工伤康复管理试行办法》 2003 年，国务院颁布《工伤保险条例》，自 2004 年 1 月 1 日起施行。该条例是继《失业保险条例》颁布实施后，国务院颁布的第二部社会保险单项行政法规，在更高立法层次上确立了社会化的工伤保险制度，为工伤保险行政执法赋予了法律依据，对工伤保险制度建设具有里程碑意义
制度改革阶段（2004—2010 年）	2004 年 3 月，劳动和社会保障部工伤保险司成立。6 月，劳动和社会保障部颁布《关于农民工参加工伤保险有关问题的通知》，对农民工参加工伤保险和工伤认定等作出特别规定 2006 年 5 月，劳动和社会保障部颁布《关于实施农民工“平安计划”加快推进农民工参加工伤保险工作的通知》，加快推进农民工特别是矿山、建筑等高风险企业农民工参加工伤保险工作。同年 11 月，《劳动能力鉴定　职工工伤与职业病致残等级》（GB/T 16180—2006）颁布

续表

发展阶段	主要事件
制度改革阶段（2004—2010 年）	2007 年，劳动和社会保障部办公厅印发《关于加强工伤康复试点工作的指导意见》，规范和促进工伤康复试点工作的健康开展 2008 年，《工伤康复诊疗规范（试行）》和《工伤康复服务项目（试行）》颁布 2009 年 4 月，人力资源社会保障部颁布《关于做好老工伤人员纳入工伤保险统筹管理工作的通知》，要求妥善解决老工伤人员纳入工伤保险统筹管理的问题。同年 8 月，人力资源社会保障部办公厅印发《关于开展工伤预防试点工作有关问题的通知》，选择河南省郑州、洛阳、安阳和三门峡市，广东省广州、深圳、珠海和东莞市，以及海南省省本级、海口市、昌江县和儋州市作为工伤预防试点城市 2010 年 10 月，第十一届全国人大常委会第十七次会议通过《中华人民共和国社会保险法》，2011 年 7 月 1 日实施。同年 12 月，国务院通过《关于修改〈工伤保险条例〉的决定》，对《工伤保险条例》进行修订。同月，《部分行业企业工伤保险费缴纳办法》颁布，明确规定建筑施工企业等可以实行按项目参保 这一阶段，中国工伤保险参保人数大幅度提升，由 2003 年底 4 575 万人增加到 2010 年底的 1.6 亿人
制度完善阶段（2011 年至今）	2011 年，人力资源社会保障部、财政部等印发《关于做好国有企业老工伤人员等纳入工伤保险统筹管理有关工作的通知》，要求彻底解决国有企业老工伤人员等工伤统筹问题 2014 年，《劳动能力鉴定　职工工伤与职业病致残等级》（GB/T 16180—2014）颁布 2015 年 3 月，人力资源社会保障部办公厅印发《关于开展建筑业"同舟计划"——建筑业工伤保险专项扩面行动计划的通知》，要求用 3 年左右时间，全面推进建筑业从业人员参加工伤保险。7 月，人力资源社会保障部、财政部印发《关于调整工伤保险费率政策的通知》，根据行业工伤风险将工伤保险行业基准费率划分为八类，要求根据用人单位工伤保险费使用、工伤发生率、职业病危害程度等因素，确定工伤保险费率与浮动办法。同年 11 月，人力资源社会保障部办公厅公布首都医科大学附属北京康复医院、上海市养志康复医院（上海市阳光康复中心）、广东省工伤康复医院（广东省工伤康复中心）、重庆西南医院为第一批区域性工伤康复示范平台 2017 年 6 月，人力资源社会保障部、财政部印发《关于工伤保险基金省级统筹的指导意见》。同年 8 月，人力资源社会保障部、财政部等印发《工伤预防费使用管理暂行办法》，明确工伤预防费从工伤保险基金列支的标准以及使用范围 2018 年 1 月，人力资源社会保障部联合相关部门印发《关于铁路、公路、水运、水利、能源、机场工程建设项目参加工伤保险工作的通知》，再次明确要建立更高水平更高效率的部门协作机制，加大力度将在各类工程建设项目中流动就业的农民工纳入工伤保险保障。同年 10 月，人力资源社会保障部办公厅发布《关于推进工伤认定和劳动能力鉴定便民化服务工作的通知》，规定从 2019 年开始，全面下放工伤认定和劳动能力初次鉴定事项，推进服务事项集中办理、"一窗通办"。要求积极探索异地工伤认定和劳动能力鉴定委托合作、推进"互联网 + 认定鉴定"，提高工伤认定和劳动能力鉴定效率

新中国成立以来，围绕相关法律法规要求，我国陆续制定和修订工伤保险的配套文件，在工伤预防、工伤康复、省级统筹以及待遇调整和确定机制等方面出台了多项政策，建立了一套适应社会主义市场经济发展需要、具有中国特色的新型工伤保险体系。

（1）保险范围不断扩大。自从制度建立，就坚持扩大工伤保险覆盖范围的工作主线。相继出台针对农民工参保情况的“平安计划”和针对建筑行业从业人员开展“同舟计划”，推进农民工群体和建筑行业从业人员工伤保险全覆盖。其他行业工伤保险工作也在持续推进。国家统计局发布的数据显示，近十年来我国工伤保险的参保人数在不断增加，2011 年全国工伤保险参保人数为 17 696 万人，到 2022 年参保人数达到 29 117 万人，增幅达 64.54%。除此之外，工伤认定范围也在“三工”（在工作时间内、处于工作场所、因工作原因遭遇职业伤害）的 7 种工伤认定情形基础上，单独增加了 3 种“视同工伤”的条款，对“三工”情形进行了适当延展。

（2）保障体系不断健全，保障制度不断完善。保障模式实现了由用人单位的单一保障向国家管理的社会保险的转变，建立了社会统筹的制度模式。2010 年修订的《工伤保险条例》进一步提高了工伤补偿待遇、简化了工伤补偿救助程序，同时，引入现代意义上的康复事业，积极推进工伤康复和工伤预防工作，改变以补偿为主的工伤保险模式，提出了预防、补偿、康复“三位一体”的制度框架体系。

（3）基金规模持续扩大，待遇水平不断提高。近年来，我国工伤保险制度快速发展，工伤保险基金收入稳步增长。根据人力资源社会保障部公布的统计数据，2013 年，中国工伤保险基金收入为 615 亿元，基金支出为 482 亿元；到 2022 年，全国工伤保险基金收入为 1 053 亿元，支出为 1 025 亿元，工伤保险基金保障能力日益增强。另外，各地普遍建立了工伤保险待遇调整机制，积极推动工伤保险待遇水平与经济发展水平相适应。到 2022 年一次性工亡补助金标准达到 948 240 元，伤残津贴、供养亲属抚恤金、生活护理费的人均水平都有较大幅度提高。

（4）建立了行业差别费率制和浮动费率制，工伤保险费根据以收定支、收支平衡的原则确定费率。国家根据不同行业的工伤风险程度确定行业的差别费率，并根据工伤保险费使用、工伤发生率等情况在每个行业内确定若干费率档次。2003 年国务院颁布的《工伤保险条例》规定，工伤保险费根据以支定收、收支平衡的原则，实行行业差别费率和行业内若干费率档次的制度，基于此，同年劳动和社会保障部会同财政部、卫生部、国家安全生产监督管理局共同发布了《关于工伤保险费率问题的通知》，将国民经济行业划分为三类，一类行业属于风险较小行业，如保险业、餐饮业、邮政业等，基准费率为 0.5% 左右；二类行业为中等风险行业，如农业、饮料制造业等，基准费率为 1%；三类行业为风险较大行业，如石油加工、煤炭开采等，基准费率为 2% 左右。2015 年印发的《关于调整工伤保险费率政策的通知》，将原来的行业基准费率由三类细化调整为八类。统筹地区则根据用人单位工伤保险费使用、工伤发生率、职业病危害程度等因素，确定其工伤保险费率。截至 2018 年底，全国工伤保险实际平均费率已由 2015 年底的 0.85% 降至 0.6%。

（5）工伤预防和康复制度稳步发展。工伤预防上，通过细化费率政策，健全费率浮动机制等经济手段，促进用人单位提高工伤预防意识。各工伤保险统筹地区根据用人单位的风险和工伤事故发生情况，调整用人单位缴纳工伤保险费的行业差别费率与浮动费率，从而激励和督促用人单位改善安全生产状况，减少职业伤害的发生。工伤康复方面，探索"康复早期介入""先康复后评残"工作机制，推进多层次康复服务体系建设，人力资源社会保障部等印发《工伤康复服务项目（试行）》《工伤康复服务规范（试行）》《工伤保险辅助器具配置管理办法》，开展工伤康复试点，推进多层次康复服务体系建设。

（6）工伤认定和保险申请程序逐渐简化。伤残职工从受伤到获取赔偿的时间周期直接受工伤保险的认定以及处理流程的时间周期影响。目前，已经对原有工伤认定和审批程序进行简化。工伤等级鉴定与劳动能力鉴定同时进行，这样便能够节省大量鉴定时间。另外，一些地方已经实现经办程序数字化，方便群众办理一些工伤服务。

（二）中国职业伤害保险制度的发展趋势

职业伤害保险制度的发展为保障劳动者权益，维护和促进我国经济社会发展做出了突出贡献，然而这一制度尚未最终稳定并走向定型，还有诸多不完善的地方。考虑我国目前职业伤害保险制度的现状和国家未来发展，以及国外职业伤害保险制度改革经验，我国职业伤害保险制度的发展趋势集中体现在以下六个方面。

1. 建立广泛、统一的职业伤害保险制度

职业伤害保险制度的覆盖范围不断扩大，保障的对象由危险职业劳动者、重体力劳动者到一般体力劳动者，进而是非体力劳动者。广泛的覆盖，体现了社会发展和进步的要求，也可以在更大程度上集合风险体，实现费率的下降和基金的财务稳定。今后我国职业伤害保险制度将顺应制度本身的内涵，将法定覆盖范围内的职工全部纳入工伤保险制度，实现应保尽保的同时，也要继续改革、完善制度，将"新经济、新业态、新模

式”下的从业人员如小微企业人员、高新技术企业人员、自我雇佣者、快递业从业者等灵活就业人员纳入制度覆盖范围。

2. 积极发展工伤预防、康复制度

“促进工伤预防与职业康复”是我国现行制度的建制理念之一，建立预防、补偿与康复相结合的工伤保险制度是我国工伤保险的发展思路。未来在切实做好工伤补偿的基础上，应更加积极开展工伤事故预防工作，发挥工伤保险在促进安全生产、减少伤亡事故中的作用。通过各种手段减少和降低事故发生率和职业病发病率，实现从“生产安全”到“生命安全”理念的重大转变。

在职业康复方面，虽然我国康复工作取得了一定的成效，但与实现共同富裕的发展目标和工伤职工的需求相比，还有着较大差距：制度机制尚不完善，相关政策尚不健全，技术标准制定和执行刚刚起步，工伤康复服务能力不足且不平衡，工伤康复管理有待进一步规范和加强。未来还需要继续探索开展职业康复工作，积极推进康复技术标准体系及评估体系的发展，加强职业康复宣传，实现“补偿优先”到“康复优于补偿”的观念转变，更好地促进我国职业伤害保险制度的发展。

3. 进一步提高工伤保险统筹层级

现阶段，工伤保险的地区发展不平衡、不充分问题仍然比较突出。2017 年，人力资源社会保障部、财政部联合印发了《关于工伤保险基金省级统筹的指导意见》，对工伤保险基金省级统筹工作作出部署。意见强调，要以更好保障工伤职工合法权益为出发点，以促进工伤保险制度更加公平、更可持续为落脚点，逐步建立规范、高效的工伤保险基金省级统筹管理体系。未来我国将继续巩固完善工伤保险省级统筹工作，分散和分配劳动者的工伤风险，提高工伤保险基金抵御风险的能力。

4. 推进保险费征收体制改革，完善工伤保险费率政策

降低社会保险费率，是减轻企业负担、优化营商环境、完善社会保险制度的重要举措。2015—2019 年国家先后 6 次下调社会保险单位缴费比例，工伤保险也包含其中。2020 年，为应对新冠肺炎疫情，人力资源社会保障部会同相关部门出台了减免企业社会保险费政策，工伤保险费率再次下调。2023 年，为进一步减轻企业负担，增强企业活力，促进就业稳定，国务院决定继续实施阶段性降低工伤保险费率政策，实施期限延长至 2024 年底。未来我国将继续稳步推进社会保险费征收体制改革，建立规范合理的费率调整机制。

5. 推进建设便利高效的工伤保险管理服务体系

2019 年 3 月，人力资源社会保障部发布《关于取消部分规范性文件设定的证明材料的决定》，对工伤保险先行支付申领中的认定工伤决定书等由规范性文件设定的证明材料，决定予以取消。2019 年 5 月，人力资源社会保障部印发《人力资源社会保障系统开展证明事项告知承诺制试点工作实施方案》，对办理工伤保险抚恤金申领业务并一直依靠工亡职工生前提供主要生活来源的供养亲属，开展证明事项告知承诺制试点。通过便民化改革，简化了工伤保险管理的相关程序，提高了业务效率和办事效率。随着数字技术的发展，人社部门未来也将充分利用互联网等新技术手段提高办事效率，为工伤职工提供方便快捷服务。

6. 推进职业病防治工作建设

随着经济转型升级，职业病危害因素更为多样复杂。新旧职业病危害日益交织叠加，让职业病和工作相关疾病防控难度加大。除此之外，职业健康管理和服务人群、领域不断扩展，职业健康工作发展不平衡不充分的矛盾突出，也对我国职业病防治工作提出了挑战。2021 年，国家卫生健康委等 17 部门联合印发《国家职业病防治规划（2021—2025 年）》，指出要以粉尘、化学毒物、噪声和辐射等职业病危害严重的行业领域为重点，持续开展职业病危害因素监测和专项治理。建立中小微型企业职业健康帮扶机制，完善职业病防护设施，改善工作场所劳动条件。加强职业活动中新兴危害的辨识评估和防控，开展工作压力、肌肉骨骼系统疾患等防治工作。该规划将推动落实地方政府监管责任和用人单位主体责任，提高职业健康监管、技术支撑和服务保障能力以适应高质量发展的新要求。

专栏 11–3　新就业形态劳动者的职业伤害保障制度构建

我国传统工伤保险是在对侵权责任法批判的基础上建立的，该制度的三大原则是无过错补偿，单位单方面缴费，预防、康复与补偿相结合，这些原则都植根于工业社会劳动关系的人格从属性特征，而该特征在平台用工中表现得不甚明确，从而导致传统工伤保险很难应用于新就业形态从业群体。

以外卖骑手为例，参保资格方面的认定可以参照《中华人民共和国劳动合同法》确定的全日制用工标准，将与平台形成经济从属性的长时网约配送员作为基本医疗保险的强制参保人，通过医疗保险的无因式补偿解决意外事故的大部分诊疗费用问题，再通过自愿参保的行业自保措施解决其他相当于工伤保险的待遇问题。在保险费征缴和待遇给付方面，可以要求平台企业在支付的每一单报酬中预先扣留职工基本医保费用，统计该月达到全日制标准的配送员收入，按照缴费标准代扣代缴。可以按照职工基本医保的待遇给付办法实施门诊和住院诊疗措施。其他待遇可以适时申报同行业工伤保险经办机构适时享受。在第三人侵权责任制度的构建方面，与平台企业形成经济从属性的长时配送员在接单工作中造成的侵权责任应当由平台企业承担，承担之后再依据过错程度向配送员追偿，平台企业可以通过商业保险责任机制分摊风险，但需要单方负担保险费。设计责任保险机制的浮动费率有利于督促平台企业加强安全监督管理，尽量减少事故发生，同时也有利于改善配送员的工作条件。

资料来源：娄宇．新业态从业人员职业伤害保障的法理基础与制度构建——以众包网约配送员为例［J］．社会科学，2021（6）：20-29.

二、中国伤残军人保障制度现状和发展趋势

军人为国防和军队建设做出了重要的贡献，是社会主义现代化建设的重要力量。残疾军人是一类特殊的军人群体，其身体或心理的变化损伤多是受军人的特殊职业性质影响，是为维护国家利益和社会稳定而奉献和牺牲。因此，建立针对伤残军人的优抚保障体系体现出国家对军人的重视与补偿，既有助于提升我国军人队伍士气，也有利于增强国民国防意识、维护社会稳定。它既是一项重要的军事制度，也是社会保障制度的重要组成部分，是国家应军人职业的特殊性，基于“军人从优原则”而提供的一项特殊的职业伤害保障制度安排，其目的在于帮助伤残军人这一特殊群体更好地应对职业风险，缓解军人的后顾之忧。

（一）中国伤残军人保障制度的现状

1. 中国伤残军人保障制度的发展

自人民军队建立后，我国就开始了伤残军人保障工作的实践探索。工农红军时期，1931 年中华苏维埃第一次全国代表大会先后通过了《中国工农红军优待条例》，规定红军因伤病须休养时，送到休养所免费休养。1935 年又先后成立 5 个红军荣誉军人残废院（后改名为荣誉军人教导院），以解决伤残红军的医疗问题[①]，体现出党和政府对伤残军人

① 孔乾，纪冰冰．为守护者守护，为奉献者奉献［EB/OL］．（2022-08-01）［2024-04-10］.http：//www.81.cn/jy_208587/10175140.html.

优抚的重视。新中国成立后，党中央高度重视退役军人管理安置工作，伤残军人保障建设工作也正式拉开。1950 年颁布的《革命残废军人优待抚恤暂行条例》首次在全国范围内对军人优抚政策作出统一规定，明确人民解放军及人民公安部队的指战员，因参战负伤或因公致残，均属于革命残废军人，统一了三等六级的残废等级，并规定不同等级的残废军人所享受的优抚待遇标准。之后分别发布的有关义务兵退役、现役军官退休等的管理办法中也都出现关于残废军人的管理规定和抚恤规定。由于当时的国家经济基础薄弱和权利保障观念不足，除了上述法律性文件，其他法律规定中对残废军人的保障规定相对较少，且并未作出详细规定。

20 世纪 60 年代以后，由于管理体制调整，有关伤残军人的政策和规定变化也较少。改革开放以后，为了应对国家发展新形势变化，军人管理和保障工作开始新的调整和改革，伤残军人的保障规定也有了一系列重大调整。1982 年通过的《中华人民共和国宪法》中明确规定国家和社会保障残废军人的生活，对其优待抚恤是国家的法定义务。在这一原则下，1984 年《中华人民共和国兵役法》中规定革命残废军人应受到国家和人民群众的优待，享受交通出行的优待减免。若现役军人参战或因公负伤致残，由部队评定残废等级并发放革命残废军人抚恤证，享受相应优抚待遇。1988 年《军人抚恤优待条例》公布施行，这是我国首个覆盖现役、退役军人，烈士遗属等人群的全方面抚恤优待法规。该条例中将之前法律法规中的“革命残废军人”一词更换为“革命伤残军人”，并增加因病致残的义务兵为抚恤对象，因病致残等级分为二等三级，扩大了优抚范围。1997 年《中华人民共和国国防法》首次明确实行军人保险制度，为军人职业伤害保险制度建立奠定了法律基础。之后在 1998 年公布的《军人保险制度实施方案》和《中国人民解放军军人伤亡保险暂行规定》相继对军人伤亡保险作出详细规定，标志着军人职业伤害保险制度正式确立，为伤残军人保障提供了更坚实全面的支持。2004 年修订公布的《军人抚恤优待条例》再次使用“残疾军人”，将因病致残的范围再次扩大到初级士官，残疾等级修改为一至十级，并首次明确了抚恤补助标准的基本依据，建立了抚恤补助标准与工资挂钩的增长机制。在这之后，我国伤残军人保障工作稳步推进，伤残军人的相关法规政策逐渐向规范化发展，这一时期出台的很多安置保障政策和规定对后来的制度发展仍有影响。

党的十八大以来，随着经济社会变化，包括伤残军人优待抚恤在内的军人优抚工作持续深入开展，相关政策法规对于伤残军人保障的规定越来越清晰明确，保障水平不断提高。2012 年十一届全国人大常委会第二十六次会议通过《中华人民共和国军人保险法》(以下简称《军人保险法》)，专章对军人伤亡保险、退役医疗保险以及军人保险基金的管理与监督方面作了明确系统规定。2018年，十三届全国人大第一次会议决定，将民政部的退役军人安置职责，人力资源社会保障部的军官转业安置职责，以及中央军委政治工作部、后勤保障部有关职责整合，组建退役军人事务部，作为国务院组成部门。设立退役军人事务部是退役军人管理保障领域的重大战略部署，体现了国家维护军人军属合法权益，加强退役军人服务保障体系建设，建立健全集中统一、职责清晰的退役军人事务管理保障制度的发展目标。退役军人事务部成立后即进行《中华人民共和国退役军人保障法》(以下简称《退役军人保障法》)起草准备工作。2020年，十三届全国人大常委会第二十三次会议审议通过《退役军人保障法》，该法是我国现行法律中第一部专门针对退役军人保障问题的综合性法律，概括整合了现行军人军事法律法规中有关退役军人抚恤优待、军地保险转接等方面的内容，提高了我国退役军人社会保障的立法层次。该法在伤残退役军人的安置、就业优待与帮扶和抚恤待遇等方面作出明确规定，坚持普惠和优待叠加原则，意味着：一方面，退役军人可以享受普通公民享有的普惠性保障；另一方面，针对退役军人给予特有的优待、困难帮扶援助等，重点更加突出、导向更加鲜明。2022年，退役军人事务部、财政部等六个部门联合印发《残疾退役军人医疗保障办法》，2005年印发的《一至六级残疾军人医疗保障法》同时废止。至2023年，退役军人事务部和财政部已连续多年联合发布《关于调整部分优抚对象等人员抚恤和生活补助标准的通知》。我国有关残疾军人优抚的相关法律法规正日趋完善，伤残军人保障水平不断提高（见表11–4）。

表11–4　　新中国成立以来伤残军人保障的主要法律文件

发布时间	法律文件名称	相关规定内容
1950年12月	《革命残废军人优待抚恤暂行条例》	明确人民解放军及人民公安部队的指战员，因参战负伤或因公致残，均属于革命残废军人，享受条例所规定的优待抚恤
1952年3月	《革命残废军人，革命残废工作人员、民兵、民工伤口复发治疗办法》	明确革命残废军人等群体在本省范围内医院不能治疗的，可介绍至省外其他条件较好医院
1958年3月	《关于处理义务兵退伍的暂行规定》	服现役期间因作战或因公致残的军士、兵在办理退伍时，部队处理单位应当按照规定评定残废等级，发给革命军人残废证明书。当地人民委员会应当按照国家关于

续表

发布时间	法律文件名称	相关规定内容
1958 年 3 月	《关于处理义务兵退伍的暂行规定》	优待抚恤革命残废军人的规定予以优待；规定患有特定病种的服现役和退伍义务兵治疗费用可由所属军区或治疗地负责
1958 年 7 月	《关于现役军官退休处理的暂行规定》	因积劳成疾、因公负伤等不能继续承担实际工作和参加劳动的现役军官，可以退休并享受相应标准的生活费
1981 年 10 月	《关于军队干部退休的暂行规定》	军队现役干部因战、因公致残，积劳成疾，基本丧失工作能力，可办理退休，并享受相应标准的生活费
1982 年 12 月	《中华人民共和国宪法》	国家和社会保障残废军人的生活，抚恤烈士家属，优待军人家属
1983 年 2 月	《中国人民解放军志愿兵退出现役安置暂行办法》	明确志愿兵因战因公致残、积劳成疾，由部队医院出具诊断证明，并经师以上卫生部门鉴定确认，基本丧失劳动能力的，或年满五十五周岁的，可予以退休，由本人原籍或直系亲属居住地的县（市）民政部门接收安置。退休费、福利待遇和住房等，按军队干部退休的规定执行
1984 年 5 月	《中华人民共和国兵役法》	规定革命残废军人应当受到社会的尊重，受到国家和人民群众的优待；革命残废军人乘坐火车、轮船、飞机、长途汽车，优先购票，并按照规定享受减价优待 明确现役军人参战或者因公负伤致残的，由部队评定残废等级，发给革命残废军人抚恤证。不同等级对应不同的优抚安置办法
1987 年 12 月	《退伍义务兵安置条例》	明确因战、因公致残的二等、三等革命伤残军人，原是城市户口的，由原征集地的退伍军人安置机构安排力所能及的工作。原是农业户口的，原征集地区有条件的，可以在企业、事业单位安排适当工作；不能安排的，按照规定增发残废抚恤金，保障生活
1988 年 7 月	《军人抚恤优待条例》	首个覆盖现役、退役军人，烈士遗属，因公牺牲或病故军人遗属，现役军人家属等人群的全方面抚恤优待规定的法规

续表

发布时间	法律文件名称	相关规定内容
1997 年 3 月	《中华人民共和国国防法》	明确国家实行军人保险制度，为军人职业伤害保险制度建立奠定法律基础
1998 年 8 月 1 日	《中国人民解放军军人伤亡保险暂行规定》	明确规定设立军人伤亡保险基金，对因战、因公死亡或者致残的军人以及因病致残的义务兵给予经济补偿
2004 年 8 月 1 日	《军人抚恤优待条例》（2019 年 3 月第二次修订）	首次明确了抚恤补助标准的基本依据，建立了抚恤补助标准与工资挂钩的增长机制
2005 年 12 月	《一至六级残疾军人医疗保障办法》	保障退出现役的残疾军人后续治疗和生活顺利进行
2012 年 4 月	《中华人民共和国军人保险法》	明确军人保险制度与社会保险制度相衔接，规定军人保险的相关管理服务和责任单位；明确规定保险基金按险种分账核算，规定军人伤亡保险的享受条件与待遇标准
2020 年 11 月	《中华人民共和国退役军人保障法》	明确规定伤残退役军人的安置与护理，建立伤病残退役军人指令性移交安置、收治休养制度；对伤残退役军人的就业优待与帮扶作出规定，明确有劳动能力和就业意愿的残疾退役军人，优先享受国家规定的残疾人就业优惠政策；规定残疾退役军人依法享受抚恤，残疾抚恤金由县级人民政府退役军人工作主管部门发放
2020 年 12 月	《中华人民共和国国防法》	明确国家和社会抚恤优待残疾军人，对残疾军人的生活和医疗依法给予特别保障。规定县级以上人民政府应及时接收安置残疾军人，并保障其生活不低于当地的平均生活水平
2021 年 6 月	《中华人民共和国军人地位和权益保障法》	专门对军人抚恤优待进行规定，明确残疾军人生活受国家和社会保障；包括残疾军人在内的优待抚恤对象享受公民普惠待遇和抚恤优待待遇。此外，明确规定残疾军人还具有两项特别待遇：医疗受国家和社会依法保障；乘坐境内交通工具时享受票价优惠
2021 年 8 月	《中华人民共和国兵役法》	明确规定残疾军人享受优待和残疾抚恤金。区分预备役、义务兵、军士等不同类别残疾军人并明确相应的抚恤优待办法

续表

发布时间	法律文件名称	相关规定内容
2022 年 1 月	《残疾退役军人医疗保障办法》	优化保障内容，健全残疾退役军人“保险 + 救助 + 补助 + 优待”的医疗保障政策体系，更好地保障残疾退役军人的合法权益

资料来源：根据法律性文件整理所得。

2. 中国伤残军人保障制度的现状

我国当前并没有专门针对伤残军人保障的法律法规，但是多年来国家和政府对伤残军人的重视水平不断提高，关于伤残军人保障的相关政策法规已较为系统。目前我国已经基本形成了以《中华人民共和国宪法》为统揽，以《中华人民共和国兵役法》《中华人民共和国国防法》《中华人民共和国军人保险法》为原则，以《军人抚恤优待条例》《伤残抚恤管理办法》《军人残疾等级评定标准》《残疾退役军人医疗保障办法》等为抓手的伤残军人保障体系。从制度组成上看，我国现行的伤残军人保障制度主要包括优待抚恤和伤亡保险两部分。其中优待抚恤制度发展较早，在各类有关退役军人、军人抚恤优待的法律法规中均有规定，内容相对全面；所覆盖人群主要是伤病残军人中的残疾军人群体。军人伤亡保险制度起步较晚，且只有《军人保险法》一部针对性法律，但是已经基本形成了与社会保险制度相衔接、以商业保险为补充的多层次保障体系。现行《工伤保险条例》中规定，职工原在军队服役，因战、因公负伤致残，已取得革命伤残军人证，到用人单位后旧伤复发的，可享受除一次性伤残补助金以外的工伤保险待遇①，体现出退役残疾军人伤亡保险与工伤保险的衔接。在筹资与待遇给付上，伤残军人抚恤优待制度中将残疾军人抚恤待遇与残疾等级相挂钩，规定退役残疾军人抚恤金由县级政府的退役军人事务部门发放，现役残疾军人由所属部队发放。残疾等级达到一至四级的残疾军人由国家供养终身。军人伤亡保险的筹资模式为“个人免费”模式，伤亡保险所需资金费用由国家承担，残疾军人按照等级和标准享受残疾保险金。同时，军人伤亡保险待遇标准参照地方工伤保险政策进行调整，以保证对因战因公伤亡军人的优待。

（二）中国退役军人伤残抚恤优待制度的完善和发展

近年来，随着立法方面的不断重视，我国伤残军人保障方面的法律政策不断完

① 见《工伤保险条例》第十五条。

善，伤残军人优抚水平实现较大提升。但是，伤残军人保障制度在制度体系、管理机构、保障水平和军地保障协同等方面仍有不足。基于对现行伤残军人抚恤优待制度的总结评估和新时代的要求，我国伤残军人保障制度在未来可在以下几方面进一步完善和发展。

1. 建立统一综合的伤残军人保障制度体系

健全统一的政策制度是开展伤残军人服务保障的依据和准绳，有助于更好地维护伤残军人群体的合法权益，推动伤残军人保障工作持续健康发展。未来将贯彻改革创新精神，在原有的伤残军人保障制度的基础上，加快伤残军人保障法立法步伐，坚持统筹协调，从“碎片化”“打补丁”方式向整体设计，确立统一的伤残军人保障制度体系，实现伤残军人保障制度覆盖范围全面、保障门类齐全、政策内容与其他社会保障制度相衔接。之后，基于统一的保障模式，进一步制定内容详细的伤残军人保障法律法规，减少、合并功能相似的保障项目，重构伤残军人保障体系框架，避免“上下位法”或“新法旧法”冲突。此外，应在坚持中央政府承担基本责任的基础上，充分发挥地方政府伤残军人保障作用，授权地方政府推行“补充保障”，也可以支持地方政府出台地方性保障政策，并承担相应的财政投入主体责任。同时，对不同地方政策的覆盖范围、抚恤优待标准作出统一调控，避免各地规定差异过多，保证基本政策的全国统一。

2. 推进组织管理体系建设，完善管理机构职能

新时代发展下，我国将进一步推进伤残军人统一化管理工作，提高伤残军人管理效率和管理质量。军人的职业特殊性和伤残军人的救助特殊性要求伤残军人保障工作需要高效高质量进行，退役军人事务部的成立整合了分散在有关部门的管理资源，形成了全国统一、上下一贯的管理体系，表明我国将进一步推动退役军人的保障管理体系建设，伤残退役军人保障管理体系建设也应在此基础上进一步完善发展。应推动伤残军人管理部门与其他保障部门相协同，探索建立优抚对象信息跨部门共享机制，将伤残军人保障信息（如伤残等级、优抚标准等）录入共享信息平台，同时成立地方伤残军人领导小组，使伤残军人优待政策在各级社会保障业务中及时实现，提高管理和执行效率。此外，目前关于伤残军人管理部门和管理人员监督机制仍不健全，对管理人员的违规行为认定较困难，监督部门不明晰。应在有关法律政策中，明确相关单位和人员违反规定的典型情形，并允许伤残军人保障部门间相互监督，鼓励伤残军人对有关部门工作进行监督。

3. 细化相关法律法规，提高伤残军人保障水平

随着社会进入新发展阶段，未来我国伤残军人保障制度将不断调整完善，以适应国家和社会发展变化，更好保障和服务伤残军人。首先，改变单纯为伤残军人“解困”的理念，树立伤残军人“特殊优待”理念是完善伤残军人保障体系的前提。其次，现行法律法规中关于残疾军人就业方面的规定相对简单，缺少细化内容，未来应进一步细化伤残军人优待保障政策，扩大覆盖范围，保障退役残疾军人就业、优抚等权利得到充分实现。再次，残疾军人定期抚恤金的增长还需要进一步实现法治化、规范化。目前伤残抚恤金调整主要以有关部门发布通知的形式进行，未来应制定适应性伤残抚恤待遇调整办法，从法律上保证抚恤金定期增长。最后，伤残军人保障需要由重经济保障向经济、服务、权利多重保障并重发展，加强伤残军人医疗护理保障和伤残军人健康教育服务，增强人文关怀。为保障伤残军人的合法权益，未来还需要完善伤残退役军人法律救助制度，扩大救助维权渠道，以避免救助渠道单一、伤残军人权益受损难以解决的问题。

4. 推动军地保障制度协同，保证伤残军人优待接续连贯

伤残军人保障优待在与地方社会保障相衔接时应体现优抚特殊性，以体现国家对伤残军人的重视和优待。应规范伤残军人抚恤优待、伤亡保险和地方职业伤害保险中有相似概念的专业术语，如待遇方面，军地伤残军人保障制度中常用“抚恤”“保险”“优待”这类术语表示对伤残军人的保障情况，而相似的术语在地方职业伤害保险中用法各异。如“抚恤”一词，在军人优抚中，既用于向牺牲军人遗属提供的待遇（如遗属抚恤金），也用于向残疾军人本人提供优抚待遇（如残疾抚恤金）；而在《中华人民共和国劳动保险条例》中相似表述为“残废抚恤费”，表示向因工致残且完全丧失劳动能力的劳动者提供的保险待遇；在《工伤保险条例》中仅用于表示向工亡职工遗属提供的待遇，如“供养亲属抚恤金”。[①] 具体用法的不同不利于伤残军人在退役后与地方职业伤害保险制度的顺利衔接。此外，在保障项目方面，不论是职业伤害保险还是伤残军人保障，都有伤残待遇、死亡待遇、医疗待遇三大组成部分，基本结构高度相似，但是具体名称略有不同，难免影响伤残退役军人保障与接收地社会保障的顺利衔接。因此，应将常用的伤残军人保障用语和职业伤害保险用语相统一或衔接，规范使用标准，推动伤残军人保障制度与社会保障制度相协调。

---

① 岳宗福，郑言．新时代退役军人职业伤害保险：军地转接与机制重塑［J］．公共行政评论，2023，16（4）：53–71，196.

案例分析

“互联网 +”平台经济下的职业伤害案例

1. 基本案情

顾某系某餐饮平台外卖配送员。该餐饮平台与担负平台配送任务的某营销管理公司签订“送餐外包服务协议”，由营销管理公司负责所在区域配送业务。该营销管理公司又与某劳务派遣公司签订“送餐外包人员提供协议”，由劳务派遣公司提供具体劳务配送人员。劳务派遣公司招用顾某并与其签订“用工协议”，由劳务派遣公司安排其到营销管理公司从事骑手工作，为餐饮平台配送外卖。2019 年 5 月，正在外卖配送途中的顾某因驾驶电动车逆向行驶，与骑自行车的冯某相撞，两人均不同程度受伤。交警部门认定，顾某承担该起事故主要责任，冯某承担次要责任。后冯某起诉顾某、劳务派遣公司、营销管理公司及餐饮平台，要求共同赔偿其损失。

法院经审理认为，顾某由劳务派遣公司派遣至营销管理公司工作，事故发生时顾某正执行配送任务，在工作过程中造成冯某损害，依法应当由营销管理公司承担侵权责任。劳务派遣公司对侵权损害后果发生并无过错，无须承担赔偿责任。餐饮平台与顾某之间未发生法律关系，也无须承担赔偿责任。一审判决后，双方均未提起上诉，判决发生法律效力。

2. 典型意义

“互联网 +”平台经济快速发展，促进大量劳动者实现灵活就业，也在一定程度凸显了社会用工紧张。劳务派遣对人力资源的集聚保障、促进平台发展发挥着重要作用。本案中，劳务派遣公司受营销管理公司委托招聘劳动者。劳务派遣公司与顾某签订具有劳动合同性质的“用工协议”，并根据劳务派遣公司与营销管理公司订立的“送餐外包人员提供协议”，将顾某派遣至营销管理公司从事具体配送工作。“送餐外包人员提供协议”明确被派遣人员劳动过程由营销管理公司监管，工资、福利、社保等由营销管理公司提供给劳动派遣公司，再由劳务派遣公司支付被派遣人员。《中华人民共和国民法典》第一千一百九十条规定，劳务派遣期间，被派遣的工作人员因执行工作任务造成他人损害的，由接受劳务派遣的用工单位承担侵权责任；劳务派遣单位有过错的，承担相应的责任。由此，由营销管理公司承担雇主替代责任，充分保障受害者权益救济；劳务派遣公司、餐饮平台依法无须承担责任，为平台经济规范健康发展提供了精准裁判思路。

资料来源：苏州市中级人民法院。

讨论题：

1. 以外卖小哥为代表的灵活就业人员的职业伤害保险应该从哪些方面进行完善？

2. 案例中新业态领域侵权事件应如何处理？哪些主体应该来承担相关责任？

深度阅读

1. 郑晓珊．工伤保险法体系——从理念到制度的重塑与回归［M］．北京：清华大学出版社，2014.

《工伤保险法体系：从理念到制度的重塑与回归》针对工伤保险的各个方面进行多维度分析，从民法到劳动法再到社会法，力求在现行法、法史及比较法的背景中，勾勒出整个工伤保险体系之真貌。

该书以现实需求下工伤保险法律体系的理性重构为关键点，具体内容横跨了从理念到制度的多角度探索。全书分三编，上编从理念层面宏观勾勒工伤保险法之应有定位；中编以工伤认定为核心，在具体问题层面探讨其法律构造；下编则以制度体系为目标，探讨工伤保险法各环节的平衡与联动。

本章小结

职业伤害保险制度是世界各国推行最早且普遍实施的一项社会保障制度，主要有雇主责任保险、职业伤害社会保险、雇主责任保险和职业伤害社会保险并存的混合型三种类型。

本章主要对德国职业伤害保险制度、英国职业伤害保险制度、美国职业伤害保险制度和新加坡职业伤害补偿制度进行介绍，并对国外职业伤害保险制度的历史演变和未来发展及目前世界职业伤害保险制度的发展趋势进行介绍和分析。

本章还介绍了中国职业伤害保险制度（主要是工伤保险制度）发展的五个阶段并简述了其现状，我国工伤保险体系的发展可以概括为：（1）保险范围不断扩大；（2）保障体系不断健全，保障制度不断完善；（3）基金规模持续扩大，待遇水平不断提高；（4）建立了行业差别费率制和浮动费率制，工伤保险费根据以收定支、收支平衡的原则确定费率；（5）工伤预防和康复制度稳步发展；（6）工伤认定和保险申请程序逐渐简化。

考虑目前国内职业伤害保险制度的现状，同时学习国外的发展经验，中国未来职业伤害保险制度的发展趋势集中体现在以下几方面：建立广泛、统一的职业伤害保险制度；积极发展工伤预防、康复制度；进一步提高工伤保险统筹层级；推进保险费征收体制改革，完善工伤保险费率政策；推进建设便利高效的工伤保险管理服务体系；推进职业病防治工作建设。

中国伤残军人保障制度发展经历新中国成立后至改革开放前的初步建设阶段、改革开放后30余年的调整和不断规范阶段，到党的十八大后进入加速完善阶段，至今已基本形成以《中华人民共和国宪法》为统揽，以《中华人民共和国兵役法》《中华人民共和国国防法》《中华人民共和国军人保险法》为原则，以《军人抚恤优待条例》《伤残抚恤管理办法》《军人残疾等级评定标准》《残疾退役军人医疗保障办法》等为抓手的伤残军人保障体系。

中国伤残军人保障制度未来会持续改革，加快立法步伐，坚持统筹协调，建立健全统一综合的伤残军人保障制度体系。同时推进组织管理体系建设，完善管理机构职能；细化相关法律法规，提高伤残军人保障水平；推动军地伤残军人保障制度协同，保证伤残军人优待接续连贯。

重要概念

职业伤害保险制度　雇主责任保险　统一费率制　差别费率制　职业病　普惠和优待叠加原则

思考题

1. 雇主责任保险的分类及其存在的弊端是什么？
2. 职业伤害保险的突出特点是什么？
3. 试分析德国、英国、美国职业伤害保险的异同。
4. 试阐述国际职业伤害保险未来发展趋势。
5. 试分析中国职业伤害保险制度的发展趋势。
6. 试分析中国伤残军人保障制度的发展趋势。

第十二章
社会福利制度国际比较

社会福利制度是指国家和社会为实现个人、家庭和社区有正常和幸福状态的各种制度安排。社会福利制度有广义和狭义之分。广义的社会福利制度是国家或社会为改善居民物质生活，提高生活质量而依法提供的各种政策措施、津贴补助、公共设施、社会服务等。狭义的社会福利制度更多是指为社会特殊群体包括老年人、妇女、儿童、残疾人等提供保障和社会服务。本章主要对儿童福利、家庭津贴福利、教育福利、老年福利和残疾人福利制度进行国际比较。

第一节　儿童福利制度的国际比较

一、典型国家儿童福利制度

儿童福利是社会福利的一个重要组成部分。儿童福利政策旨在保障所有儿童正常生活，并尽可能促进其全面健康发展，这一福利政策一般与家庭津贴福利、教育福利以及医疗保健福利政策等联系在一起，通过经济资助与社会服务两种途径得以实现。国外儿童福利制度经过几百年的发展，已形成了各具特色的儿童福利体系。

（一）英国①

英国是最早为保障儿童权利进行立法的国家，并于 1889 年颁布了世界上第一部专门针对儿童权益的《儿童法案》，此后 130 多年来又相继通过了一系列与儿童相关的法律，建立了完善的儿童福利制度。（1）儿童福利金。2013 年之前这项福利具有普惠性，政府直接对 0 ～ 16 周岁未成年人及其家庭发放生活津贴，对家庭较困难的儿童给予家

---

① 陈彦霏 . 英国儿童福利制度对我国儿童福利制度的启示［J］. 管理观察，2019（11）：87-88.

庭补助。2013 年后政府根据家庭父母收入对儿童福利金的领取对象进行限制，规定家庭中父母双方任何一人的收入超过 5 000 英镑 / 年则需缴纳儿童福利金税或者放弃领取。（2）儿童储蓄账户。为保障儿童福利，政府为符合要求的儿童建立长期免税的儿童储蓄账户，父母可定期为子女存入一定数额的成长基金，规定子女 18 周岁之前儿童储蓄账户中的资金用于投资无须支付税收，且子女满 18 周岁才可以随时支取账户中的资金。（3）儿童税收抵免政策。该项福利是英国缓解低收入家庭抚养儿童压力的重要方式。只要家庭中有儿童或者父母双方有一人达到领取养老金年龄即可申请儿童税收抵免，税收抵免数额与家庭收入有关。（4）监护人津贴。针对父母双亡或双亲中有一人去世的儿童，儿童监护人可申请获得 17.20 英镑 / 周的监护人津贴。（5）教育津贴。英国推行免费基础教育政策。此外英国政府为低收入家庭中的 16 ～ 18 周岁未成年人提供教育津贴以帮助他们能够继续学业。

（二）德国①

德国儿童福利政策经过一个多世纪的演进发展，形成了政府主导、多方参与的儿童福利体系，并覆盖全体儿童及其家庭。涉及内容包括四个方面。（1）儿童金。儿童金面向 0 ～ 18 周岁未成年人，学生可延长到 25 周岁。2019 年 7 月德国上调儿童金，一个家庭中前两个子女每人每月儿童金从 194 欧元上涨到 204 欧元，第三个子女上涨到 210 欧元 / 月，第四个及往后的子女每人为 235 欧元 / 月。儿童金在德国整个儿童福利支出中占有相当大的比重。此外，中低收入家庭还可申请儿童补贴，2019 年 7 月后家庭每月可领 185 欧元的儿童补贴，并且儿童享受 150 欧元的开学补贴、免费午餐、免费校车等福利。在特定情况下，父母甚至可以免税。（2）教育福利。在德国大部分的联邦州中，学生从托儿所到攻读博士都可以享受免费的公立教育（巴登 – 符腾堡州除外），真正实现了从幼儿教育到高等教育的全覆盖。（3）父母津贴。德国通过改革低水平定额给付的育儿津贴待遇机制、引入“父亲配额假期”等举措，引导父亲更多地参与育儿活动，分担母亲的育儿压力。（4）儿童补助金政策。2005 年开始实施针对低收入家庭的儿童补助金政策，用来弥补因削减低收入家庭的失业救助而给儿童造成的福利减损。在这一制度下，德国涉及的儿童福利项目已涵盖基本生活、教育、医疗、住房等多方面，包括儿童津贴、孤儿年金、预支养育金、儿童补助金、育儿津贴、儿童保育费免税、公共托幼服务、儿童养育支援服务、家庭教育促进服务、儿童与青少年社会服务、儿童健康照料等。

---

① 杨无意 . 德国儿童福利的发展及其对中国的启示［J］. 社会保障评论，2021，5（3）：110–121.

（三）瑞典①

瑞典是福利国家的典范，其儿童福利政策奉行“儿童中心主义”，强调儿童发展的重要性。瑞典儿童福利已发展成熟，具体包括四个方面。（1）儿童津贴制度。儿童津贴是政府根据家庭儿童数量给予每个儿童以适当资助，家庭儿童数在两个及以上的家庭还可获得一定的家庭补贴。（2）特殊儿童福利。瑞典政府认为弱势儿童拥有和普通儿童同样的权利，努力为弱势儿童提供和普通儿童一样的福利服务，保障其健康成长。寄养补贴、儿童抚恤金、生活救助金、残疾儿童津贴构成了瑞典特殊儿童福利。（3）教育福利。瑞典的儿童教育分为学前教育、义务教育，学前教育旨在激发儿童潜力，义务教育由国家强制免费提供给每一个儿童。此外，儿童可在学校获得免费午餐，离校远的儿童还可享受免费公共汽车服务。（4）医疗保健服务。瑞典儿童自出生起就可到当地卫生保健中心注册，享受保健中心免费提供的母乳喂养、饮食咨询、身体检查、接种疫苗等服务。

（四）美国②

美国是典型的市场经济国家，其儿童福利制度重点关注贫困家庭与特殊困难儿童，呈现“穷人靠国家，其余人靠市场”的特点。自 1909 年白宫儿童会议之后，经过 100 多年的发展，美国构建了一个项目繁多、层次复杂的儿童福利体系，内容涵盖收入保障、医疗卫生、教育等多个领域。具体包括四个方面。（1）儿童保护服务。儿童保护服务旨在为儿童提供安全的生活环境，避免其遭受虐待、忽视等伤害。1974 年美国通过《儿童虐待预防和处理方法》，明确提出要设立专门机构受理儿童保护业务。此后的《儿童和家庭服务改善法案》《儿童和家庭服务改善与创新法案》等对儿童保护服务进行内容扩充，将家庭稳定纳入儿童保护服务体系。（2）生活救助。为贫困儿童与贫困家庭儿童提供现金救助项目以保障其基本生活需求。同时针对有子女、有工作的低收入家庭推行“所得税税收抵免（EITC）”项目，以促进就业并帮助摆脱贫困。（3）营养健康。为保证儿童在成长中获得足够的营养和健康保障，美国实施妇女、婴儿和儿童特别补充食品计划（WIC）、国家学校午餐计划（NSLP）、国家学校早餐计划（NSBP）、暑期食品服务计划（SFSP）等，在医疗保障方面实施医疗援助计划。（4）教育资助。美国政府重视基础教育，实行 K-12 义务教育制度，所有公立小学和中心学校都免费。针对残疾儿

① 刘凡同 . 瑞典儿童福利体系研究［D］. 济南：山东大学，2014.

② 徐富海，姚建平 . 美国儿童福利制度发展历程、特点与启示［J］. 治理研究，2021，37（3）：36-48.

童、低收入家庭儿童、收养家庭儿童等不同群体进行专门立法，以使更多儿童享有接受高质量教育的机会，促进教育公平。

（五）以色列

儿童福利制度是社会福利制度中一个重要组成部分。目前以色列儿童福利制度主要包括五个方面。（1）儿童津贴。该津贴主要由大家庭保险计划、受雇者子女保险计划和退伍军人家庭津贴计划组成。2009 年后，符合受惠要求的所有未满 18 周岁的未成年人每月均可获得统一津贴。2016 年以色列领取儿童津贴的家庭数为 1 148 523 个，相比 2015 年增加了 1.8%。（2）学习补助金。该项福利旨在帮助儿童在学年开始前有能力购买学习用品。（3）儿童长期储蓄计划。以色列重视儿童未来发展，通过为所有新生儿开设长期储蓄账户（国家每月给账户存入一定数额的津贴）为儿童创造平等机会，提高儿童未来应对贫困风险的能力。（4）教育福利。以色列通过了一系列教育立法，用法律手段保障所有儿童的平等受教育权。（5）其他津贴补助。为有效减少儿童和家庭的贫困，对孤儿、残障儿童、新生儿等提供补助。

（六）日本[①]

近年来，面对严峻的少子高龄化、儿童虐待等社会问题，日本政府相继制定了《培养下一代支援政策推进法》《虐待儿童防止法》和“新天使计划”等，其儿童福利制度日趋完善。现行的儿童福利制度主要有两大类。（1）儿童福利津贴。儿童福利津贴分为儿童津贴、儿童抚养津贴、特殊儿童抚养津贴三类。儿童津贴是针对初中毕业及之前的儿童，根据儿童年龄给予不同支付标准。儿童抚养津贴是为因各种原因未与父亲生活在一起的儿童提供的福利，这一现金福利的 3/4 由中央财政给付，1/4 由都道府县财政给付。特殊儿童抚养津贴是针对抚养有智力发育不全或身体残疾儿童的低收入家庭，按月支付给其父母或监护人的现金补助，由中央财政拨款保障这一福利。（2）儿童福利服务。针对服务对象的不同，儿童福利服务可划分为特殊儿童的福利服务，孕产妇、母婴等的福利服务，需要保护儿童的福利服务。其中，特殊儿童福利服务不仅为儿童提供医疗、护理、康复、教育等方面的服务，还为其家庭提供住房方面的帮助；孕产妇、母婴等福利服务主要提供助产、婴幼儿保育、儿童看护服务。[②]

---

① 杨无意 . 日本儿童福利的历史演进与发展现状［J］. 中华女子学院学报，2017，29（6）：107-114.

② 刘璐瑶 . 日本儿童福利制度对我国的启示［J］. 青少年研究与实践，2018，33（3）：100-106.

二、中国儿童福利政策现状及发展趋势

（一）中国儿童福利政策现状

儿童福利是中国社会福利制度体系中的重要组成部分，社会稳定发展离不开儿童福利制度的发展完善。新中国成立以来，我国实施了一系列与儿童福利相关的举措来保障儿童权益。经过70多年的探索，中国的儿童福利政策正以稳健的步伐向前迈进。在法律保障上，中国已形成较为完备的儿童法律体系。不仅有宪法保障儿童权利，还有《中华人民共和国刑法》《中华人民共和国未成年人保护法》（以下简称《未成年人保护法》）《中华人民共和国劳动法》等相关法律对儿童给予司法保护，更有《中华人民共和国义务教育法》（以下简称《义务教育法》）《中华人民共和国教育法》等特定领域的法律维护儿童权益，此外，还有具有行政效力的行政法规、部门规章和政策性文件维护儿童权益，如《禁止使用童工规定》《中国儿童发展纲要》《国务院办公厅关于加强孤儿保障工作的意见》《家庭寄养管理办法》等。在政策内容上，我国儿童福利制度涵盖儿童权利保护、儿童义务教育、特殊儿童保护、医疗健康等多方面。2006年修订的《未成年人保护法》明确儿童享有生存权、发展权、被保护权、参与权等。针对儿童医疗，我国目前虽并未有专门的制度保障儿童健康权益，仅在城乡居民医保中涉及儿童医疗费用报销，但社会各类组织设置的慈善救助项目在儿童医疗保障上扮演着重要角色。此外，我国实行九年义务教育，免除儿童学杂费。中等教育、职业教育、托幼等也在儿童福利与儿童保护服务当中起着重要作用。特殊儿童救助方面，有分别为弃婴、孤儿、残障儿童等出台的法规切实保障儿童权益。

总而言之，在政府重视与社会积极参与的推动下，我国儿童福利制度在福利内容与对象上取得了很大进展，从关注特殊儿童基本生存扩展为关注全体儿童等的基本生活保障、教育、医疗等多方面。但当前阶段儿童福利制度仍存在问题：缺乏专业、具体的法律细化儿童权益，儿童福利资源不对等，单亲家庭儿童、流动儿童、留守儿童、虐待儿童等问题严峻。顶层设计不足是儿童福利制度存在问题的重要原因。目前我国已制定了《未成年人保护法》《义务教育法》等法律法规保障儿童权益，但全国并没有统一的儿童福利法明确各行为主体的权利与义务。此外，儿童福利工作是由多个政府部门、协调机构和群团组织不同程度分担，并没有专门机构负责儿童福利工作。2018年12月民政部设置儿童福利司，承担拟订儿童福利、孤弃儿童保障、儿童收养、儿童救助保护政策和标准，健全农

村留守儿童关爱服务体系，完善困境儿童保障制度，指导儿童福利机构、儿童收养登记机构、儿童救助保护机构管理工作的职能，这一举措是我国儿童福利制度的一大发展，有利于推动儿童福利制度向前迈进，但这一机构并没有涵盖整个儿童福利体系。

（二）中国儿童福利政策发展趋势

新中国成立之初，计划经济影响下我国儿童福利表现为经济救济，主要由国家为特定的孤儿和残障儿童群体提供社会救助，所呈现的是一种补缺模式。改革开放之后，在市场经济背景下，我国儿童福利加快改革与建设步伐，福利范围有所扩大。21 世纪以来更是逐步向覆盖全体儿童的适度普惠福利制度方向转变。总体而言，我国儿童福利政策实现了内容单一到制度化、对象特殊到普遍、主体模糊到多元化的转变。

儿童问题是当今各国高度重视的社会问题，关系到国家的长治久安与兴旺发达。因此，要充分考虑到我国儿童福利制度面临的实际情况，吸收和借鉴国外儿童福利制度发展改革的经验教训，制定符合我国国情的儿童福利政策。

1. 强化顶层设计，制定完善面向全体儿童但有所差异福利政策体系

实现普惠性儿童福利是必然趋势，我国应制定完善惠及全体儿童的福利政策。同时，应考虑不同儿童的差异化需求，为儿童提供精准保障。[①] 针对侵犯儿童权利事件多发、特殊儿童保障制度不健全等问题，需要将当下我国儿童福利发展重点放在单亲家庭儿童、流动儿童、留守儿童、虐待儿童等问题上；考虑到家庭作为照顾儿童、保护儿童的重要场所，可以通过提供家庭津贴提高家庭应对困难的能力。同时完善儿童安置体系，在现有福利机构的基础上设置儿童庇护机构，有效应对社会上各种侵害事件对儿童造成的伤害，以保障儿童健康成长。

2. 建立统一的儿童福利管理体系

儿童福利政策要想有效实施需要有统一的儿童福利管理体系推动。我国当前儿童福利管理体系呈现一种分散状态，并没有专门的、涵盖全面保障内容的儿童福利部门保障儿童福利。受美国、英国、瑞典等儿童福利制度完善国家的启发，我国应从国家层面出发建立统一的儿童福利管理体系，对儿童福利事业进行顶层设计与整体规划。此外，要明晰儿童福利责任主体和权责，厘清相关部门各自的职责，确保儿童福利工作有效有序开展，推动儿童福利政策有效执行。

---

① 薛在兴 . 从适度普惠到精准保障——关于中国儿童福利和保护改革方向的思考［J］. 贵州社会科学，2020（5）：29–35.

3. 进一步健全儿童福利相关法律体系

作为我国社会福利体系中的一大重要内容，儿童福利制度要想实现大发展就需要有强有力的法律保障。目前，我国与儿童福利相关的一些法律法规基本分散在各类法律条文中，并未有专门为保障儿童权益制定的法律。而许多发达国家早在其儿童福利制度发展之初就制定了专门的《儿童福利法》，如英国早于1889年就颁布《儿童法案》，此后又陆续制定涉及儿童各项权益的法律，在此基础上构建了完善的儿童福利体系。因此，我国应将分散的儿童福利法律法规进行整合，制定综合性的儿童福利法，使得儿童福利政策的推行有具体法律依据，从而确保儿童福利制度有序运行。①

4. 多元主体参与儿童福利保护与服务工作

不论是家庭、社会还是国家，都有义务保护儿童正常健康成长。儿童福利工作要顺利开展仅靠其中任何一方的力量都是不可能的。德国、英国等在儿童福利发展进程中不仅有国家的干预，还有社会组织、企业雇主等多元主体的参与，各主体间分工协作促进了其儿童福利事业的发展。借鉴这一经验，我国应当结合自身实际通过增加政府财政投入和补贴、减免税收等政策激发市场主体活力，鼓励社会组织、市场主体等参与儿童福利建设。这不仅有利于减轻政府负担，而且可有效预防儿童问题的发生。

5. 儿童福利的发展要与经济发展相适应

近年来，我国生育政策的调整必然会影响儿童福利需求，要更好满足儿童多样化需求，就需要充分考虑到我国当前经济新常态及人们对生活质量的追求。同样地，与儿童福利相关的各项服务也应当向增进儿童福祉方向发展。德国的发展经验为我国提供了启示，新时代我国儿童福利政策的推行要注重物质保障与精神保障并举，保障儿童基本生存发展权的同时注重儿童健全人格、阳光心理等的培养，促使儿童身心全面发展。

第二节　家庭津贴福利制度的国际比较

一、典型国家家庭津贴福利制度

家庭津贴是给有子女的家庭定期支付的津贴，是社会保障计划的一个重要组成部分。有些国家的家庭津贴还包括上学补助、出生补助、妇幼保健服务等，有的还包括受

① 杨无意 . 我国儿童福利事业发展的成效、问题与对策［J］. 中国民政，2019（10）：40-41.

供养的成人亲属津贴。20 世纪 70 年代初，西方资本主义国家的福利制度被分为三种，即自由主义福利制度、保守主义福利制度以及“社会民主主义”福利制度。自由主义福利制度国家强调抚养儿童是个人责任，如英国、美国、加拿大和日本；保守主义福利制度国家强调发挥市场机制来调节儿童和家庭贫困，减少政府干预，如法国、德国；“社会民主主义”福利制度国家则强调国家应承担主要责任，政府应该为所有的儿童提供家庭津贴，如挪威、瑞典。根据这三种福利制度，家庭津贴福利制度发展也体现出不同的道路选择。[①②]

（一）英国

英国家庭津贴福利制度内容较为单一，以儿童津贴为主，覆盖所有儿童，主要是由政府财政提供支持。

20 世纪 70 年代初的英国家庭津贴福利制度主要包含儿童税收补贴和家庭补贴，内容较为单一。儿童税收补贴和家庭补贴为英国贫困儿童和家庭生活需求的改善提供了必要的经济支持。家庭津贴福利制度在进入 20 世纪 70 年代后开始变革，其内容逐渐趋于单一化，儿童津贴逐步取代儿童税收补贴和家庭补贴制度，成为英国家庭津贴福利制度的主要核心项目。除儿童津贴外，一些其他项目如收入支持、求职津贴、监护人津贴以及单亲父母津贴等也都包含在英国家庭津贴福利制度内。

英国家庭津贴福利制度覆盖范围广阔，具有全民性的特点。1945—1975 年，英国家庭补贴的对象从第二个子女开始提供扩大至第一个子女。在家庭津贴福利制度覆盖范围不断扩展的同时，政策结构体系也在扩展。1956 年英国家庭补贴年龄上限为学龄结束；1988 年年龄上限为学龄前；2005 年家庭补贴对象调整为不超过 20 岁且完成学业的年轻人，以及接受特定无薪培训计划的年轻人；2012 年家庭补贴对象年龄上限调整为 16 岁，全日制学生可以将年龄放宽到 18 岁。

英国家庭津贴福利制度的资金主要来源于政府财政。儿童津贴由英国税务部门管理和发放，其支出给英国政府财政带来了较大压力，是一种非缴费型和非收入相关性津贴。

（二）法国

法国家庭津贴福利制度体系较为完善，项目设置复杂，主要包括基本生活津贴、儿童早期津贴和特殊津贴。基本生活津贴包括儿童津贴、固定比率津贴、家庭收入津贴

---

① 李薇．西方国家家庭补贴制度：基于三种福利体制的比较［M］．北京：社会科学文献出版社，2017：70-162.

② 丁建定，李薇．试论中国特色家庭补贴制度的构建［J］．内蒙古社会科学，2021，42（2）：162-168，2.

以及家庭支持津贴，儿童早期津贴包括出生或领养补助、基础补贴、工作时间自由选择补助、可选择补助以及保育自由选择补助，特殊津贴包括残疾儿童教育津贴、上学补贴、父母每日看护津贴、家庭住房补贴以及搬家补贴。目前，法国家庭津贴福利制度形成了以儿童津贴为核心的基本生活津贴、以儿童早期津贴和特殊津贴为补充的内容体系。

法国家庭津贴福利制度面向所有普通儿童，覆盖部分特殊儿童和特殊需要儿童，广泛的覆盖满足了不同儿童的需求。法国的家庭津贴福利制度主要建立在税收化改革基础之上，责任主体是政府，资金来源是政府财政，税收是主要的资金渠道。

（三）瑞典

瑞典的家庭津贴属于普遍性的现金津贴，涵盖了不同需求的儿童和家庭，呈现出多元化的特征。瑞典的家庭津贴福利制度是根据补贴性质设置项目的，以父母保险津贴和儿童津贴为核心。主要分为保险津贴、一般津贴和经收入调查或需求调查的津贴，其中保险津贴包括父母津贴、临时父母津贴、怀孕津贴以及儿童金，一般津贴包括儿童津贴和收养津贴，经收入调查或需求调查的津贴包括生活支持、住房补贴以及残疾儿童照护津贴。瑞典的家庭津贴福利制度是建立在政府责任基础上的，高税收高福利使其津贴水平位于世界前列，瑞典政府财政支撑家庭津贴福利制度的资金支出。

瑞典对有子女的家庭实施补贴。凡有未满 16 岁子女的家庭，全部可以免税得到对每名子女的年度津贴，额度一般每人 6 800 克朗 / 年，年满 16 岁后，一般性的儿童津贴为延展性儿童津贴所取代。延展性儿童津贴持续到儿童享受法定义务教育期满为止。有三名以上子女的家庭，还可以额外获得大家庭补贴。新生儿父亲或母亲可以享受一年的假期，假期的前 9 个月可以领取工资的 90%，后 3 个月没有工资但是可以得到少量的津贴。瑞典为离职照顾子女的父母提供相关的父母津贴，并给予高达 450 天的假期，在家照顾不满 12 岁生病的孩子，可以获得临时父母津贴。同时，瑞典对需要入托的子女实行补贴，例如，一个月收入在 13 700 克朗以上的家庭，一天只需要为小孩缴纳入托费 3 克朗，其主要费用由国家补贴。工作负担较重的孕妇可以要求完成工作负担较轻的工作，或者可以获得最长 150 天的怀孕补助。如果工作环境对腹中婴儿有害而必须停止工作，孕妇也可以获得怀孕补助。

（四）美国

自 1935 年起，美国的家庭津贴福利制度的覆盖范围逐渐扩大。1935 年，家庭津贴补助对象为被其父母遗弃或其抚养者死亡，或其父母身患残疾或精神疾病，目前还和自己的亲属居住在一起的需要补助的儿童；1945 年，补助对象扩展到白人单身母亲；1962 年，补助对象扩展到黑人母亲；20 世纪 90 年代以后，当家庭的主要谋生者失业时，家庭津贴待遇扩展到双亲家庭，但是每年只提供 6 个月的补助金。

美国家庭津贴福利制度的资金主要来源于个人和政府。20 世纪 70 年代之前，主要由政府来承担家庭津贴资金的支出。20 世纪 70 年代之后，家庭津贴福利制度开始改革，其津贴资金转变为由政府与个人共同承担，将家庭补助、税收抵免与就业挂钩。领取家庭津贴的前提是参加工作，这一改革增加了个人在家庭津贴政策中的主观能动性。

（五）加拿大

加拿大家庭津贴福利制度的内容较为庞杂，涉及面非常广泛，其中涉及的儿童经济支持项目很多，最核心的是加拿大儿童税收津贴和全国儿童津贴。加拿大家庭津贴福利制度的目标人群是全国儿童，但是根据不同的家庭收入，划分为不同的群体。加拿大儿童税收津贴根据家庭收入将儿童划分为高收入家庭儿童、中等收入家庭儿童和低收入家庭儿童。全国儿童津贴依据孩子在家中的排行和家庭收入情况，其津贴标准也有所差别。

加拿大家庭津贴资金来源主体是政府财政，家庭津贴属于税收转移福利。加拿大联邦政府、省政府、县市区政府均属于家庭津贴福利制度的资金来源主体，承担了家庭津贴的主要财政责任。

（六）日本

日本的家庭津贴福利制度主要包括一次性儿童津贴、儿童抚养补贴和特殊儿童抚养补贴，其资金来源主体为中央政府、各级地方政府以及雇主。

日本的家庭津贴福利制度内容体系明确，以一次性儿童津贴和儿童抚养补贴为主。1985 年起，日本不断提升一次性儿童津贴标准。自 1991 年起，日本的家庭津贴政策中，对前两名子女每人每月发放额度为 5 000 日元，第三个子女及以上额度为每月 1 万日元。同时，日本一次性儿童津贴标准也在不断细化，由根据子女排行发放逐步转变为结合子女的年龄进行发放（见表 12–1）。

税收抵免主要是针对有劳动收入的低收入家庭设计的，申请者通常需要在一年内工作一定时间，从而确保那些真正有工作收入的人才能受益于这一政策，避免没有参与劳动市场的人获益。

表 12-1　　日本一次性儿童津贴标准变化　　日元 /（儿童・月）

年份	儿童年龄	给付标准		收入限制
1971	6 ~ 15 岁	3 000		无
1974	6 ~ 15 岁	4 000		无
1985	6 ~ 15 岁	5 000		无
1991	0 ~ 3 岁（未满）	前两名子女 5 000	第三个子女及以上 10 000	无
	3 ~ 15 岁	5 000	10 000	
2007	0 ~ 3 岁（未满）	10 000		家庭收入不超过 574 万日元
	3 ~ 15 岁	前两名子女 5 000	第三个子女及以上 10 000	
2012	0 ~ 3 岁（未满）	15 000		家庭收入不超过 960 万日元
	3 ~ 12 岁	前两名子女 10 000	第三个子女及以上 15 000	
	12 ~ 15 岁	10 000		

日本的家庭津贴福利制度的对象主要为三类人群：单亲家庭儿童、伤残家庭儿童以及其他家庭儿童。一次性儿童津贴针对所有家庭儿童，儿童抚养补贴针对的是单亲家庭儿童，特殊儿童抚养补贴针对的是伤残家庭儿童。

二、中国家庭津贴福利制度现状及发展趋势

（一）中国家庭津贴福利制度现状

我国的家庭津贴包括独生子女保健费、生育津贴等。1979 年为配合推行计划生育的基本国策，设立了独生子女保健费对符合条件的家庭予以补贴，独生子女保健费随着经济发展有所提高。2016 年生育政策调整后，国家提倡按照政策生育。对自愿生育一个孩子的夫妻，不再发放“独生子女父母光荣证”，不再享受独生子女父母相关奖励优待政策，但是之前已经领取“独生子女父母光荣证”的，继续按照规定的条件、标准、年限享受各项计划生育奖励优待政策。

生育津贴的计发基数日渐多元化，在实行生育保险社会统筹的地区，按照本单位上年度职工月平均工资为基数计发生育津贴，期限不少于 90 天；没有实行生育保险社会统筹的地区，生育津贴由本单位支付，标准为女职工原基本工资和物价补贴，期限为 90 天，以此形成了双轨制。由于生育津贴的具体实施办法可以结合本地区的实际情况制定，生育津贴的计发基数出现了“本企业上年度职工月平均工资”“当地社会平均

工资”“本人养老保险缴费工资”“本人上年度月平均工资”“本人生育前12个月平均工资”等多种形式。2023年8月，国务院颁发《关于提高个人所得税有关专项附加扣除标准的通知》，提高了3岁以下婴幼儿照护个人所得税专项附加扣除标准，由每个婴幼儿每月1 000元提高到2 000元。

随着三孩生育政策的推出，我国一些地区也开始调整其家庭津贴福利政策。2021年6月12日四川省攀枝花市印发《关于促进人力资源聚焦的十六条措施》，其中对按政策生育二孩、三孩的攀枝花户籍家庭，每月每孩发放500元育儿补贴金，直至孩子3岁。2021年9月16日，甘肃省临泽县出台《临泽县优化生育政策促进人口长期均衡发展的实施意见（试行）》，将生育、养育、教育一体考虑，推出了11个方面的配套措施，其中规定，临泽县将对在辖区公立医疗机构生育一孩、二孩、三孩的临泽户籍常住产妇一次性分别给予2 000元、3 000元、5 000元的生育津贴，二孩每年发放5 000元育儿补贴，三孩每年发放10 000元育龄补贴，直至孩子3岁。在临泽县辖区内公办幼儿园就读的临泽户籍常住家庭，二孩每生每学年给予1 000元资助，三孩每生每学年给予2 000元资助。对生育二孩、三孩的临泽户籍常住家庭，在城区购买商品房时给予4万元的政府补助；在各中心集镇、屯泉小镇、丹霞康养村等集中居住区购买商品房时给予3万元的政府补助。政府在配租公租房时，对符合住房保障条件且有未成年子女的家庭，优先予以保障。

2022年9月16日，云南省委、省政府印发《关于优化生育政策促进人口长期均衡发展的实施方案》，明确自2023年1月1日起，对符合政策条件的家庭发放一次性生育补贴（二孩补贴2 000元、三孩补贴5 000元），育儿补助（二孩、三孩0 ~ 3岁时每人每年补助800元），对婴幼儿意外伤害险参保给予补贴（婴幼儿0 ~ 3岁时每人每年补助50元）。

2022年11月12日，湖北荆门市人民政府发布了《关于优化生育政策促进人口长期均衡发展的实施方案》，其中明确要对三孩家庭加强财税政策支持，减免经济困难家庭入托、入园、入学等费用。对夫妻双方中至少一方为荆门市户籍、在市内医疗机构生育三孩的家庭，每月发放500元育儿补贴，直至孩子满3周岁。

2022年11月29日，黑龙江哈尔滨市印发《哈尔滨市优化生育政策促进人口长期均衡发展的实施方案》，其中明确将完善生育支持政策措施，减轻养育负担。按政策生育第二个子女的家庭，每孩每月发放500元育儿补贴；按政策生育第三个子女的家庭，每月每孩发放1 000元育儿补贴，直至子女3周岁。此外，方案要求健全支持生育的住房保障政策，政策内生育二孩及以上家庭申请住房公积金贷款的，所要求的连续缴存时间降低至半年；政策内生育第二个、第三个子女的家庭，在 9 城区购买新建住房的，分别给予 1.5 万元、2 万元的购房补贴。

（二）中国家庭津贴福利制度发展趋势

西方国家家庭津贴福利制度的建立、发展和改革都展现出明显的阶段性特征，形成了较为完整的内容体系。西方国家的家庭津贴福利制度具有坚实的理论基础和丰富的理论内涵。从运行机制来看，家庭津贴福利制度是一种收入再分配手段、现金转移支付工具和经济调控方法；从实际效用来看，它是一种保护制度。我国传统的家庭津贴福利制度在保障家庭生活质量方面发挥了较大作用，随着三孩政策的推行，原有的家庭津贴福利制度已经不适应目前的社会经济形势，我国的家庭津贴福利制度需要向着以下四个方面发展。

1. 准确的政策选择

西方国家对家庭津贴福利制度的选择体现了国别特色。这证明了，只要福利政策是符合本国国情的，就能发挥最大的功效。家庭津贴福利制度的建立可以在一定程度上减少贫困儿童数量，改善儿童经济状况。

家庭津贴福利制度不仅是收入分配的手段、经济调控的工具，也是保障儿童权利的政策选择。随着我国适度普惠型社会福利制度的逐渐建立，提升儿童福利保障水平已经成为迫切要求。2013 年 6 月，民政部发布《关于开展适度普惠型儿童福利制度建设试点工作的通知》，中国儿童津贴正式进入试点阶段。

2. 明确的目标定位

英国、美国、加拿大和日本的家庭津贴福利制度为有子女的贫困家庭提供了经济支持，属于社会救助发展模式；法国和德国的家庭津贴福利制度为有子女的中低收入家庭提供经济支持，属于社会保险发展模式；挪威和瑞典的家庭津贴福利制度为所有儿童和家庭提供经济支持，属于社会福利发展模式。以上说明，只要家庭津贴福利制度定位合理，符合国情，就能够发挥其最大的效用。

我国的家庭津贴福利制度应当符合我国的人口政策，为符合人口政策家庭的孩子提供经济支持是可行的选择，也符合中国人口发展规律和中国国情。

3. 合理的制度体系

合理的家庭津贴福利制度内容体系是以家庭津贴、税收福利支出为核心，其他项目进行补充；合理的家庭津贴福利制度结构体系是以普通儿童及其家庭、特殊儿童及其家庭为目标群体；合理的家庭津贴福利制度层次体系是以政府为主导，多元主体为支撑。

我国的家庭津贴福利制度的建立和发展应当立足于保基本，积极发挥其功能效用，鼓励家庭成员积极劳动，不过分依赖于政府的经济支持。同时，家庭津贴提供的方式也应当多元化，除直接的现金支持、税收抵免外，还应当引入合理的服务，在满足儿童基本生活需求的同时提升生活质量。

4. 与经济发展水平相适应

在符合社会保障制度发展规律的前提下，家庭津贴福利制度保障水平必须与我国经济发展水平相适应。多数国家家庭津贴资金承担主体的相对单一性使得政府会面临巨大的财政压力。家庭津贴的支出应该根据家庭生活需求确定，不同的家庭收入水平和子女数量对应的应是具有差异性的津贴水平。我国家庭津贴福利制度的发展应该使家庭津贴水平与经济水平相适应，同时根据某一阶段变动的物价、经济波动等进行适当的调整。

专栏 12-1　荷兰家庭津贴

荷兰的家庭津贴分为普惠型与非普惠型两类。普惠型的家庭津贴只要是在荷兰登记并居住在荷兰的，有 18 岁以下子女的家庭便可以领取。津贴直接通过社会保险银行（SVB）自动打入父母的账户；父母也可以通过自己的电子身份证去政府部门申领。每个季度，政府会根据子女年龄打入不同额度的津贴，年龄越大津贴越高。如果为子女花费了大量额外费用，家庭还有资格享受两倍于基本费率的津贴，例如，子女因教育或生病而离家生活，或子女住在家里但需要额外的照顾。按照栏表 12-1 中列举的信息，一个家庭子女越多也就意味着可以按照子女的相应年龄分别领取儿童津贴。

非普惠型的家庭津贴对领取这部分补助的父母有一定门槛要求。获得这类补助金的父母要有 18 岁以下的子女，父母已经在领取普惠型家庭津贴，父母的收入和资产要低于一定的水平。收入水平与现有子女数量有关；资产又与是否有“共同资产”有关。例如，2020 年如果想领取这类补助，个人的资产水平被限定在单人月收入要低于 116.613 欧元、两个人月收入则要低于 147.459 欧元。根据这些条件，社会保险银行会计算出津贴数额。

专栏表 12-1　　荷兰儿童津贴金额标准（2021 年）

年龄（岁）	欧元 /（儿童・季度）
0 ～ 5 岁	224.87
6 ～ 11 岁	273.05
12 ～ 17 岁	321.24

资料来源：周云，彭书婷 . 低生育率危机下的荷兰生育激励政策［J］. 人口学刊，2021（2）：98-112.

第三节　教育福利制度的国际比较

教育是一个国家最大的基础工程，需要国家的巨额投入与全社会的共同努力，教育的发展离不开社会福利政策的支持。教育福利政策的宗旨在于维护和保障公民的受教育权利，促进教育公平，进而影响社会生活的其他领域，推动社会全面协调发展。在推进国家现代化进程中，世界各国都对教育福利制度进行着不断探索和改革，以追求教育公平，为国家发展培养更多人才。

一、典型国家教育福利制度

（一）英国

英国作为典型的福利国家，在第二次世界大战后非常重视教育福利事业的发展。英国教育福利政策在福利国家现代化进程中经历了几次调整与变革，特别是在 2010—2015 年英国政府进行了较为深远的教育改革。当下英国教育福利政策主要包含以下内容。

1. 学校办学方面

在课程设置上，小学阶段英国实施严格的语言和数学教学标准，达不到规定要在初中补考，以提升小学生的语言和数学能力；中学阶段英国要求中学生必须学习英语、数学、科学或地理等科目，开设这些核心科目且具有高教学质量的学校，有机会获得教育标准局给予的最高等级评定，以此鼓励学校提高办学质量。在师资建设上，英国政府赋予老师更多纪律约束权力，为优秀教师提供更高报酬，鼓励实施“教学优先”计划，招募并留住最优秀教师，支持创办独立的“教师大学”以提升教学水平。在教学质量上，在中小学阶段增加学校数学教学时间，保证孩子数学基础，以期所有学生能充分挖掘自身潜力；在大学阶段，英国政府基于《诺斯报告》继续支持世界一流科学研究，鼓励在线教育，保持英国大学世界一流研究水平和学术卓越荣誉，确保英国大学的世界领先地位。

2. 经费支持方面

在学校经费上，英国政府承诺为学校投入大量经费，对那些最贫困地区学校给予额外经费补偿，保障学校教学环境。政府不允许公立学校盈利，随着学生数量增加，学校经费会相应增长，确保学校教学资金宽裕。在教育部门经费拨付上，以上一届议会政府对地方教育局的拨款作为下一届拨款的基准，拨款资助地方教育局以使其资金充裕。在学生支持上，政府继续维持高水平的学生奖学金，为所有公立学校二年级以下的学生提供免费午餐以支持家庭。

3. 保护儿童方面

对贫困儿童，英国政府致力于削减贫困儿童规模，跨地方联合开展工作让（事实）孤儿、贫困儿童拥有最合适（养）父母，保障贫困儿童拥有温暖和充满爱的家庭，让贫困儿童在社会和学校中感到安全；对残障儿童，完善对有特殊需要和残疾青少年的优先支持，通过“自由学校”等计划增设特殊学校规模，启动协作评估程序确定青少年需求，为特殊儿童教职人员提供专项培训资助，处理学校霸凌行为保障特殊儿童权益。

4. 其他方面

在入学名额上，通过扩大“国家教育领导”计划，扩大优质学校入学名额，提供资金以建设更多更好学校场所，让优秀校长接管教学薄弱小学以提升教学水平；在学校改制上，将教学薄弱中学改制成学院，为家长提供满意学校，给予学院更多管理权限和经费自主性，扶持学院取得成功；在技能培训与继续教育上，政府继续改善技能培训与继续教育，确保每个城市都有一所“大学技术学院”，传授更多实战技能，通过“国家学院”网络，提供专业高水平职业培训和继续教育课程，技能培训和继续教育的水平得到了雇主广泛认可。

（二）德国

德国的教育福利从中世纪以后开始发展，是世界上最早设立国民教育系统的国家之一，为西方近代教育做出了突出贡献。德国教育福利制度发展变革经历了一个长期的、全方位的变革过程，目前德国教育福利政策主要有以下内容。

1. 教育体制方面

在法律规定上，德国对各州的教育管辖仅限于基本监督和协调，联邦宪法和基本法赋予了各州文化教育自治的权利，除了联邦范围内某些共同的教育基本问题，一般文化教育事务均属各州的自治权范围，由各州制定的宪法、学校法和其他教育法令加以具体规定。在教育分工上，德国每个联邦州都有州文化教育部、地区教育厅和县（市）教育局一套行政管理机构。州文化教育部负责教育的统筹规划以及对学校重大决策的监督，地区教育厅负责管理、监督、指导和协调下属县（市）教育局的工作并负责地区内中学和职业学校管理，县（市）教育局负责区域内各种普通学校的管理和督导工作。在政策实施上，德国基于基本法，以完整的教育法律体系作为约束，使教育福利建立在法制基础上，通过立法保证教育福利政策的实施。

2. 经费支持方面

根据基本法，德国实施 12 年义务教育。义务教育阶段教育经费由联邦和地方政府拨款，免除学生的学杂费。对于经济上有困难的学龄儿童，给予就学援助，住校提供困难补贴。对于住在偏僻乡村的学生，学校必须免费提供接送车辆，由国家给予资金援助。在职业教育上，按照德国《职业教育法》规定，德国职业教育经费由联邦、州政府和企业分别来承担。联邦政府负责教职工人事费用，州政府承担校舍、设备及管理人员等费用，企业职业教育经费完全由企业承担，并承担学徒津贴和工资。在教育设施上，德国在各个城市建立众多的图书馆、画廊、歌剧院等社会文化教育设施，给市民提供文化教育场所，这些设施由联邦、地方政府拨款和社会捐赠等方式共同修建维护。

3. 职业教育方面

在教育形式上，双元制是德国职业教育的基本形式，是学生在企业接受实践技能培训和在学校接受理论培养相结合的职业教育形式，学生被企业录取后，就按照就近原则去职业学校学习，重点培养学生的专业能力、社会能力等职业能力。在法律规定上，1969 年德国颁布的《职业教育法》规定，除学校需执行的法律义务外，亦规定了企业在职业教育方面所需要承担的职责和义务。在权益保障上，德国以法律的形式规定企业和受培训者的权利与义务，按照培训条例进行监督和考试，完善职业教育的管理运行，促进职业教育健康有序发展。

4. 其他方面

在师资建设上，德国对教师资格有着严格的要求，要在有丰富教学和实践经验的基础上，通过教育学、心理学考试才能获得资格担任教师，这使德国有世界一流的教师团队。在培训计划上，行业协会发挥着重要作用，行业协会直接面向企业领导、企业教师、学生及家长提供咨询服务，负责确定学生职业选择，为学生未来的学习和学生个人的全面发展提供坚实的基础。在教学方法上，德国以学生为中心、以行动为导向，职业学校仅是教学计划实施者，不参与教学计划的制订，以此保证任务的单一性，学校把主要精力用于改进教学方法与学生培养上。在特殊群体教育上，联邦和地方政府以拨款的方式兴建各类特殊学校，残障儿童满足年龄条件就可以进入特殊学校学习，由特殊学校对他们进行职业培训。

（三）芬兰

芬兰作为北欧典型的高福利国家，经过数十年的发展，在20世纪80年代建立了普惠的、社会民主型的福利制度，其中教育福利政策包括以下内容。

1. 教育体制方面

在教育体制上，芬兰实行分权制，教育由当地政府负责，中央政府出资平衡地方经济条件的差异，使各地教育条件保持均衡；在教育运行机制上，芬兰拒绝市场机制，努力通过制度途径而不是市场来改善办学条件，从提供经费高质量培养教师到改善学校硬件条件，来帮助提升教育质量，促进教育质量均衡化。

2. 教育公平方面

在教育理念上，芬兰提供教育的一个基本原则就是重视教育的价值以及平等公正地发展教育；在基础教育上，芬兰以九年一贯制的综合学校保证全国的学生接受内容和标准一致的基础教育。实施免费的义务教育和高等教育，并提供各种经济补助以彻底消除学生平等接受教育的障碍，不因学生的出身、家庭背景、经济条件和社会地位等而区别对待，保障学生平等接受教育的权利；在教育帮助上，芬兰建立四个层次的学生帮助系统，分别是教师本人、教师助手、特殊需要教师和多学科小组，帮助解决学生可能存在的家庭或社会问题。

3. 弱势群体保护方面

在区域均衡上，芬兰作为北欧福利国家，其依托强大的福利制度，采取中央补贴地方的方式，向教育资源落后的地区增加教育拨款以实现区域教育均衡；在保障弱势群体受教育权上，芬兰面向少数民族或移民子女提供专项经费，给经济状况处于不利地位的群体提供经济资助，建立完善的困难学生资助系统或补偿教育，使得各民族、各阶层、各地区的学生都有机会获得同等的教育福利；对于残疾儿童，芬兰推出残疾儿童福利津贴，规定有残疾的家长，可以根据实际抚养花费获取一定额度甚至是全额的补贴。

4. 其他方面

在非义务教育阶段，芬兰在幼儿及学前教育阶段，给 5 ~ 6 岁的孩子提供一年免费的学前教育，为 1 ~ 5 岁儿童提供日托服务，由芬兰社会事务和健康部提供资助。芬兰在高等教育阶段免学费，使尽可能多的学生获得高等教育机会，由政府提供健康、食宿、交通方面的补贴，学生还可以从银行获得国家担保的贷款。在移民教育上，芬兰对进入综合教育阶段的移民学生和其他学生提供同样的享受公平的基础教育的机会，中央政府拨付专款给各地方政府用于移民学生的额外教育。另外芬兰在移民中大力开展成人教育，开设各种语言教育项目以及融入语言和风俗教育的职业培训。

（四）美国

美国能够成为世界上教育资源丰富和最为发达的国家之一，与其不断改革的教育福利制度是分不开的。美国教育福利政策经历了多次改革，当下美国教育福利政策主要有以下内容。

1. 教育财政体制方面

美国形成了联邦、州和地方学区三级共同分担的教育财政体制[①]，其中联邦政府主要是调节各州之间的贫富差距，指导改革方向；州政府负责全面承担义务教育费用，而且州财政预算中义务教育经费占比要超过其他任何单项。1965 年美国国会通过《初等和中等教育法案》后，联邦政府和州政府对教育投入比例不断增加，大规模提高了联邦政府对中小学教育的投入。以联邦、州和地方为主的教育投入机制，有力保障了美国教育福利政策的不断推进与巩固提高。

2. 教育公平方面

在学费上，各州政府收缴税金以供教育开支，美国中小学的公共教育费、学费、课本费全部免除；在餐补上，针对学龄儿童，美国现有全国午餐计划、全国学校早餐计划和暑期食品服务计划三个营养计划，旨在为所有儿童提供足够的营养食品，弥补儿童营养不足的缺陷；在校车上，联邦、州和地方学区共同管理校车并提供服务，其中，联邦政府负责发布法律以及校车安全等方面的规范，州政府以法律和规范管理校车的安全运营，校车运营资金来自市政债券和各级政府财政对校车给予的补贴。美国以以上三种方

① 陶夏．“后罗德里格兹时代”基础教育财政公平的实践演化——基于美国的判例解析［J］．教育经济评论，2017，2（5）．

式促进了教育公平，确保个体公平获取教育机会。

3. 特殊教育方面

对于残障儿童，美国的《障碍者教育法案》规定，政府要为0～13岁盲、聋等13类残障儿童提供免费教育，除残障程度特别严重的儿童可以进入特殊学校或特教机构外，其他都在普通学校学习，保障特殊儿童能够和正常儿童一起成长。同时对特殊教育的经费，美国政府拨款逐年增加，以为其提供更好服务；对于贫困儿童，政府从济贫款中设项支付给家长以供适龄子女就学之用，各地为贫困儿童提供良好的初等或普通教育，并通过政府购买发给儿童衣物等日常用品。

4. 其他方面

在教育效率上，美国采用教育券制度，即政府将用于义务教育的公共经费以凭证的形式直接发给学生和家长，学生和家长可用它支付所选学校的学费和相关教育费用；美国政府还利用教育券帮助贫困学生购买他们选择的学校教育费用，促进了教育输入与输出的平等，提高了教育效率。在特许学校上，特许学校采取公立私营的办学形式，且大多数州通过特许学校立法，使特许学校走上了正规化道路，扩大了教育受益群体，促进了公立教育系统内部良性竞争。在黑人和其他少数民族教育上，黑人和其他少数民族与白人一样享有平等的受教育权利。

（五）日本

作为福利国家，日本教育福利政策改革与发展始终走在亚洲前列。第二次世界大战后日本的教育事业和经济发展一直保持良性互动关系，大量的教育福利投入为日本现代化建设培养了丰富的人力资源，推动了日本经济的发展。进入21世纪后，日本教育福利政策根据文部科学省规定每十年进行一次大的调整，形成了一系列完整的教育福利政策。

1. 立法保障方面

在立法工作上，日本政府通过多种支持的形式促使社会组织、半官方组织和其他社会群体参与教育福利政策和教育福利立法等制定全过程。在法律规定上，日本教育福利立法建立在议会制民主的基础上，由议会通过法律的形式明确不同责任主体在对学校提供经济支持之中的责任。在责任承担上，由多方力量共同参与，其中公立学校由日本中央政府、都道府县和市町村三级财政承担不同的经济支持责任，不同责任主体应该承担的比例由法律明确规定，日本三级政府在义务教育经费分担中也各自承担具体的责任。

2. 教育公平方面

在发展理念上，日本文部科学省统管教育制度并确立了“素质教育”和“终身学习型社会”的教育发展理念，以指导教育福利工作的开展。不设立所谓“重点大学”和“重点高中”，不因学校的排名进行不同的经费和福利政策支持。在课程设置上，日本注重理论和实践教育的“均衡”。日本文部科学省对于18岁以下所有中小学的课程设置有严格的规定，明确不同类型课程上课课时和上课的时间。另外，日本教育还设置有多种类型的实践课，如运动、传统文化等，科学的课程设置使日本教育的理论与实践能够均衡发展。在教育方式上，日本实行无差别和公平的教育，注重对受教育群体进行文化和价值观上的认同塑造，促进了国民民族意识的巩固和加强，日本教育福利投入不断转化为受教育群体的能力塑造。

3. 经费支持方面

在各类费用上，日本义务教育阶段学生不仅不需要缴纳学费、杂费和书费，还能免费享受医疗检查和获得教科书。日本颁布《学校教育法》，向学生提供低价营养午餐，特困生免除费用，由国家和地方政府各自承担一半。日本教育福利的经济来源主要是政府财政拨款、社会资源支持。日本教育福利在享受国家财政拨款的同时也积极争取社会资源的支持，对个人而言，日本社会设立了大量机构和私人出资的助学基金和学校建设支援基金，对不同年龄阶段的儿童、青年和有相关需要的学生开放申请，但这些贷款基金绝大部分都是有利息且有严格还款规定的。对学校而言，每所学校的发展情况一方面取决于政府的财政拨款，另一方面取决于学校资金的社会自筹能力，被不同类型主体支持的学校其社会地位都可以得到教育部门的承认。

4. 其他方面

对于特殊儿童，日本政府在解决生活困难的同时，更加注重培养残疾儿童自立自强和社会参与的能力，并强调满足特殊儿童的教育需求；对于贫困儿童，中央及各级地方政府对就学所需的各项经费给予帮助，地方公共团体对贫困儿童提供学习用品等就学奖励的，国家对这些团体会给予必要援助；对于职业教育，主要通过政府筹资、社会筹资、学费等多方面资金来源，确保职业教育福利的资金支持。

（六）韩国

近几十年来，韩国不断推进教育创新战略，取得了积极的成果，目前已经成为全球教育质量和均衡化程度较高的教育强国之一。韩国的教育福利政策主要有以下内容。

1. 教育体制与规划方面

在责任分工上，韩国教育部作为中央政府机构，主要负责有关学术活动、科学及公众教育的政策方针制定和执行；各道和广域市设有教育委员会，主要负责小学、初中和高中的教育活动；地方政府对教育委员会进行基本政策方面指导并提供财政支持。在教育规划上，韩国实行“教育福利促进规划”，扩大教育福利投入的同时，进一步实施学校自治“三步走”战略：第一步是废除有碍学校自治的规章制度，逐步扩大学校自治权利；第二步是修订与教育部门公务员、教师岗位设置和学校信息公开有关的法律法规，鼓励学校走特色发展道路；第三步是促进优质和差异并存的教育公平的实现。

2. 教育公平方面

在法律规定上，韩国在《教育法》中对教育的基本方向和目标作出明确阐述，以完善个人品德，培养独立生活能力和获得能参加建设国家和促进全人类繁荣活动的公民资格为目标。在教育投资上，韩国对教育和人力资源开发的投入巨大，其中教育资金由中央统一筹措并优先对教育落后地区进行投资。韩国六年制小学教育为免费的义务教育，1992 年起在推进初中三年义务教育过程中，以较为贫困地区免费为开端，再向经济较为发达地区推进，力求最大限度地保证国民教育机会的均衡性。近年来，韩国更是日益重视学龄前儿童教育，教育部修订了学龄前儿童教育发展长期规划，要求不断增加幼儿园的设施。在师资建设上，韩国从教师队伍建设入手，实施“教师轮换”制度，以法律形式规定教师进行义务性流动教育，制定了完善的教师定期流动制度，从而使教师流动过程公开透明。法律严格禁止学校的在职教师做有偿教育或去培训班任教。韩国教师的报酬很高，福利也好，并且随着教师教龄的增长，待遇会相应增加，这些举措为韩国教育公平创造了有利条件。在高等教育上，韩国实行“机会均等分配制”政策，实施高等教育计划内和计划外招生“双轨制”，在国家招生计划外再招收低收入家庭学生，给予弱势群体和困难家庭学生政策性关怀。

3. 弱势群体保护方面

在保障弱势群体教育权益上，韩国政府扩大对弱势群体的教育福利支出，不管国民家庭经济背景如何，给予每个个人平等获得教育福利的权利。在特殊教育上，《教育法》规定每个道和广域市都必须为残疾儿童建立一所以上的特殊学校，这些学校除提供普通教育之外，也提供技术培训，以便为残疾学生从事生产性工作做好准备。教育部负责举办特殊技能大赛以及残疾学生的就业安排计划。

4. 其他方面

在多元文化教育上，韩国帮助多元文化背景学生提高学业水平和韩语熟练程度，帮助多元文化背景家长提高自身素质，提供韩语、计算机应用课程辅导及咨询翻译等服务，在学校开设多元文化课程以加强多元文化教育。在非正规教育上，韩国 1979 年修订公布了《非正规教育促进法》，使非正规教育制度化，非正规教育机构以公民学校和商业学校为主，主要提供技术训练，同时为那些期望完成正规教育的人提供一至三年的相当于正规小学或初中的课程教育。

二、中国教育福利政策现状及发展趋势

（一）中国教育福利政策现状

改革开放以来，尤其自 1986 年颁布实施《中华人民共和国义务教育法》以来，我国教育福利制度逐渐得以建立和完善。近年来，随着国家对教育投入的持续增长，我国义务教育基本普及，高中阶段及中等职业教育也得到了快速发展，高等教育已经进入了大众化发展阶段，各个不同教育阶段所提供的教育机会明显增多。经过几十年的改革与发展，我国大体形成了以下教育福利政策。

1. 义务教育普惠性福利

义务教育作为教育福利制度的主体构成部分，是一项全民性的福利。《中华人民共和国义务教育法》规定义务教育年限为九年制，不收取学费、杂费。国务院和地方各级人民政府将义务教育经费纳入财政预算，义务教育经费投入由国务院和地方各级人民政府根据职责共同负担，农村义务教育所需经费，由各级人民政府根据国务院的规定分项目、按比例分担。各级人民政府对家庭经济困难的适龄儿童、少年免费提供教科书并补助寄宿生生活费。同时，国务院和县级以上地方人民政府会根据实际需要，设立专项资金，扶持农村地区、民族地区实施义务教育。

2. 贫困儿童的教育福利

在财政拨款上，中央政府以义务教育转移支付方式，向贫困儿童提供资金，推动农村地区义务教育顺利实施；在教育投入上，我国对贫困儿童实施“两免一补”，免除学费、杂费，免费提供教科书，对寄宿学生提供生活补助；在入学上，针对那些受不利地理条件制约影响儿童入学的，提供专项财政资金资助贫困儿童上学。

3. 流动儿童的教育福利

在政策规定上，我国保障流动儿童接受义务教育的权利，以输入地政府为主体承担流动儿童义务教育的主要责任，由当地人民政府为他们提供平等接受义务教育的条件；在就学问题上，流动儿童突破以往的户籍限制，以流入地为主、以公办学校为主接受义务教育，按照就近入学原则统筹安排就读；在资金拨付上，由地方各级人民政府对符合

当地政府规定的流动儿童，在公办学校就读免除学杂费，不收借读费。

4. 残障儿童的教育福利

在法律保障上，《中华人民共和国残疾人教育条例》对残障儿童的受教育权进行保障，保障残障儿童健康成长；在特殊教育上，给予内容差异化的福利，建立一批特殊学校以满足残障儿童的基本教育需求；在财政预算上，特别照顾特殊学校，保证特殊学校办学的特别经费需求，支持我国特殊教育的发展。

（二）中国教育福利政策发展趋势

国外一些发达国家的教育福利制度起步早，并结合现实情况不断改革完善，取得了很多成功经验，形成了较为成熟的教育福利体制。我国应立足于本国国情，学习其他国家教育福利制度的先进经验，不断完善我国教育福利制度。

1. 健全法律法规，明确政府职责

从各国教育福利制度变革来看，教育福利制度是社会发展的重要标志，通过健全法律规定来确定教育福利的供给，不仅会促进现代国家教育的发展，也有利于提升全民族的文化素质。目前我国并没有形成针对不同群体的较为完整和成熟的教育福利法律法规等，对此，应以教育立法的方式，顺应社会生产与生活的发展要求，对现行法律法规进行补充与修订，明确政府为第一责任人，从法律层面明确各级政府的职责权限，避免互相推脱责任。同时各地政府也要立足自身情况因地制宜制定工作条例等，保障个体平等享有教育福利的权利。

2. 促进教育资源公平分配

教育公平原则应成为我国教育福利政策追求的目标。我国应在保障人人接受义务教育、强调人人都享有受教育权的基础上，更加注重教育资源的公平分配。通过完善我国的教育福利政策，促进教育公平。中央政府要更加公平合理地配置教育资源，以深入贯彻弱势补偿原则的教育政策为导向，向教育资源不足地区适当倾斜，让教育资源不足地区的学生也能够享受到优质教育资源。同时中央政府应给予教育资源落后地区更多政策倾斜和帮助，加大资金保障与落实，激励教育资源落后地区的地方政府积极投资教育，将中小学集中办学，进而提供优质教育资源。

3. 促进教育福利目标诉求更全面

教育福利作为社会保障制度的重要内容，现代教育福利的目标设计不能仅局限于全体社会成员进入教育系统的机会均等，还应满足不同身份、不同家庭的社会成员能够享受同一标准教育福利的现实需求；不再局限于提供免费或者低费用的公共教育服务、各种政府津贴、教科书及学杂费减免等传统教育福利内容，应考虑多种给付模式，对教育福利制度的设定更加人性化，发挥教育福利的公益性和福利性，最终通过教育投资实现全体社会成员尤其是弱势群体综合素质提升。

4. 保障弱势群体享受教育福利

对于弱势群体而言，应采取多种补助的形式保障弱势群体与普通家庭学生一样平等地接受义务教育、享受教育福利。以立法的形式保证在教育经费预算中列出弱势群体的专项经费，促进弱势群体的生均教育经费逐年增长。注重消除制度方面对弱势群体的歧视，针对性地兴建、改良一批特殊学校，根据需求调整特殊学校数量及办学规模；发挥好公办学校的主渠道作用，通过科学合理配置生源、简化入学手续、降低入学门槛等方式，改变弱势群体享受教育福利难的问题。

5. 促进教育福利供给主体多元化

在提供教育福利过程中，长期以来社会力量也在我国教育资源提供上发挥了重要的作用，因此在充分发挥来自市场和家庭的教育福利补充作用的同时，可进一步发挥“国家—市场—家庭”多元教育福利治理的合力作用，动员社会力量广泛参与到教育福利供给中，以此优化教育福利服务的供给模式，促进教育福利供给多元化。

第四节　老年福利制度的国际比较

一、典型国家老年福利制度

（一）英国

英国的社会保障制度以养老保险为主要内容，发表于 1942 年的《贝弗里奇报告》更加确定了英国社会福利的精神。1948 年，英国政府宣布建成福利国家，向全民提供了“从摇篮到坟墓”的全部社会福利。其中英国的老年福利比较完备，主要包括以下内容。

1. 经济方面

英国老年人的社会福利收入主要来自三个方面。（1）退休年金，1948 年开始，英国将领取国家养老金的年龄设为男性 65 岁、女性 60 岁。2010—2018 年，女性年龄上调为 65 岁，与男性持平；2018—2020 年，男性和女性年龄均增至 66 岁；2026—2028 年，计划将逐步提高到 67 岁。对于 80 岁以上的老年人，退休年金略微增加。（2）公共救助，倘若退休年金不足以维持其最低生活水平，可以向补充给付委员会申请公共救助，经查属实，即可按周发给救助金，直至其经济情况好转、不需要救助时为止。（3）养老年金，凡残疾不能参加养老保险或者超龄不能投保，合乎下列条件之一者可以领取养老年金：年满 70 岁及以上的老年人；年龄超过 40 岁的残疾人或盲人；在英国居住 5 年以上的英国籍国民；未领取国民保险的退休年金及遗孀给付者。此外政府对超过 65 岁的老年人给予适当的纳税补助；66 岁以上的老年人可享受国内车船票减免的福利，电视费、电话费和冬季取暖费也有相应的优惠待遇。

2. 医疗方面

英国政府于 1948 年建立国民卫生保健制度（NHS），对包括老年人在内的全体国民实行免费医疗保健服务。NHS 经费主要有以下几个来源：中央政府用税收提供总费用的 80%，社会保险提供 9.0%，地方公共卫生部门提供 6.5%，个人只支付极少的部分。英国政府对老年人医疗保健的服务，主要采取以社区为单位提供医疗保健的办法，即在每一社区内设立若干老年人保健中心或老年病医疗机构，在医生的指导下，开展日常医疗护理等工作。社区老年人医疗保健组织体系大体可分为两类。（1）社区保健中心，以 20 000 ~ 30 000 人为一个社区单位，每一社区中有 2 000 ~ 3 000 名 65 岁以上的老年人，即每社区需解决和管理 2 000 ~ 3 000 名老年人的医疗保健问题。（2）地区老年病房设施，即在各社区的综合医院或大学医疗中心等医疗机构中开设老年病房，每 20 万 ~ 30 万人指定一所医院。患急性疾病的老年人及一些患慢性病的老年人，经由社区介绍，可随时去该医院治疗。具体做法是：社区保健中心为老年人医疗保健及健康护理的基层单位，每个社区配有老年科医生 1 名，精神科医生 1 名，由若干名其他专科医生（耳鼻喉科、眼科、整形外科）组成综合性医疗小组；他们定期在社区保健中心会诊，以研究和讨论老年人的健康保健问题。另外，在地区注册的护士及社会工作者、家庭助手等人员会定期进行保健访问及随访，记录各种调查数据，开展保健指导，进行疾病预防、医疗护理、营养指导等，及时向病人的主治医生汇报病情并对治疗方案提出建议。家庭助手还帮助一些体弱多病的独居老年人做饭、洗澡、洗涤衣物及整理房间和床铺等。①

3. 住房方面

英国老年住房大致分为六种。（1）公有住房，由英国地方政府设立的新镇开发公司

① 胡务，张译匀. 社会福利概论［M］. 成都：西南财经大学出版社，2016：127-128.

兴建作为出租或出售的老年住房，早期只租不售，从1979年开始政府鼓励居住者购买。（2）出租住房，民间自发组成的住房协会将旧住房修建或兴建新住房出租给老年人，兴建费用由政府给予相当数额的补助。（3）老年人购房优待，凡是购置住房的老年人，可以申请分期贷款和利息宽减。（4）老年人免费住房，由英国民间组织发起，鼓励那些拥有较大房宅的老年人，让出部分房间给贫苦老年人居住，房主仍保持其房屋的所有权。（5）为鼓励子女照顾老年父母，如果子女附近有空地，可向地方政府申请，由政府出资兴建房屋，供老年父母居住。（6）小团体住房，利用社区内公有房屋，每间房屋收容6～8人，并为其配备一名公共管理员。

4. 其他福利

（1）膳食服务，对那些居家无能力准备膳食的老年人，民间团体及企业收取较低的费用，为老年人准备膳食并送到家中，为身体不便者提供喂食服务。（2）家事服务，地方政府或民间团体培训已婚女性担当家事辅助员，收取较低的费用，协助老年人购物、打扫房屋等；对于那些低收入老年人，则免费提供服务。（3）有些地方政府向老年人提供清洗被褥衣物服务。（4）访问服务，一些健康老年人自愿为住在附近的老年人提供定期访问服务。（5）适老化改造，为一些行动不便的老年人的住宅安装扶手、坐轮椅进出的自动门，以及防跌倒等设备等无障碍适老化改造，政府会为适老化改造或提供经济方面的援助，或代为设计、施工。（6）日间照护，对于一些患阿尔茨海默病或行动不便、缺乏自理能力，并且独自在家的老年人，会在机构设置日间照护中心，将老年人日间聚集到照护中心，供给午餐并提供其他服务。（7）休闲活动，由政府或民间团体举办，成立各种俱乐部、旅行会，供老年人休闲娱乐。（8）老年寄养，合乎机构寄养条件的健康老年人，也可以不送到机构而送到家庭寄养，由于老年人对陌生环境的适应能力较差，有被家人抛弃的感觉，因此该措施尚未普遍推广。（9）燃料补助，为低收入老年人提供廉价燃料。（10）交通津贴，凡行动不便且低收入的老年人，可申请交通津贴。[①]

（二）瑞典

瑞典的老年福利制度化建设始于1913年颁布的《国民普遍年金保险法》，1983年颁布的《健康与医疗服务法案》、1997年颁布的《瑞典社会服务法修正案》初步建立了较为完善的老年福利体系。2002年，瑞典颁布了新的《社会福利法》，明确了瑞典老年福利政策的目标就是确保老年人能够不被社会排斥，能平等且广泛地参与社会生活，分

① 陈银娥．社会福利［M］．中国人民大学出版社，2009：140.

享社会经济发展成果，独立生活，并享有较高的福利水平和高质量的福利服务。① 主要包括以下内容。

1. 经济方面

瑞典老年人的社会福利收入主要来自三个方面。（1）基本养老金，凡年满 65 岁的老年人就可领取基本养老金。单身人士基本养老金的标准为基数额的 95%，夫妇每人的标准为基数额的 77%，基数会根据工资水平和物价水平不断调整。领取基本养老金的年龄，由本人在 60 岁到 70 岁间选择，以 65 岁为基准，提前领取基本养老金的人每月减少 0.5% 的款额，延迟领取基本养老金的人每月增加 0.6% 的款额。（2）提前退休基本养老金，这项年金的支付对象是未到领取基本养老年金年龄、因身体或精神上的疾病而丧失劳动能力的人。若劳动者疾病可能很快就可以康复，可领取伤病津贴；若劳动能力降低到正常人一半以下，可领取提前退休基本养老金。劳动能力的判定不仅以医学上的伤残度为准，而且会根据现在的收入与残疾以前的收入的差额大小来判定。提前退休基本养老金有以下几种：现在的劳动能力是原来的 1/6 以下者，领取基本养老金的基数额；现在的劳动能力是原来的 1/6 到 1/3 者，领取基本养老金基数额的 2/3；现在的劳动能力是原来的 1/3 到 1/2 者，领取基本养老金基数额的 1/2。领取提前退休基本养老金的年龄限制为 16 ~ 65 岁，65 岁以后由基本养老金代替此项养老金，有 16 岁以下重症残疾子女的父母，可领取养护津贴。（3）国家补充养老金或附加养老金。补充养老金是一种反映退休人员在职时技能、劳动、收入等方面差别的义务保险。补充养老金来源于雇主为雇员建立的基金及利息收入，无政府补贴，当雇员取得工资收入达到一定年限时即可领取，领取数额根据退休前 15 个最高工资收入年份计算，大约为这 15 年平均收入的 60%，因此，领取金额的多少取决于退休前的工资收入。领取国家补充养老金有两个基本条件：第一，领取者在退休前一年的工资收入必须在 7.5 个“基数”以下；第二，领取者必须加入这项保险计划并纳税达 30 年，不足 30 年的，每少一年就进行相应的扣减。

2. 医疗方面

瑞典于 1953 年通过《国民健康保险法》。1983 年实行新制定的《卫生与医疗服务法案》，其目的在于保障全国人民具有良好的健康状况。领取养老金的老年人免缴健康保险费。在医疗费中，门诊治疗均为免费，住院治疗只有在领取养老金后的一年是免费的，以后的每次治疗仅要负担 30 克朗。有工资收入的老年人只有在开始领取养老金之

① 夏艳玲. 老年社会福利制度：补缺模式与机制模式的比较——以美国和瑞典为例［J］. 财经科学，2015（1）：119–128.

日起的半年内可以享受伤病津贴。各地设立了许多小型疗养所，为瘫痪老年人提供社会服务；患慢性病需要长期护理的老年人，国家发放家庭护理补助费，享受的家庭护理由本地区医护人员负责，由一名家属或一名保健助手协助提供。医院设老年病科，需要长期住院医治的老年人，可以住院医治。此外还为老年病人和残疾人设有康复中心，康复中心有医生、康复技师、心理学家向患者提供治疗和咨询，并设有康乐室、手工作业室以及供午间用餐的餐厅和临时床位。康复中心为日托性质，备有适老化汽车以便接送。

3. 住房方面

瑞典政府自1953年起，开始对老年人进行住房补助。主要措施有四种。（1）住房津贴，凡家庭收入未达到一定标准的老年人，通常在其养老金中加发不用纳税的住房津贴。其数额由地方政府根据当地生活水平来决定，一般残疾人领取额度更高。（2）一般住房津贴，除养老金以外无其他收入来源或收入较少的老年人，由地方政府支付与标准住房房租相当的津贴，瑞典大概有半数老年人享受此项津贴。（3）老年之家，主要是收容社区贫困老年人。

4. 其他福利

（1）膳食服务，散居在社区的老年人可以到附近的中小学食堂吃饭，食堂在学生用餐结束后开始供应老年人膳食。食堂提前向老年人公布菜单，所收费用仅为市价的一半。（2）家庭服务，为了在生活上帮助散居的老年人，社区雇用可以上门提供服务的家庭服务员，定期帮助散居的老年人购物、备餐、整理卧室和处理家务。（3）教育服务，普通大学取消入学的年龄限制，一律向老年人开放；向老年人开放图书馆、博物馆，对一些行动不便的老年人，图书馆派人送书上门，定期调查他们希望阅读的书，对调查结果进行整编，制定老年人图书目录，并将其送到各家或老年之家等机构。

（三）美国

美国老年福利相关的政策始于1935年颁布的《社会保障法》。1965年颁布的《老年法》、1966年颁布的《医疗照顾保险法案》，以及《老年人志愿工作方案》《老年人社区服务就业法》《老年人的住房补助》等法律法规对美国的老年福利制度进行了详细规定。[①]

1. 经济方面

美国老年人的社会福利收入主要来自三个方面。（1）老年、遗属和残障保险

① 卢春玲．美国老年保健计划与改革［J］．美国研究，2003（1）：81–94.

（OASDI），该保险源于美国1935年8月生效的《社会保障法》并以税收的形式强制征收，税率为雇主和雇员各按工资的6.2%缴纳，合计12.4%，2022年纳税的最高收入为14.7万美元，超过该金额的收入无须缴纳OASDI税。该保险规定基本养老金最低领取年龄为62岁，但1960年及之后出生的人员是67岁才能全额领取。如果等到70岁才开始领取，则可以领取更高的基本养老金。截至2022年，OASDI覆盖了1.82亿人，65岁及以上老年人中有接近90%都被OASDI所覆盖，退休人员每月平均领取1 669美元（约占老年人收入的30%），残疾人平均每月领取1 362美元。（2）补充安全所得（SSI）。凡不能获得OASDI基本养老金且年满65岁的老年人，如果其资产所得及个人收入符合法律规定的领取补充安全所得的标准，都可以领取该项补助。这项补助分为联邦政府基本补助及地方补助两种。联邦政府基本补助每年随物价指数调整，地方补助则由各州自行规定。补充安全所得不同于社会保险。社会保险是以退休制度为基础，通过提供老年群体基本养老金以帮助老年人支付生活所需的各项费用，而补充安全所得是对没有获得OASDI基本养老金的贫困老年人所给予的一种救济措施。SSI计划由美国社会保障总署（SSA）提供，截至2021年12月，共有770万人获得该补助，平均每月584美元。（3）老年公共救助，老年公共救助的对象包括以下两种：一是对需要经济救助的老年人，即那些既没有领取OASDI基本养老金，也没有申请补充安全所得的老年人，经调查，财产总值及每月收入在一定标准以下且生活困难的老年人，可以向当地部门申请老年公共救助；二是对需要医疗救助的老年人提供该项救助。65岁以上老年人可以通过联邦政府的“老年医疗救助计划”，获得现金支持和医疗照顾。

2. 医疗方面

美国老年人医疗保健福利项目包括三个方面。（1）医疗保险，凡享有OASDI基本养老金以及补充安全所得的老年人，均可享受医疗保险制度的福利。美国针对老年人医疗保险的规定分为两类。一是强制性的住院保险，要求65岁以上的在职老年人必须参加，保险费由本人及雇主各按工资的0.9%缴纳。老年人生病时，每次仅需少量花费即可住院不超过90天，并可于出院后继续接受治疗不超过100天，所需费用包括住院、诊疗、膳食、活动、各种检查及药物等由社会保险基金支付。另一类是自愿性的补充医疗保险，经费来源于养老金中按月扣除的保险费，不足部分由联邦政府补贴。老年人生病时，80%由医疗保险基金承担，20%由个人自己负担。（2）医疗救助，医疗救助是给低收入老年人的医疗照顾，凡是无固定收入或收入太低、领取联邦收入维持金的老年人及其家属，都有资格享受此救助。（3）老年人养护之家，这种机构主要是针对患有慢性病而需要长期护理与疗养的老年人而设立的，是一种介于医院和家庭之间的机构，其工作重点是护理与康复。工作人员除了少数医生，大部分是护士和服务人员。依其治疗养护的目的与程度的不同可以分为：治疗性的养护之家，有专业医生和护士全天候为老年人服务；休养性的养护之家，有技术护士照顾老年人生活，也可以进行一般性的休养治疗；居住性的养护之家，一般仅提供老年人吃住及属于生活性的个人服务，如洗澡穿衣、购物等日常生活照顾，无医疗服务。

3. 住房方面

老年住房，指退休住房计划。由于美国盛行核心家庭制，绝大多数老年人不与子女同住，退休后老年人的收入及家庭人口数都有所减少，对大房屋的需求也减少，因此，政府及民间组织为老年人设计与兴建适老化住房，以低廉的价格甚至免费提供给老年人居住。

4. 其他福利

（1）膳食服务，对于一些行动不便的老年人，可将膳食送到身边并为其喂食，这些膳食以较低廉的价格供应。（2）家事管理员服务，老年人因病或无能力照顾自己的生活，可申请家事管理员到家中暂时处理部分或全部家务。（3）寄养祖父母计划，对于那些收入不多、具有爱心及耐心、愿意抚养残疾儿童或遗弃儿童的老年人，政府付给老年人酬劳金。（4）电话服务，每天与独居老年人通一次电话，如果无法接通，会派人上门访问。（5）友好访问，一些社会团体会定期访问老年人，并根据其需要开展服务。（6）图书服务，图书巡回车定期驶往各社区，为老年人免费提供图书。

（四）日本

日本人口老龄化的速度十分惊人，在发达国家中名列首位。1963 年日本制定了《老年人福利法》，该法也被称为“老年人宪章”。它确立了日本现行老年福利制度的基本框架。该法规定，老年福利的基本理念是尊敬老年人、促进老年人的自觉和确保老年人参与社会的机会，同时规定，国家和地方公共团体负有增进老年福利的责任，要努力谋求老年福利事业的发展。

1. 经济方面

日本老年人的社会福利收入主要有三个方面。（1）国民年金，日本法律规定，在日本国内有住址的 20 岁以上不满 60 岁的人（包括外国人）都有义务参加国民年金，缴费时间达 25 年以上者，到了 65 岁时即可领取老年基本养老金。（2）厚生年金，日本政府规定，凡是雇用 5 人以上的单位都要参加厚生年金保险，参保人至少在参保 20 年后才能申请退休，凡是超过 40 岁才开始参保的至少要参保满 15 年才能申请退休。厚生年金给付分定额部分（基础年金部分）和收入比例部分。（3）福利年金，除了上述两种年金，无能力缴费或者不符合缴费条件的老年人，可申请领取福利年金。

2. 医疗方面

（1）健康检查，日本的《老年人福利法》规定，年满 65 岁以上的老年人每年一次健康检查，一般性的检查项目诊断免费，精密性的检查项目诊断则收取部分成本费。（2）健康教育，为预防老年人患病，日本在中老年人群中推广健康教育。日本在各地市、町、村开设了老年人保健班，由医生、保健护士、营养师等对老年人及其家庭成员授课，其目的是使中老年人注重自身的健康，加强食品营养、运动等。（3）补助老年人医疗费用，凡年满 70 岁的老年人以及 65 岁以上生活不能自理的老年人，如果本人及赡养义务人因收入低而无力负担医疗费用，可申请此项补助。该项补助费用由国家承担 2/3，都道府县承担 1/6，市、町、村负担剩余部分并负责发放补助。（4）残障老年人康复训练，老年人行动不便原因有多种，而以脑血管病变及相关后遗症最多，在发病初期实施康复训练效果最佳，日本的养护老年人之家及老年人福利中心一般都可以进行康复训练。（5）老年人保健医疗，日本于 1982 年制定了《老年人保健法》，其目的在于为老年人提供保健知识及训练，以预防、治疗疾病，确保老年人身心健康。日本政府规定由市、町、村负责推动《老年人保健法》的实施，并负责发放保健手册、举办健康教育活动、开展健康咨询、进行健康检查和相关治疗等。

3. 住房方面

（1）养护老年人之家，收容对象为病残老年人、患阿尔茨海默病或精神疾病的老年人、不能与子女同住者、单身老年人、经济困难老年人。进入养护老年人之家的老年人视其经济能力承担部分费用，剩余部分由国家和地方政府分担。（2）特别养护老年人之家，主要收容那些已丧失独立生活能力的老年人，由受过专门训练的工作人员予以照顾。（3）老年人安养之家，主要是针对那些身体较好、有独立生活能力而又不能与家人同住的老年人。日本的老年人安养之家分为自费安养和公费安养两种。自费安养是指由老年人及其家人付费入住。如果老年人收入水平较低或家庭生活较困难，可以由政府酌情补助部分或全部费用。

4. 其他福利

（1）老年人日间照护，对于一些身体状况不好、其家人又无暇照顾的老年人，可以送到日间服务机构，大约每周一次或两次，由工作人员照顾老年人餐饮或进行生活方面的指导及动作训练。(2) 提供家事服务人员，日本家庭服务人员较多，主要是对行动不便的老年人以及身心残障者进行定期访问，并有针对性地开展服务，如洗刷、餐饮等服务。(3) 患病老年人服务，针对患病老年人可以到其家中进行服务。(4) 为贫困老年人提供日常生活用具。(5) 老年人福利中心和老年人休憩之家，日本各地均设有老年人福利中心或老年人休憩之家，为老年人免费或廉价提供咨询、授课或休闲娱乐服务。(6) 老年人休养之家，一般设在风景优美的地方，可供老年人短期休养，并起到保健的效果。(7) 老年人再就业指导，日本的社会福利协会一般举办有老年人职业介绍所，为老年人再就业提供免费服务。(8) 创业或兴趣支持，为使老年人在老年阶段也能实现自我价值，有些福利机构为老年人提供学习多种技艺的机会，如绘画、唱歌、手工艺等。

(五) 韩国

韩国在 1981 年颁布了《老年人福利法》，实施了很多与老年福利相关的制度。《老年人福利法》明确了老年人的社会地位，老年人曾经为养育后代和国家及社会的发展做出了贡献，年老后应该在国民的尊敬下，好好享受健康稳定的生活。1982 年韩国颁布《敬老宪章》，要求家庭的后代要真诚地赡养老年人，让老年人拥有安乐的晚年生活，并按老年人的能力参与社会活动。

1. 经济方面

韩国老年人的社会福利收入主要有两个方面。(1) 国民年金，在韩国 18 ~ 60 岁的国民，参与者最少缴纳 10 年以上的保险费，60 岁到死亡前每个月可以领取固定的老龄年金。补贴额度会根据国民的生活水平、工资、物价等其他经济状况进行适当的调整，即使物价上涨也能保证年金的实际价值。韩国规定开始领取老龄年金的年龄标准每过五年增加一岁，到 2033 年年满 65 岁的老年人才拥有领取资格。(2) 基础老龄年金，根据《基础老龄年金法》，韩国从 2008 年 1 月 1 日开始，针对 70 岁以上 (2008 年 7 月开始扩大到 65 岁以上) 老年人中收入排在后 60% 的人群，每人每月发放 8.4 万韩元的养老金；2009 年开始进一步扩大范围，对年满 65 周岁以上老年人中收入排在后 70% 的人群每人每月发放 8.8 万韩元，2012 年开始每人每月发放金额增加到 9.46 万韩元。为了进一步保障低收入老年人的生活，增加老年人的福利，从 2014 年 7 月开始，韩国在《基础老龄年金法》的基础上实施了《基础年金法》，主要针对年满 65 周岁以上老年人中收入排在后 70% 的人群，根据其家庭收入情况，每人每月发放 10 万至 20 万韩元的养老金补助。[①]

2. 医疗方面

韩国的医疗方面主要有以下项目。（1）国民健康保险，保障的对象为全体国民，保险费按照收入比率收取。国民健康保险制度是为了防止因突发性疾病或事故产生的高额诊疗费而出现家庭经济困难或破产现象。它是以保险原则为依据，由国民健康保险公团统一管理国民缴纳的保险费，当国民遇到突发疾病或事故的时候可领取一定数额补贴的社会保障制度。（2）医疗补贴，通过给被保险人提供适当的医疗水平，来保障公民享有平等的医疗水平，由国家保健福利部内的医疗政策管理室或社会福利室进行管理，资金来自国家补助金和地方补助金。（3）老年人长期疗养保险，适用对象限定为65岁以上老年人或者65岁以下患有老年性疾病、日常生活不能自理、生活困难的人。长期疗养保险的认定，主要通过等级判定来实现，判定指标不是主观性的“身体不健康”“患有重病”等，而是通过“在日常生活中需要多少他人的帮助”等客观的指标来衡量。老年人长期疗养保险所需的资金由国家及地方政府征收的长期疗养保险费以及老年人本人三方共同负担。

3. 住房方面

建设老年人住房、老年人福利会馆，向老年人提供免费或低廉的住房设施，限制买卖和出租老年福利住房：规定只有60岁以上老年人才能入住老年福利住房，不能向未满60岁的人出售或出租老年福利住房，如有违反则给予惩罚。

4. 其他方面

（1）敬老优待制度，依据《老年人福利法》，由国家和地方政府给予65岁以上的老年人在使用公共设施或者乘坐地铁、火车等方面免费待遇或打折优待。（2）老年人权益保护服务，为了预防老年人被虐待而提供咨询服务，设置中央老年人保护专门机构和地区老年人保护专门机构，以便做到及时发现、保护和治疗。（3）闲暇文化服务，由老年人福利馆、敬老堂向老年人提供多样的闲暇服务，例如，在各个社区老年人福利馆举办社会教育、体育锻炼、文化活动，以及艺术文化学校等。（4）老老关心（老老 care）事业，健康老年人可以拜访相对不健康的老年人家庭，负责了解其生活状态等。另外，由于老年人自杀率的增长，还增加了“尊重生命预防老年人自杀”等事业。

---

① 丁英顺．韩国老年福利制度的发展及特征［J］．东北亚学刊，2017（3）：52－57.

二、中国老年福利政策现状及发展趋势

（一）中国老年福利政策现状

随着老龄化水平与速度不断加快，中国老年群体的福利问题日益受到关注，老年福利政策经过不断改革和发展，大体形成了以下政策体系。

1. 老年人社会救助

（1）生活救助方面。对于无劳动能力、无生活来源、无法定赡养、抚养、扶养义务人或者其法定义务人无履行义务能力的老年人纳入特困人员救助供养范围，实行保吃、保穿、保住、保医和保葬的五保制度，五保老年人在农村由集体供养并提供生活服务，在城市由政府或街道社区集体供养，生活方式为居家养老或到敬老院、福利院、老年公寓或老年护理院等机构集体养老。2022 年民政部、财政部印发的《中央专项彩票公益金支持居家和社区基本养老服务提升行动项目资金管理办法》，指出将通过中央专项彩票公益金支持，面向经济困难的失能、部分失能老年人建设 10 万张家庭养老床位、提供 20 万人次居家养老上门服务。截至 2023 年 9 月底，已建成家庭养老床位 9.2 万多张、提供居家养老上门服务 19.76 万多人次，完成特殊困难老年人家庭适老化改造 75.67 万户。

（2）医疗救助方面。政府积极探索并建立了医疗救助制度，通过财政拨款、彩票公益金和社会捐助等多种渠道筹集医疗救助基金，对困难群众就医给予补助。2021 年 10 月，国务院办公厅颁布《关于健全重特大疾病医疗保险和救助制度的意见》，通过强化基本医保、大病保险、医疗救助三重综合保障，提高包括困难老年人在内的困难群众实际救助水平。

（3）法律救助方面。2022 年 3 月，最高人民法院印发《关于为实施积极应对人口老龄化国家战略提供司法服务和保障的意见》，充分发挥审判职能作用，建立健全便老惠老司法服务机制，切实加强老年人权益保障。2024 年 4 月，司法部、民政部、全国老龄办联合发布《关于开展“法律服务 助老护老”行动的通知》，在全国部署开展“法律服务 助老护老”行动。行动聚焦老年人群体公共法律服务需求，重点关注高龄、失能、困难、残疾等老年人“急难愁盼”的法律问题，推出六个方面措施，积极为老年人提供更加“可感、可知、可及”的公共法律服务。一是平台服务便老。引导公共法律服务向各类养老服务机构等延伸；公共法律服务实体平台普遍提供适老、助老设施和服务；鼓励

有条件的地方开设“12348”公共法律服务热线老年人坐席；完善法律服务网无障碍功能；推广应用符合老年人需求特点的小程序界面等智能信息服务。二是优质服务援老。对遭受虐待、遗弃或者家庭暴力的老年人申请法律援助，不受经济困难条件限制；对无固定生活来源、接受社会救助、司法救助的老年人申请法律援助，免予核查经济困难状况；支持有条件的地方在养老机构设立法律援助工作站或联络点；对老年人法律援助案件优先受理、优先审查、优先指派；对行动不便的老年人提供预约办、上门办、一次办服务。三是公证服务惠老。缩短老年人办理委托、遗嘱等公证事项的期限，支持对老年人申办法律关系简单、事实清楚、证明材料充分的公证事项，做到当日出证；积极为老年人开通办证“绿色通道”；对 80 岁及以上老年人首次办理遗嘱公证免收公证费；优化老年人意定监护公证服务程序；指导公证机构与养老机构共同打造“公证 + 养老”服务模式。2022 年共为老年人办理减免收费公证 6.1 万件，为老年人办理免费遗嘱公证 2 万余件。四是调解服务助老。将涉老年人婚姻家庭、投资消费、侵权、赡养、监护等矛盾纠纷作为重点，组织动员广大调解组织和调解员做好涉老年人矛盾纠纷排查化解工作；鼓励支持具备条件的地区设立养老服务纠纷人民调解委员会。五是公益服务爱老。指导律师行业把老年人作为公益法律服务的重点服务对象，组织引导广大律师特别是青年律师积极参与老年人法律服务活动；发挥律师协会老年人权益保障委员会等专业委员会作用，提升老年人法律服务质效。六是普法服务护老。指导各地各有关部门结合重阳节等重要时间节点，积极开展老年人权益保障普法宣传活动；推动老年人权益保障相关法治宣传进村、入户、到人，提高全社会敬老、爱老、护老的法治意识。

（4）照护与关爱救助方面。2023 年 10 月，民政部、财政部联合下发了《关于组织开展中央财政支持经济困难失能老年人集中照护服务工作的通知》，决定于 2023 年起组织开展中央财政支持经济困难失能老年人集中照护服务工作。其中救助对象暂定为已纳入最低生活保障范围，且经评估为完全失能等级并自愿入住养老机构的老年人。救助标准原则上不得高于当地集中供养特困人员基本生活标准及全护理照料标准的总和。每名符合条件的老年人享受的救助额度为入住养老机构实际收费标准扣除老年人已获得的最低生活保障金、残疾人两项补贴[①]等行政给付后的差额。长期护理保险试点地区参保人员已经通过基金支付基本护理服务费用的，不纳入救助范围。

2022 年 9 月，民政部、中央政法委等单位联合印发《关于开展特殊困难老年人探

① 残疾人两项补贴指困难残疾人生活补贴、重度残疾人护理补贴。

访关爱服务的指导意见》，强化“五社联动”机制，开展特殊困难老年人探访关爱服务。截至2022年末，全国共有4 143万老年人享受老年人补贴，其中享受高龄津贴的老年人3 406.4万人，享受护理补贴的老年人94.4万人，享受养老服务补贴的老年人574.9万人，享受综合补贴的老年人67.4万人。全国共支出老年福利资金423亿元，养老服务资金170.1亿元。全面落实残疾人两项补贴制度，截至2022年末，全国共有911.7万60周岁及以上的老年残疾人领取残疾人两项补贴，占领取残疾人两项补贴人数的46%。2022年全年发放残疾人两项补贴资金400多亿元，其中向60周岁及以上的老年残疾人发放151.2亿元。

2. 老年人社会保险

（1）养老保险建立与完善方面。2014年2月21日，国务院颁布《关于建立统一的城乡居民基本养老保险制度的意见》，指出在总结新型农村社会养老保险（以下简称新农保）和城镇居民社会养老保险（以下简称城居保）试点经验的基础上，决定将新农保和城居保两项制度合并实施，在全国范围内建立统一的城乡居民基本养老保险制度。其中城乡居民养老保险待遇由基础养老金和个人账户养老金构成，支付终身。中央确定基础养老金最低标准，建立基础养老金最低标准正常调整机制，根据经济发展和物价变动等情况，适时调整全国基础养老金最低标准。地方人民政府可以根据实际情况适当提高基础养老金标准；对长期缴费的，可适当加发基础养老金，提高和加发部分的资金由地方人民政府支出。参加城乡居民基本养老保险的个人，年满60周岁、累计缴费满15年，且未领取国家规定的基本养老保障待遇的，可以按月领取城乡居民养老保险待遇。若新农保或城居保制度实施时已年满60周岁，在该意见印发之日前未领取国家规定的基本养老保障待遇的，不用缴费，自该意见实施之月起，可以按月领取城乡居民养老保险基础养老金；距规定领取年龄不足15年的，应逐年缴费，也允许补缴，累计缴费不超过15年；距规定领取年龄超过15年的，应按年缴费，累计缴费不少于15年。自从城乡居民基本养老保险建立以来，全国多次调整基础养老金最低标准。截至2024年，全国基础养老金最低标准从每月55元提高到了每月123元，逐步提高了居民尤其是农村居民养老保障水平。

（2）医疗保险建立与完善方面。职工医保参保人中，达到法定退休年龄时累计缴费年限达到国家规定年限的，退休后不再缴纳基本医疗保险费，按照国家规定享受基本医疗保险待遇。居民医保参保人在个人缴费基础上享受普惠性财政补助，近年来我国持续加大财政投入力度，逐年提高补助标准，居民医保财政补助标准从2018年的每人每年

490 元提高到 2022 年的每人每年 610 元。另外，符合医疗救助条件的困难老年人参保所需个人缴费部分还可以按规定享受参保补助。在加强医疗保障方面，一是基本医保普遍开展普通门诊统筹，减轻参保人员门诊医疗费用负担，并对老年人个人负担医疗费用的比例给予适当照顾和倾斜。二是指导各地根据医保基金收支情况，把一些老年人多发的病期长、医疗费用高的慢性特殊疾病（即慢特病）及相关特殊治疗的门诊医疗费用纳入统筹基金支付范围，参照住院标准进行管理和支付。三是根据老年人高血压、糖尿病（以下简称“两病”）等疾病高发的特点，聚焦于参加居民医保，但未享受门诊慢特病保障的“两病”患者，指导地方将其在二级及以下基层医疗卫生机构发生的降血压、降血糖药品费用，纳入基金支付范围，政策范围内支付比例 50% 以上。截至 2022 年底，全国城乡居民“两病”门诊用药保障待遇惠及 1.4 亿“两病”患者。

另外，中国长期护理保险制度试点稳步推进。2022 年，49 个试点城市中参加长期护理保险人数共 16 990.2 万人，享受待遇人数 120.8 万人。截至 2022 年，基金收入 240.8 亿元，基金支出 104.4 亿元。长期护理保险定点服务机构 7 679 个，护理服务人员 33.1 万人。

3. 老年人社会服务

（1）养老服务供给能力不断增强。住房城乡建设部、民政部、国家发展改革委联合印发《关于推动城市居住区养老服务设施建设的通知》，推动配建补齐城市居住区养老服务设施。2022 年，全国城市新建居住区配套养老服务设施达标率 83.2%。中央预算内投资支持优抚医院、光荣院提质增效。持续优化中职、高职专科和高职本科养老服务相关专业设置，2022 年相关专业布点 4 219 个。国家发展改革委等部门出台养老托育服务业纾困扶持若干政策措施。住房城乡建设部指导有条件的地区探索将空置公租房免费提供给社会力量，供其在社区为老年人开展助餐助行、日间照料、康复护理、老年教育等服务。截至 2022 年末，全国共有各类养老机构和设施 38.7 万个，养老床位合计 829.4 万张。其中，注册登记的养老机构 4.1 万个，比上年增长 1.6%，床位 518.3 万张，比上年增长 2.9%；社区养老服务机构和设施 34.7 万个，床位 311.1 万张；其中，城市社区养老服务机构和设施 11.5 万个，农村社区养老服务机构和设施 23.2 万个。

（2）养老服务质量水平逐步提升。国家发展改革委、民政部联合印发《关于开展普惠养老机构签约工作的通知》，利用市场手段引导社会力量特别是存量养老机构发展普惠养老服务。市场监管总局发布《老年人能力评估规范》国家标准，为推进养老服务高质量发展提供基本依据。开展养老机构服务安全基本规范强制性国家标准达标活动，有序推进养老机构等级评定工作，加快健全全国统一的养老服务质量标准和评价体系。

（3）老年健康服务供给持续强化。健康中国行动之老年健康促进行动扎实推进，实施老年健康素养促进项目，2022 年，我国首次组织开展全国老年人健康素养调查，在江苏等四省一市开展老年跌倒预防干预工作。在 15 个省份深入开展老年人失能失智预防干预试点工作，从源头上减少失能失智发生。加快二级及以上综合性医院老年医学科、老年友善医疗机构和安宁疗护服务体系建设，2023 年已陆续开展三批国家安宁疗护试点。老年健康领域人才支撑不断夯实。2022 年，老年医学、康复、护理、药学、心理等老龄服务相关专业研究生招生规模稳步扩大。在《中华人民共和国职业分类大典（2022 年版）》中新增长期照护师工种，推进相关从业人员队伍建设。

（4）老年健康宣传教育广泛开展。在全国组织实施老年心理关爱、营养改善、口腔健康等行动。中国营养学会发布《一般老年人膳食指南（2022）》《高龄老年人膳食指南（2022）》。截至 2022 年，在基层医疗卫生机构接受健康管理的 65 岁及以上老年人数 12 708.3 万人，90% 以上的社区卫生服务中心和乡镇卫生院可提供 12 周的长期处方服务，374.5 万 60 岁及以上残疾老年人得到基本康复服务。全国共有国家老年医学中心 1 个，国家老年疾病临床医学研究中心 6 个，设有老年医学科的二级及以上综合性医院 5 909 个，69.3% 的二级及以上公立综合性医院设有老年医学科，建成老年友善医疗机构的综合性医院 8 627 个、基层医疗卫生机构 19 494 个，设有安宁疗护科的医疗卫生机构 4 259 个。

（5）医养结合深入发展。2022 年 7 月，国家卫生健康委等部门发布《关于进一步推进医养结合发展的指导意见》，从加强居家社区服务、机构服务、服务衔接、支持政策、人才培养、服务监管等 6 个方面提出 15 项政策措施。支持各地医疗卫生机构建设医养结合项目，将医养结合纳入全国质量工作考核内容，持续开展医养结合机构服务质量提升行动。实施医养结合人才能力提升培训项目，2022 年培训医养结合从业人员近 3 万名。开展医养结合示范省（区、市）及示范县（市、区）和示范机构创建活动和老龄健康医养结合远程协同服务试点工作，推动新增全国高等职业教育本科医养照护与管理专业。截至 2022 年末，全国共有两证齐全（具备医疗卫生机构资质并进行养老机构备案）的医养结合机构 6 986 家，医疗卫生机构与养老服务机构建立签约合作关系 8.4 万对。

（6）加快老年宜居环境建设。民政部、财政部、住房城乡建设部、中国残联联合印发的《关于推进“十四五”特殊困难老年人家庭适老化改造工作的通知》，提出“十四五”时期支持 200 万户特殊困难高龄、失能、残疾老年人家庭实施适老化改造，巩固家庭养老基础地位，进一步提升老年人居家生活的安全性和便利化。2022 年全国新开工改造城镇老旧小区 5.25 万个、惠及居民 876 万户，648 万 60 周岁及以上老年人已享受公租房保障。2023 年 9 月，《中华人民共和国无障碍环境建设法》正式实施，充分保障残疾老年人平等充分便捷地参与和融入社会生活的权益。交通运输部持续提升城市客运适老化服务水平。截至 2022 年末，各主要网约车平台公司在近 300 个城市上线“一键叫车”服务，累计为 780 余万老年乘客提供服务 3 600 余万单。全国 100 余个地级及以上城市开通“95128”约车服务电话，进一步提升巡游出租汽车服务能力。2022 年共打造敬老爱老城市公共汽电车线路 2 700 余条，全国新增及更新低地板及低入口城市公共汽电车超过 1.6 万辆，推动完成近 9 500 个城市公共汽电车站台适老化改造，开通地铁的城市均已实现地铁上下车无障碍渡板全配备。

（7）老年教育稳步推进。教育部、全国老龄办牵头积极推进国家老年大学筹建，明确功能定位、办学宗旨、建设目标、工作任务、实施步骤、保障措施等。截至 2022 年，依托开放大学体系提供办学服务，有 30 所分部成立省级老年开放大学或专门机构，在基层设立超过 5.5 万个学习点。持续扩大老年教育优质资源供给，2022 年教育部组织开展“智慧助老”和社区教育“能者为师”系列专项行动，共推出优质课程 598 门，搭建全国老年教育公共服务平台，汇聚课程资源约 397.3 万分钟，向老年人免费开放。做好中小学银龄讲学计划、高校银龄教师支援西部计划，选派银龄教师开展支教、支研。

4. 老年人文化娱乐供给

支持公共图书馆、文化馆、美术馆面向包括老年人在内的社会公众按规定免费开放。截至 2022 年，全国 2 180 个公共体育场馆向包括老年人在内的公众免费低收费开放，并向老年人提供更优惠服务。2022 年，全国共有公共图书馆 3 303 个，群众文化机构 45 623 个，群众文化机构馆办文艺团体 9 322 个，受其指导的群众业余文艺团体 46.36 万个。

持续解决老年人运用智能技术困难问题。2022 年国家卫生健康委、全国老龄办组织开展了“智慧助老”行动，指导有关社会组织在 20 个城市开展老年人智能技术培训，开展公益活动 20 000 多场。工业和信息化部持续推进智能电视、智能手机等电子产品适老化改造，广电总局举办“老年讲堂”线上专题讲座，助力跨越数字鸿沟。

持续营造养老孝老敬老良好氛围。2012 年全国人大常委会修订通过的《中华人民共和国老年人权益保障法》，规定每年农历九月初九为老年节；规定家庭成员应当关心老年人的精神需求，不得忽视、冷落老年人。与老年人分开居住的家庭成员，应当经常看望或者问候老年人，把“常回家看看”纳入法律层面。

（二）中国老年福利政策发展趋势

国外老年福利制度起步早、发展迅速，且随着现实情况不断改进调整，形成了较为完善的老年福利体系。有必要基于中国现实国情，在吸纳其他国家发展经验的基础上，建设有中国特色的老年福利制度体系。

1. 加强老年福利立法，推进老年福利的制度化建设

老年福利走向制度化是社会进步的一个重要标志，而通过相应法律来规范老年福利的供给与需求是老年福利制度化的基本要求。目前中国老年福利政策更多停留在政策性文件规定层面，相关的福利运行机制也主要依赖于所颁发的通知、规定等行政手段，较大程度上影响了我国老年福利政策执行效力。因此，有必要在充分考虑我国国情的前提下，借鉴国外相关法律建设，制定系统的老年福利专项法律法规，实现老年福利制度化，明确老年人的基本权利和政府、社会及家庭的责任。同时，适时修订《中华人民共和国老年人权益保障法》，增强其可操作性和法律效力，确保老年福利法律的全面覆盖和执行力度。

2. 实现福利供给主体多元化，促进老年福利社会化

虽然我国民办老年福利机构数量不断增加，且老年福利的经费来源渠道逐渐多元化，包括政府财政拨款、集体投入、发行福利彩票、社会捐款、收费服务等。但整体而言，我国老年服务供给主体基本依靠政府，有必要推动政府主导、市场参与、社会组织协同、家庭支持的多元化老年福利供给体系形成，实现老年福利的社会化，提升老年人的生活质量和幸福感。

一方面，政府应进一步制定和完善相关政策法规，明确各类主体责任和义务，为多元化供给主体提供法律保障和政策支持。加大对养老机构、社区养老服务中心等机构运营财政补贴和税收减免力度，鼓励社会力量参与老年福利事业。同时，应着手建立老年福利信息发布平台，提供信息发布、需求对接、服务评价等功能，整合与共享资源，促进各类主体之间的合作与交流。另一方面，强化市场竞争机制，在持续吸引社会资本进入养老产业的同时，不断提高养老服务供给的质量和效率。同时，建立和完善志愿服务体系，简化公益组织参与老年服务供给流程，充分发挥其在心理咨询、法律援助、文化娱乐等专业化、多样化老年服务供给中的作用。另外，应进一步建设和完善社区养老服务设施，不断完善社区居家养老、互助养老模式。

3. 加快专业养老服务人才队伍建设

老年服务专业人员的缺乏已成为制约中国老年人社会福利发展的主要瓶颈，因此应加快专业养老服务人才建设。第一，政府应出台支持养老服务人才队伍建设的专项政策，明确发展目标、任务和措施；增加对养老服务专业人才培养的财政投入，设立专项奖学金和助学金，鼓励学生选择养老服务相关专业；对从事养老服务的人员给予工资补贴、税收优惠等政策支持。第二，对于高职院校而言，应继续鼓励高等院校和职业技术学校开设养老服务相关专业和课程，并加大高校与养老机构合作力度，设置实习和实践环节，不断提高学生的实际操作能力，持续培养具有专业知识和技能的养老服务人才；政府同时应建立健全养老服务人员的培训体系，制定统一的培训标准和认证制度；养老机构应定期组织从业人员的继续教育和职业培训，提高其专业素质和服务水平。第三，政府或养老机构应通过宣传和表彰活动，提升养老服务人员的社会地位和职业荣誉感；改善养老服务人员的工作环境，提供心理健康支持，帮助从业人员缓解工作压力；建立合理的薪酬体系，提高养老服务人员的收入水平；建立职业发展通道，提供多种晋升路径，帮助从业人员实现职业成长，吸引更多的人才加入养老服务行业。

第五节　残疾人福利制度的国际比较

一、典型国家残疾人福利制度

（一）英国

英国在世界上较早建立了社会保障体系并第一个宣布建成了福利国家。1601 年颁布的《济贫法》，标志着人类残疾人福利史的开始，其规定由教会在全国各地设立济贫院，收容救济残疾人等。1834 年颁布的《济贫法修正案》、1942 年发布的《贝弗里奇报告》、1946 年颁布的《国民保险法》和 1948 年颁布的《国民救助法》，均囊括了有关残疾人救助的法例条款，以上这些法案逐步确立了英国的残疾人福利制度。总体而言，英国残疾人福利制度主要体现在法律支持、财政补贴、医疗康复、教育支持、就业支持等方面，没有形成针对不同群体、内容全面的残疾人福利法律体系。

1. 法律支持方面

西方国家社会保障制度中的一个特征是立法先行，这个特征也表现在英国残疾人福利制度中。针对残疾人福利制度，英国政府制定了很多法律条文，从总体权益到各个福利项目的实施，都赋予了残疾人法律上的权利。1970 年英国颁布的《慢性病患者及残疾人保障法》（Chronically Sick and Disabled Persons Act）要求地方政府向残疾人提供基本的社会服务，1995 年颁布的《残障歧视法案》（Disability Discrimination Act）改变了英国人特别是英国企业对残疾人的态度，2010 年又通过了《平等法案》，作为《残障歧视法案》的升级版，该法案将残疾人的权利平等与性别、宗教、种族等权利平等放到同一框架之内。2006 年 12 月，英国政府通过了“残疾人平等责任计划”，指出为残疾人创造平等的机会是所有公共机构和组织的法定责任。2007 年 10 月 1 日起《精神能力法案》（The Mental Capacity Act）正式生效，该法案致力于保护那些因为认知困难或精神疾病或其他原因而无法为自己作出决定的人，向护理人员和医生提供了在何种情况下什么人能决定采取相应措施的详细规定。此外，2009 年，英国作为第一批签署联合国《残疾人权利公约》的国家，承诺促进及保护残疾人的权利和自由。2021 年 7 月底，英国政府新颁布了《国家残疾人战略》，计划投入 16 亿英镑，并列出了 100 项即时承诺，涵盖住房、交通及就业等方面，以改善英国国内外残疾人的生活条件。

2. 财政补贴方面

英国社会保障体系为残疾人提供了大量的补贴项目，构成了社会保障预算的第二大部分，仅次于养老金方面的支出。涉及残疾人的财政补贴非常广泛，几乎覆盖了所有残疾人需求，按照其涉及的领域，可以归为九个大类。第一类是生活津贴。这类津贴属于非调查型津贴，只要符合相应条件，收入和储蓄情况都不会影响申请资格，主要包括残疾生活津贴、丧失工作能力津贴、残疾人看护津贴。第二类是健康和独立生活方面的津贴。这类津贴主要是满足残疾人在家独立生活所需的照顾和护理支出，主要包括直接付款、独立生活所需设备支持、救助设备和服务的增值税减免、独立生活基金。第三类是雇佣与就业方面帮助补贴。这类津贴主要是针对残疾人在求职和工作过程中产生的其他支出的补贴，以保障残疾人的生活，主要包括工作计划和就业补助。第四类是与工作收入相关的津贴。这类津贴是在残疾人就业后，因残疾产生额外支出或者收入低于正常雇员，为保障残疾人正常生活而提供的帮助，主要包括工作税收抵免和收入支持。第五类是特殊群体支持。该类补助是向特定群体提供的扶助资金，主要包括儿童税收抵免、生育补助和盲人津贴等。第六类是住宅和房屋方面的支持。残疾人购买或租赁房屋、因残疾需要安装特殊设备或作出适应性调整时可以获得一定支持，主要包括财产税、房屋及财产税减免、残疾人设施补助、电视牌照折扣。第七类是交通方面的帮助。这些帮助是向因残疾而在交通工具上有特殊需求的残疾人提供的，主要包括蓝色徽章泊车计划、移动工具计划、汽车消费税的豁免、社区及公共交通支持。第八类是教育方面。主要包括向接受高等教育的残疾学生提供的残疾学生津贴。第九类是职业伤害和军队津贴方面。在英国残疾人福利体系中，对于因工致残的雇员或因战致残的军人，会提供一些额外的补助措施或者待遇相对优厚的补助项目。此外，英国还设立了经常照顾津贴，向已经申请工伤残疾补助和战争伤残抚恤金且因为残疾需要每天照顾或护理的人提供帮助。

3. 医疗康复方面

第一，生理残疾人的医疗康复。英国残疾人的医疗康复有两种形式：一是“集中式康复”，即建立康复中心和康复医院集中对残疾人提供良好的医疗康复；二是“分散式康复”，即社区康复，残疾人在自己居住的社区或家庭接受医疗康复。第二，精神残疾人的医疗康复。英国一直很重视精神残疾人的治疗康复以及权利保护工作，相关法律对有精神疾病的人的评定、治疗以及权利都作了详细的规定。第三，社区医疗康复服务。残疾人在医院或康复中心集中治疗之后，日常治疗康复更多的是借助社区和社区工作者的力量，这些社区服务将根据残疾人的收入调查情况决定是否免费。第四，医疗设备和辅助工具提供。英国国民卫生保健制度可以向残疾人免费或者低价提供残疾人特定设备和物品。

4. 教育支持方面

第一，学校无障碍环境的建设。第二，要求学校安排残疾人指导老师或协助学习协调员确保残疾学生获得相应帮助。第三，制定针对 5 岁以下儿童的特殊教育的早年行动计划和特别早年行动。第四，制定针对残疾青年独立生活的过渡计划。第五，开设特殊教育学校。第六，制定基础教育阶段的特殊教育基本原则，包括必须满足残疾学生特殊教育需求，确保他们受到广泛的、平衡的相关教育；在特殊教育中，家长（或监护人）以及残疾学生自己的意见应该被充分考虑；有特殊教育需求的儿童通常在普通的、主流学校进行学习，在必要的时候会借助外部专家；残疾学生的特殊教育需求每年复核一次以确保满足残疾学生的需求。第七，主流学校特殊教育强调普通教育与特殊教育之间的融合，即不分学校种类，把所有的学生都就近安置在一所学校里，残疾学生和普通学生在一个班级中，但残疾学生的教学主要由特殊教育教师来负责。第八，重视继续教育，英国政府相当重视残疾人的继续教育，通过划拨大量资金和提供各种设施来满足残疾人的继续教育需求。

5. 就业支持方面

英国政府为促进残疾人就业，制定了许多帮扶计划和方案。第一，获取工作机会

（Access to Work）计划，旨在帮助即将开始带薪工作（包括自我雇佣）或者已经在工作的残疾人，如果他们感觉到他们所从事的工作受到残疾或健康状况的影响并且这种影响可能持续 12 个月及以上，可以联系当地特别就业中心的残疾人就业顾问，顾问可以帮助其联系最近的获取工作机会中心。第二，职业开始计划，这是英国特别就业中心开展的一项补助雇主的计划，该计划将在残疾雇员工作后的头六周每周支付雇主一定金额，以资助该残疾雇员取得正常工资或补贴的额外雇用成本（如残疾人从事该工作需要的额外训练）。第三，残疾人新政，该计划旨在向残疾人提供建议和实际支持，以帮助人们从领取残疾津贴的状态过渡到获得付酬工作的状态。这个项目是自愿的，无论加入与否，都不会对残疾人享有的其他福利造成影响。第四，工作阶梯（Workstep）计划，该计划旨在向残疾求职者提供在不同机构（小到街边小店，大到跨国机构）从事不同种类工作的机会，并且确保残疾雇员能够获得与从事同一工作的非残疾雇员一样的薪水。此外，工作阶梯计划还会促进残疾雇员和雇主达成发展计划，确保残疾雇员获得工作所需的培训和支持。第五，准备工作计划，该计划是由特别就业中心提供的非常灵活的、旨在帮助长期失业人员或长期伤残人员重返工作的计划，可以提供如下帮助：找出最适合的工作类型、提供工作经验、技能学习、建立自信。第六，残疾符号计划，残疾符号以两个钩为图案，并附有支持残疾人字样的标志，通常出现在招聘广告或求职登记表上。残疾符号是特别就业中心向那些积极雇用残疾人，就残疾人雇用、留用和职业生涯规划等问题做出积极承诺的雇主颁发的。第七，职业培训，职业培训是促进就业困难的残疾人就业的一个重要手段，学习和技能委员会负责向残疾人提供学习或提高技能的服务。此外，还有专门针对 16 ~ 25 岁残疾青少年求职服务的机构，会对他们求职、培训等进行相关指导。

（二）美国

1935 年通过的《社会保障法》不仅建立了美国社会保障制度框架，也在法律上明确了要为残疾人提供可靠的生活保障。20 世纪 70 年代，随着残疾人权利运动的兴起，美国残疾人福利政策在理念上发生了一个重大转变——从福利转向权利。从福利的角度理解残疾人需求是消极被动的，往往更注重经济和生活保障。从福利向权利的转变意味着更加强调残疾人全面的社会参与和社会融入，而这其中最重要的就是残疾人服务的提供。经过长期发展变革，目前美国残疾人福利服务已经形成比较完整的体系，主要包括无障碍建设与服务、教育支持、康复服务和就业服务等。

1. 无障碍建设与服务方面

美国专门成立了无障碍委员会，致力于开发和制定无障碍建筑环境、交通工具、电信设备以及电子信息技术等方面的标准，也为无障碍设计提供技术援助和训练。美国残疾人无障碍建设和服务主要包括建筑物无障碍、交通无障碍和信息无障碍三个方面。第一，建筑物无障碍方面。1968 年颁布的《建筑物无障碍法》规定，使用联邦资金设计、建造、改建或租借的建筑设施必须无障碍化，包括邮局、社会保障办公室、监狱和国家公园等。该法也适用于接受联邦资助的非政府设施，如学校、公共房屋和大众运输系统。同时，美国无障碍委员会还颁布了详细的实施细则，为坡道、电梯、洗手间、饮水机、火灾报警装置和其他无障碍建筑设施的建设提出了具体要求和标准，以便残疾人能和正常人一样出入各种场所、利用各种设施和参加各种活动。第二，交通无障碍方面，美国无障碍委员会与交通部及其他相关部门合作，共同制定了《美国残疾人法交通车辆无障碍细则》，确定了交通无障碍最低实施细则和标准。此外，1986 年的《航空运输无障碍法》要求禁止航空旅行对残疾人施以歧视性待遇，具体涵盖登机辅助和建造飞机的无障碍标准等方面。第三，信息无障碍方面，1998 年制定的《康复法修正案》第 508 节要求，所有联邦机构在开放、获取、使用电子信息技术时必须遵守该法律，联邦政府支持的电子和信息技术必须实现无障碍化。

同时，还规定雇主需要对残疾人工作场所进行适应和改造。第一，在工作场所硬环境方面，雇主应当根据残疾雇员完成其工作职责的实际需要，调整办公设施、场地、照明、声响设备、空气过滤装置、餐厅、卫生间、停车场、培训室等硬件设施。第二，在软环境方面，雇主应当对自身规则、休假政策及工作岗位等方面进行相应调整。

2. 残疾人教育服务方面

美国目前已经形成涵盖从婴儿早期到高等教育各个阶段的残疾人教育服务体系。第一，婴儿早期干预。1986 年，美国国会修订了《全体残疾儿童教育法》并通过《99–457 公法》，要求各州应着手建立“残疾婴儿和学步儿早期干预计划”。1990 年，美国国会进一步修订《99–457 公法》并颁布了《残疾个体教育法》，规定早期干预计划的服务对象是 0 ～ 3 岁的残疾婴幼儿。若某个 3 岁以下婴幼儿确定需要接受早期干预，专家小组需要在家长的参与下为该婴幼儿制订一份书面的个别化家庭服务计划，并根据计划提供相应的服务。1993—2006 年，接受该早期干预计划的婴幼儿人数从 15.4 万增加到了 30.45 万。第二，学前教育服务。1975 年美国国会通过《全体残疾儿童教育法》，针对 3 ～ 5 岁残疾幼儿的学前教育，实施“残疾幼儿学前资金计划”。到 1992 年，该资金计划经过修订已成为所有州必须全面实施且完全免费的服务项目之一。该资金计划主要包括四个方面目标：（1）确保残疾儿童能够获得特殊教育和相关服务。（2）确保残疾儿童及其父母的权利得到保护。（3）帮助各州和地方政府为所有残疾儿童提供教育服务。（4）评估和确保残疾儿童教育的效果。第三，高等教育服务。美国高校已经形成涵盖残疾大学生生活、教育、康复和就业等方面的服务体系。

3. 残疾人职业康复服务方面

美国残疾人康复服务以各种法律法规为基础，1973 年，联邦政府颁布了《康复法案》，要求州职业康复部门制定各州残疾人职业康复计划并提供职业康复服务。在此后的 10 ~ 15 年中，美国相继出台了《残疾人教育法案》《职业教育修正法案》《职业教育奖励法案》《职业教育法案》和《身心障碍者受教育法案》等，都涉及残疾康复和就业支持。《康复法案》是残疾人职业康复最重要的法律，该法规定残疾人职业康复服务主要包括就业前的康复需求评估和咨询、在业支持康复服务、职业康复费用支持、职业康复的设备和技术支持及家庭服务。

（三）日本

日本福利制度的特点主要表现在：一是福利建设立法先行；二是福利制度的体系建设按职域和地域分开，其中，残疾人福利是按地域划分的；三是制度注重精细化建设，在福利制度设计上，针对不同情况，福利分配相当明确且细致。在残疾人福利制度建设方面主要涉及以下三个方面内容。①

1. 法制化建设方面

"福利六法"是日本福利制度的核心，"福利六法"中的《身体障碍者福利法》和《精神薄弱者福利法》是残疾人福利的中心内容与最重要依据。依据这两部法律，日本出台了一系列关于残疾人的立法，不仅形成了完备的残疾人福利法律体系，而且为残疾人福利奠定了强有力的法律基础。相关法律（部分经修订）主要包括《身体残疾人福利法》（1949 年颁布，1997 年修订）；《精神薄弱者福利法》（1906 年颁布，1988 年修订）；《残疾人雇佣促进法》《残疾人职业培训法》《残疾人教育法》《弱智福利法》（1960 年颁布）；《残疾人福利协会法》（1970 年颁布）；《残疾人基本法》（1970 年颁布，2004 年、2011 年修订）；《特殊儿童抚养补助金给予法》（1979 年颁布）；《精神健康福祉法》（1995 年颁布）；2006 年将《爱心建筑法》与《交通无障碍法》合并修订为《关于促进

---

① 韩君玲 . 日本残疾人福利法制的特征及启示［J］. 学术交流，2010（110）：80–83.

高龄者、残疾人等的移动无障碍化的法律》（简称《无障碍新法》）；《消除身心残疾歧视法案》（2014 年颁布）；《残疾人综合支援法》（原《残疾人自立支援法》），2013 年修订）等。

2. 结构体系方面

日本残疾人福利的管理与服务结构体系较为健全和稳定，政府层面分为中央政府、都道府县、市町村三级。残疾人福利供给由国家和地方共同负责，但国家并不直接承担福利供给，而是委托给地方公共团体负责，包括都道府县和市町村两级。这两级行政单位地位平等、相互独立。在这三级体系中，中央政府的责任是制定、实施全国性的法律和基本计划并监督落实，为都道府县和市町村提供建议、信息及其他援助，中央层面的残疾人福利机构为社会援助局中的残疾人保健福利部。都道府县是东京都、北海道、大阪府、京都府和 43 个县的统称，其主要职责是为市町村提供服务咨询与专业援助、加强各市町村之间的联系、与市町村协力提供相关支援、提供专业性较高的咨询支援。市町村是日本的基本行政单位，掌握本行政区域内的残疾人实际生活状况，负责有计划、全面地落实自立支援给付和地域支援工作等。日本通过中央政府、都道府县、市町村这三级的分工合作，实现了对残疾人有力的福利供给。

3. 福利内容方面

在日本，针对残疾人的福利制度设计比较完善，涉及残疾人教育、就业、医疗、无障碍设施等多方面，力求让残疾人的基本生活得到保障。在教育方面，为促进残疾儿童接受义务教育，日本在各地区设立“特别支援学校”，包括盲哑学校和为智力障碍、肢体不健全者开设的养护学校。在义务教育之外的高中和大学教育阶段，也对残疾人给予优待，如为残疾人设计特殊试题、延长考试时间等，使残疾人在教育竞争中得到相对公平的待遇。在就业方面，一方面通过集中就业和按比例就业两种方式推动残疾人就业，另一方面日本政府规定企业有义务雇用残疾人，其比例必须达 2%，对没达标的企业予以惩罚，对多招募残疾人的企业予以奖励。此外，政府积极扶持残疾人实现个体经营和自主就业，包括提供贷款担保与资金援助。在医疗与康复方面，日本的残疾人康复服务由社会福利和社会保险体系提供，康复过程包括治疗身体疾病的医疗手段、保留残存功能并提高日常生活能力的医学康复以及社会技能和职业技能的培训。在无障碍设施方面，日本为各类残疾人增设无障碍设施，如对坐轮椅的残疾人提供上下电车的专门程序，车站有带盲文的自动售票机，电梯设有较矮的扶手和按钮，等等。

4. 政府与社会各界支持方面

除了政府主导的残疾人优惠政策，社会力量也给予了残疾人不少关爱。为加深残疾人之间的理解与交流，日本社会各界对残疾人都提供了关心与支持，一方面开展“残疾人日（周）”“促进残疾人就业月”“残疾人纪念集会”等活动，社区中设有针对残疾人的护理、心理辅导及治疗指导；另一方面通过赋予法人资格和其他手段，积极开展以志愿者为核心的公益活动，为残疾人提供良好的环境和心理支持。

（四）韩国①

韩国残疾人福利事业没有采用西方国家“福利社会”的做法，而是结合本国国情制定并实施《残疾人福祉法》《残疾人雇佣促进法》，使得残疾人的基本权利和生活水平得到了较好的保护与改善，残疾人社会福利事业也得到较好的发展。

1. 教育方面

韩国对残疾人实行从幼儿园到高中的义务教育制，学费由国家负担。2007 年 5 月韩国颁布的《残疾人特殊教育法》规定，早期发现的残疾学生，采取 3 岁以下免费教育、幼儿园阶段强制教育、高中阶段特殊教育、大学阶段提供帮助等一整套的教育措施，从而从法律角度保证残疾学生接受适当教育的权利。

2. 就业方面

为提升残疾人的就业稳定性，增加其参与社会的机会，1990 年 1 月韩国制订实施了《促进残疾人就业相关法律》规定国营企业及 300 人以上的民营企业须雇佣 2% 以上的残疾雇员为企业义务，同时规定劳动部下属机构——韩国残疾人就业促进机构，作为负责监督这项法律落实的专职机构。1995 年 8 月修订了《促进残疾人就业相关法律》，旨在提高中央及地方政府有关残疾人就业方面认识，明确政府在开展教育宣传及就业促进中的责任，选定残疾人雇佣模范企业并对这些企业实施优惠政策。

3. 其他方面

1997 年韩国政府制定《进一步方便残疾人、老年人和孕妇法》，以确保残疾人享受便利的信息和通信服务；2005 年制定的《方便残疾人行动法》，加强了残疾人的交通权利；2007 年颁布的《禁止歧视残疾人和补救措施法》，目的就是实现残疾人人权保障、禁止直接和间接歧视残疾人的行为；2008 年出台的《确保生活在残疾人住房设施中的残疾人人权准则》，旨在实现残疾人全面参加社会活动和享有平等权利。

---

① 金炳彻，张金峰．韩国残疾人福利的历史、现状与未来展望［J］．人口与发展，2013，19（2）：90–95.

自2000年起，保健福祉部将一部分劳动部运营的残疾人雇佣促进基金作为财政来源，制定并执行了重度残疾人职业康复服务项目计划及预算案。自2008年起，财政结构上将残疾人雇佣促进基金转变为保健福祉部预算之内的一般费用，负责支持的机构也从劳动部下属的残疾人雇佣公团改变为保健福祉部下属的残疾人开发院。截至2016年，共建立了516所庇护工场，受益残疾人数达4 335人；还有63个工作场所，受益残疾人数为2 762人。2015年还成立了残疾人职业适应训练机构，为工作执行能力明显低下的重度残疾人提供工作活动和日常生活训练等。

另外，韩国还为生活困难的6～64周岁的1至3级且经过活动支持认证的残疾人提供活动支持服务。主要包括发放服务补贴并进行活动辅助（安装假肢、家务和社会活动支持），以及发放访问护理、访问洗浴等服务券卡。2016年活动支持总支出为7 396亿韩元，其中政府支出占95%以上，个人承担额所占比例小于5%，2016年受益残疾人数达66 534名。

二、中国残疾人福利政策现状及发展趋势

（一）中国残疾人福利政策现状

1. 社会救助与保障方面

截至2023年底，我国参加城乡居民基本养老保险的残疾人达2 749.0万人，1 230.9万残疾人领取了养老金。60岁以下参保的残疾人中，有700.1万重度残疾人和287.1万非重度残疾人得到了参保缴费资助。残疾人托养服务工作也在稳步推进，开展残疾人托养服务的各级各类机构已达9 569个，19.5万残疾人通过寄宿制和日间照料服务机构接受了托养服务，50.5万残疾人接受了居家服务。

以国务院《关于建立残疾儿童康复救助制度的意见》为指导，不断提升残疾儿童康复救助水平，扩大救助对象范围，完善救助定点服务网络，增进残疾儿童家庭获得感。2023年有46.8万残疾儿童得到康复救助。

2. 残疾人康复方面

根据《国家残疾预防行动计划（2021—2025年）》和《“十四五”残疾人康复服务实施方案》的要求，不断推动残疾预防和残疾人康复服务提质增效；持续完善残疾人康复服务保障制度，2023年31个省（区、市）和新疆生产建设兵团建立了实施残疾人基本型辅助器具适配补贴制度，实现辅助器具适配补贴制度全覆盖。

以农村困难残疾人为重点，持续开展残疾人精准康复服务行动。2023年，共有871.8万残疾人享受了基本康复服务、160.8万残疾人享受了基本辅助器具适配服务。在享受基本康复服务的持证残疾人中，有视力残疾的72.5万人、听力残疾的69.5万人、言语残疾的5.9万人、肢体残疾的415.7万人、智力残疾的70.1万人、精神残疾的159.9万人、多重残疾的52.9万人。同时，积极维护残疾人健康，持续开展多部门数据比对，核实农村困难残疾人参加基本医疗保险、接受家庭医生签约情况，有针对性地帮助残疾人参加基本医疗保险、享受家庭医生签约服务，残疾人基本医疗保险和家庭医生签约率均高于一般人群。

加强残疾人康复机构与人才队伍建设，深化社区康复工作，多部门联合开展"精康融合行动"，2023年11月，中国残联办公厅印发《残疾人自助互助康复服务推广实施方案》，推进开展残疾自助互助康复服务。持续推进残联系统康复机构业务规范建设和康复专业技术人员规范化培训。2023年对1 510家残疾人康复机构进行业务规范建设评估，完成康复专业技术人员规范化培训1.6万人。截至2023年底，我国共有残疾人康复机构12 463个，康复机构在岗人员达36.0万人，其中，管理人员3.7万人、业务人员26.6万人、其他人员5.7万人。

3. 住房与无障碍建设方面

将符合条件的残疾人家庭按照应保尽保原则，全部纳入城镇住房保障对象范围，优先实施公租房保障。截至2020年底，全国共有47万残疾人家庭正在享受公租房保障；为了让贫困地区困难残疾人家庭拥有安全住房，将符合条件的农村低收入残疾人家庭作为重点保障对象，优先纳入农村危房改造政策范畴，指导各地开展对于自筹资金和投工投劳能力比较弱的残疾人家庭的改造，采取争取社会各界捐赠建筑材料、帮助组织施工力量等措施，予以兜底支持。

2023年6月28日颁布《中华人民共和国无障碍环境建设法》后，共计出台798个省、市、县级无障碍环境建设与管理法规、政府令和规范性文件。2023年，我国共开展无障碍环境建设检查6 147次、无障碍培训6.4万人次，共为88.1万困难重度残疾人家庭实施了无障碍改造，为22.5万残疾人发放了残疾人机动轮椅车燃油补贴。

残疾人服务设施建设也得到全面发展。截至2023年底，我国已竣工的各级残疾人综合服务设施2 280个，总建设规模634.3万平方米，总投资227.2亿元；已竣工各级残疾人康复设施1 225个，总建设规模632.3万平方米，总投资205.5亿元；已竣工的各级残疾人托养服务设施1 081个，总建设规模326.5万平方米，总投资92.1亿元；已竣工的各级盲人按摩医院 3 个，总建设规模 0.6 万平方米，总投资 0.4 亿元。

4. 就业与技能培训方面

开展残疾人就业专项行动。提供多元化就业服务，并定期举办就业援助月等专项服务活动，开展“一对一”重点帮扶，确保残疾人零就业家庭动态清零。2023 年我国城乡新增残疾人就业 54.4 万人，其中，城镇新增就业 15.2 万人，农村新增就业 39.2 万人；全国城乡实名培训残疾人 46.1 万人。截至 2023 年底，城乡持证残疾人就业人数为 906.1 万人，其中，按比例就业 89.0 万人、集中就业 24.6 万人、个体就业 62.8 万人、公益性岗位就业 17.8 万人、辅助性就业 15.8 万人、灵活就业 273.0 万人、从事农业种养加 423.1 万人。同时不断加强对残疾人用人单位的工作指导，督促用人单位依法为残疾职工提供合适的劳动条件、开展劳动保护以及合理便利。开通“12385”残疾人服务热线和法律救助网络系统，维护残疾人合法权益。

开展针对性技能培训，定期举办残疾人职业技能竞赛、残疾人展能节等活动。2023 年累计为 25.9 万人次残疾人开展农村困难残疾人实用技术培训，全国 3 219 个残疾人就业帮扶基地共安置 4.0 万残疾人就业，带动 7.4 万残疾人家庭增收。累计培训盲人保健按摩人员 11 393 人次、盲人医疗按摩人员 9 970 人次。现有保健按摩机构 22 227 个、医疗按摩机构 1 029 个。558 人获得盲人医疗按摩人员初级职务任职资格、148 人获得中级职务任职资格。

5. 特殊教育方面

截至 2023 年，我国共有特殊教育学校 2 345 所，共招收各种形式的特殊教育学生 15.5 万人，高等教育阶段共招收 30 810 名残疾学生，其中，高职 17 857 人、本科 11 196 人、硕士研究生 1 588 人（含非全日制 150 人）、博士研究生 169 人。特殊教育在校生由 2020 年 88 万人增加到 2023 年的 91.2 万人，其中，在特殊教育学校就读在校生 34.12 万人，占比 37.42%；在其他学校就读在校生 57.08 万人，占比 62.58%。

持续改善特殊教育办学条件，2023 年资助 28 所残疾人职业学校改善办学条件、加强实训基地建设。同时，实现了家庭经济困难的残疾学生义务教育阶段和高中教育阶段 12 年免费。残疾儿童义务教育入学率已超过 96%，特殊教育的专任教师由 2020 年的 6.62 万名增加到 2023 年的 7.7 万名，增长 16.3%。未来将不断加大政策、资金、项目对特殊教育的倾斜。在学段上，继续夯实巩固残疾儿童义务教育的普及成果，同时加快向学前和高中以上教育阶段两头延伸，不断提高普及水平。在类别上，在继续办好视力、听力、智力等残疾儿童教育的基础上，重点加大对孤独症儿童的教育关爱。推进特殊教育学校与普通学校、职业学校的深度融合，推进医教、康教、科教融合，不断丰富融合教育的内涵与形式，同时推动构建国家、省、市、县、校五级特殊教育资源中心体系。逐步提高特殊教育专项补助资金额度和特殊教育生均公用经费标准，加强特殊教育学校标准化建设，加强校园无障碍环境建设，不断改善特殊教育办学条件。同时，强化特殊教育教师队伍建设，持续加大培训力度。

（二）中国残疾人福利政策发展趋势

任何事物都不是一成不变的。残疾人社会福利因其所处的阶段不同、社会政治和经济环境等的不同，定会不尽相同，但其他国家的经验和做法值得我们借鉴和学习。

1. 加强对残疾人福利的立法

从英国、美国、日本、韩国的经验来看，每个国家都有完善的残疾人社会福利立法，从而保证了残疾人福利的顺利实施。我国下一步也应强化立法，建立完善的残疾人社会保障法规体系，使残疾人的社会福利保障有法可依。2018 年修正的《中华人民共和国残疾人保障法》中专门设有“社会保障”一章对残疾人福利做出规定，但《残疾人保障法》关于残疾人福利的规范过于宏观，缺少具体、可操作的条文。我国残疾人福利在法律方面仍存在三个不足。其一，立法层次不够高，多以地方法规和行政性法规为主，除《残疾人保障法》外，中央层面缺乏正式的残疾人福利的法律，导致约束力不够强。其二，缺乏关于残疾人福利的专门立法，虽然多部法律中都涉及残疾人福利，但缺乏系统性和针对性，导致残疾人福利保障不到位。其三，法律针对的问题不够具体，我国虽已有《残疾人教育条例》和《残疾人就业条例》，但涉及残疾人医疗服务、辅助器具配置及生活服务等方面的福利还未有法律法规支撑，导致很多残疾人福利方面的服务无法可依。

针对我国残疾人福利立法方面的不足，可以借鉴其他国家做法加强残疾人法律体系建设，为我国残疾人福利制度的发展和完善提供坚实的法律基础。一方面，应完善《残疾人保障法》，使其成为残疾人福利的基本法，注意宏观调控系统性与微观可操作性相结合。另一方面，提高残疾人福利的立法层次与加快对残疾人福利的专门立法建设步伐并举，做到从残疾人生活服务、权利保障和人力资本开发等全方面保障残疾人权益，提高法律约束性。除此之外，还要注重体系构成的科学性与稳定性，同时，注意残疾人尊严的维护。总之，在任何一项制度的建立中，法律的制定与完善都起着基础性和指导性的作用，可依据立法先行的理念，形成中国特色的残疾人福利法律体系。

2. 倡导政府购买残疾人服务，发挥社会力量作用

优化残疾人服务供给主体是保障并提高残疾人福利的重要途径，将政府引导、社会参与及残疾人个人努力相结合，整个残疾人福利体系才会更加完备有效率。目前我国残疾人服务基本上是由政府提供、主导。残疾人服务作为一种社会资源，在配置的过程中由市场或政府单方主导则可能导致失灵状况的发生，故第三方参与残疾人服务的提供应运而生，即政府购买残疾人服务。在我国，随着社会和经济的发展，残疾人服务领域出现了新特点：首先，残疾人的权利意识日渐强烈，而残疾人服务需求又存在一定差异；其次，政府提供的残疾人服务内容单一、专业性不高，很难满足残疾人各方面的需求；再次，我国第三产业（服务行业），在残疾人服务的提供方面发挥了独特的优势；最后，购买方（政府）、供应方（专业机构）和需求方（残疾人）的共同努力，发动社会力量参与残疾人服务的提供是大势所趋。日本残疾人服务的提供中，政府与社会力量形成合力，形成了“政府主导，多元参与”的模式。我国可以加快推进政府购买残疾人服务，使其成为服务供给的重要模式：政府在残疾人服务中处于主导地位，提供财政支持并发挥管理与监管的作用；具体的服务提供由专业机构负责，同时，国家应加大对专业机构的扶持力度，实现残疾人服务资源的高效供给。总之，在政府购买残疾人服务的模式下，广泛发动社会力量参与服务供给，有助于实现残疾人服务供给的公平及优化。

3. 重视残疾人的人力资源开发

在我国，目前注重对残疾人辅助器具配置、照料与康复服务、医疗服务及无障碍设施等基础的福利需求的满足，对教育及培训方面的需求重视程度不高，即偏重物质方面的福利，相对忽视人力资源的开发。所谓“授人以鱼，不如授人以渔”，残疾人福利不应只是残疾人对社会依赖的体现，更应通过教育和培训实现其自身价值、做出对社会的贡献，促进残疾人社会权利的实现，即发展以“增能”为最终目的的残疾人福利。其一，要转变现有观念，摒弃同情观和负担观，推动残疾人人力资本观的形成；其二，加强残疾人特殊教育，基于残疾人身体状况的特殊性与差异性，设计符合残疾人身心状况的教育方式，提高其受教育水平；其三，加强残疾人的职业培训，同时，鼓励用人单位聘用残疾人，努力消除职业歧视。

深度阅读

戈斯塔·埃斯平－安德森．转型中的福利国家：全球经济中的国家调整［M］．杨刚，译．北京：商务印书馆，2010.

该书汇聚了八位福利制度专家的研究成果，他们分别考察了北欧、澳大利亚、美国等成熟福利制度及拉美、中欧、日本等新兴福利制度的演进历程、现状得失和发展趋势。该书卓有成效地评述了影响各福利国家发展的关键因素，并对日益一体化的全球经济中各国的选择，进行了富有洞见的探索。

本章小结

社会福利制度有广义和狭义之分。广义的社会福利制度是国家或社会为改善国民物质生活水平，提高生活质量而依法提供的各种政策措施、津贴补助、公共设施、社会服务等。狭义的社会福利制度更多是指为社会特殊群体包括儿童、妇女、老年人、残疾人等提供保障和社会服务。

西方发达国家形成了较为完善的社会福利体系，包括儿童福利制度、家庭津贴福利制度、教育福利制度、老年福利制度和残疾人福利制度。学习和借鉴国外各类福利制度的成功经验，对构建、完善我国社会福利体系有着重要意义。

重要概念

社会福利　家庭津贴　集中式康复　分散式康复　儿童福利　老年福利

思考题

1. 简要比较国外典型国家的儿童福利制度及对中国的启示。
2. 简要比较国外典型国家的家庭津贴福利制度及对中国的启示。
3. 简要比较国外典型国家的教育福利制度及对中国的启示。
4. 简要比较国外典型国家的老年福利制度及对中国的启示。
5. 简要比较国外典型国家的残疾人福利制度及对中国的启示。

第十三章
社会救助制度国际比较

第一节　消除贫困理论与对策比较

饥荒、疾病、营养不良、失业、人口膨胀、环境恶化与缺少教育机会，这些都直接与贫困相关联。社会救助制度的首要目标就是克服贫困。

一、贫困与消除贫困的理论分析

（一）对贫困的解释：几种不同的思维模式

寅（Yen）对贫困的概念提出了有效的分类方法[①]，并认为不同的思维模式将产生不同的解决贫困的策略。

第一种是将贫困视为个人资源的缺乏。资源在此可狭义理解为维持生活的必需品或在更广泛的意义上获得社会物品的途径或使个人（家庭）获得对生活自主的参与，包括现金收入、食物、教育、住房、洁净水、健康或进入文明社会的途径等。这种思维模式下解决贫困的方法是将匮乏的物质资源送到穷人的手里。

第二种是更强调贫困人口自身的社会组织，认为他们的生活方式和社会规范与社会上大多数人不同，这些方面的不同是导致贫困产生与持续的根本原因。因此只给予贫困人口现金对其并没有实质意义上的帮助，反而助长了坐享其成并鼓励了那些反社会的行为。

第三种是将贫困与机遇结构在更广泛意义上的社会缺乏联系在一起。这些机遇结构包括教育系统、劳动力市场和工作的可达性、获得住房或土地的途径（所有权）等。他

① 托尼·爱德雷.社会保障与反贫困的关系：来自OECD国家的经验［M］// 中国（海南）改革发展研究院.中国的承诺　本世纪末消灭贫困.北京：中国经济出版社，1998：75.

们所面临的障碍包括阶级主导型社会和政治结构、性别歧视、民族或宗教信仰，以及大多数人将贫困视为无能者的普遍态度。这一思维模式形成了“社会遗弃”的讨论，它将焦点从贫困人口自身转向了致使一部分人口处于贫困状态的社会及经济结构上。

（二）消除贫困的理论分析

1. 经济学与社会学的不同视角

一般来说，经济学是从外部环境的角度来研究贫困问题的，在宏观层次上，它考察人类行为的环境条件、要素禀赋，特别是人们经济活动的条件，如消费品的购买、生产性服务的出售等条件，以及经济运行结构；在微观层次上，侧重于解释市场中个人的收入分配行为。社会学则是围绕“贫困的文化”，着重分析人类在特定环境中内在的态度和行为方式，具体在宏观层次上，社会学把视角放在对人类活动的文化和环境，以及阶级和社会结构的不平等方面；在微观层次上，社会学主要关注世代社会变动，即根据家庭背景、地位等级和行为传递来解释家庭组织的差别反映。①

2. 经济发展与消除贫困的关系

经济增长是消除贫困的必要条件，当国民经济快速增长、运行良好的时期，贫困人口下降的可能性就大；当经济增长缓慢甚至停滞的时期，贫困人口无疑会相应增多。即便是世界最发达的国家，在经济状况欠佳的年份，大量失业人口流落街头，贫病交加也是十分常见的现象。所以，人们普遍把推动经济增长作为消除贫困最重要的手段。然而，并不是说经济增长一定伴随着贫困现象的缓解或消除，其实贫困的消除还与其他许多因素，如收入分配方式、扶贫政策、公共服务等有关。

3. 机会、赋权和安全需要的满足

要达到大幅度减贫的目标就必须采取一种更具综合性的观念，直接解决贫困人口在机会、赋权和安全三个重要领域的需要。 所谓机会即通过刺激经济增长增加穷人的经济机会，使市场更好地服务于穷人，增加他们的资产，如土地和教育。所谓赋权即强化穷人对自身生活决策的影响能力，消除基于性别、种族、民族和社会地位方面的歧视。所谓安全即增强穷人对于疾病、经济冲击、粮食歉收、失业、自然灾害和暴力的抵御能力，在不幸事件发生时对他们提供帮助。

因此，对于经济增长和消除贫困之间关系的理解又得到进一步深化，即仅靠经济增长来改善世界上最贫困人口的生活条件是不够的，贫困不仅意味着低收入和低消费，也

① 夏英 . 贫困与发展［M］. 北京：人民出版社，1995：71-72.

意味着缺少受教育的机会、身体和心理健康状况较差以及参与政治权利缺失等。

二、对贫困的界定方法和贫困人口现状

描述和界定贫困并非易事，通常我们把贫困人口视为其收入无法满足需要的那些人。然而，对生活水平是否处于贫困水平的测定不仅包括收入因素，还包括社会因素，贫困线的设定既要反映贫困人口的收入和消费状况，还需要体现穷人所面临的经济和社会环境资源。

（一）贫困线标准界定方法[①]

贫困标准（即贫困线）是测定贫困的工具，也是整个贫困问题理论与政策研究的基础。这不仅因为贫困类型的差别和贫困的评估取决于所采用的贫困标准，而且也在于它对确定主要的扶贫项目受益者和产生反贫困的有效战略尤为关键。

1. 贫困的“二分法”与“三分法”

（1）贫困的“二分法”。国际上通常采用“二分法”，把贫困分为绝对贫困和相对贫困。绝对贫困标准一般是指维持生存所必需的、基本的物质条件；相对贫困标准则是指相对中等社会生活水平而言的贫困。随着整个社会经济的发展，一方面，用于确定绝对贫困所依据的“生活必需品”的范围会有所扩大，这就使它具有了相对的意义；另一方面，仅仅说相对贫困是相对社会平均生活水平并不全面，它还必须有一个合理的内核，这就使它也有了绝对的意义。

（2）贫困的“三分法”。根据贫困程度不同，可把贫困人口分为贫困者、极贫者和赤贫者三类。所谓贫困者是指缺乏自己的资产，虽有断断续续的收入或定期性的小额所得，但是却无法过着最基本的独立生活的人。极贫者是指无法充分享有一般国民生活水准且独立生活的人，如无固定所得者。赤贫者则是指最下层的贫困者，什么东西也没有。[②]发展中国家的贫困更适合分为绝对性贫穷、基本性贫穷和相对性贫穷这三个层次。[③]

“三分法”这种对贫困外延的划分方法可能更为有用。因为它更为详细地分析了贫困的实情，指出介于绝对贫困和相对贫困之间还有一部分上下浮沉，处于不稳定状态的贫困者。

2. 常用的贫困测量方法

（1）预算标准法。预算标准法即一般所说的市场菜篮子法，就是首先列出一份为社

---

① 唐钧．确定中国城镇贫困线方法的探讨［J］．社会学研究，1997（2）：60-71.

② 江亮演．社会救助的理论与实践［M］．台北：桂冠图书有限公司，1990.

③ 莫泰基．消灭贫穷的政策构思［M］．北京：中华书局，1999.

会所公认的、维持最起码生活水平的生活必需品的清单，包括必需品的种类和数量，然后根据市场价格来计算购买这些必需品需要多少钱。这个所需金额就是贫困线，低于这一基准的人群就是贫困人口。

（2）恩格尔系数法。恩格尔认为，用于食品的收入比例能够很好地体现贫困程度。他认为，随着家庭和个人收入增加，收入中用于食品方面的支出比例会越来越小；收入越少，用于食品方面支出的比例就会越来越大。恩格尔系数法建立在恩格尔定律的基础上，它以食品消费支出除以已知的恩格尔系数（即食品消费支出占总消费支出的比例）来求出所需的消费支出。联合国根据恩格尔系数确定了划分贫富的标准，即恩格尔系数在60%以上为绝对贫困，所以用这个数据求出的消费支出为贫困线，即最低生活保障线。恩格尔系数在50% ~ 60%为勉强度日，恩格尔系数在40% ~ 50%为小康水平，恩格尔系数在20% ~ 40%为富裕，恩格尔系数在20%以下为最富有。

（3）国际贫困标准。国际贫困标准实际上是一种收入比例法，经济合作与发展组织提出，以一个国家或地区社会中位收入或平均收入的50% ~ 60%作为这个国家或地区的贫困线，即最低生活保障线。

（4）生活形态法。生活形态法也称剥夺指标法，它首先是从人们的生活方式、消费行为等“生活形态”入手，提出一系列有关贫困家庭生活形态的问题，让被调查者回答，然后选择出若干剥夺指标[①]，再根据这些剥夺指标和被调查者的实际生活状况计算出“贫困门槛”，从而确定哪些人属于贫困者，然后再来分析他们（被剥夺）的需求以及消费和收入来求出贫困线，即最低生活保障线。

（5）马丁法。世界研究贫困问题专家马丁·雷布林提出了一种新的划定贫困线的方法，我们称为马丁法。马丁法认为，贫困线 = 基本食品支出 + 基本非食品支出。在具体计算过程中，要求首先确定基本食品支出，再通过有关统计资料建立总支出与食品支出之间关系的数学模型，进而计算出贫困线。这种数学模型建立在人均收入与食品、衣着、高档耐用消费品、其他各种物品、燃料、服务费、福利费等七大类支出之间的关系的基础上。马丁法采用线性数学方法模拟居民的消费变化规律，测算的贫困线在某种程度上能避免主观随意性。但马丁法采用的纯数学模型属于经济预测模型的延伸应用，具

① 剥夺指标主要是由马克与蓝斯礼（Mack and Lansley）对英国的贫民研究所发展出的。他们选择35个项目来让受访者勾填最低需求。而这35个项目主要是与个人花费有关的剥夺。他们问受访者哪些项目是“所有成年人应该被提供，缺一不可的需求”，以及哪些是“可欲求，但是非必需的项目”。结果，有14个项目被认为是必要的。马克与蓝斯礼据此界定：缺乏这14项指标中任何3项或3项以上即为贫穷。转引自：林万亿. 福利国家——历史比较的分析［M］. 台北：巨流图书公司，1994：231.

体运用到测算城镇居民贫困线时，难以达到预测效果。[①]

3. 阿马蒂亚·森对贫困问题的研究

阿马蒂亚·森这位极具开创性的诺贝尔经济学奖获得者，以“贫困指数”帮助人们找到了关于贫困线的最佳值。森认为，传统的贫困指数——以一国处于贫困线以下的人口份额（H）作为衡量指标的做法存在很多缺陷。一是贫困线的确定缺乏足够的理论基础，带有些许武断性；二是，它忽视了贫困群体内部的不同贫困程度，因而即便在贫困群体的收入水平有较大的提高但仍低于贫困线以下时，传统的贫困指数就难以反映出其收入水平的变化。

为了弥补这些不足，森在构建贫困指数的过程中，首先阐明了描述收入分配的洛伦兹曲线和衡量收入分配不平等程度的基尼系数之间的关系，并给出了社会对不同收入分配的偏好次序。在此基础上，他提出了自己的贫困指数，即 $P=H\cdot[I+(1-I)\cdot G]$，其中 G 为基尼系数，I 为衡量收入分配的指标，处于 0 和 1 之间，G 和 I 均针对处于贫困线以下的贫困群体计算得出。

在对福利指数的研究中，森提出了全新的福利指数，并在该指数的创建中采取经济学与哲学相结合的方法，使对重要经济问题的讨论重新回到道德伦理方面，这也是森在研究方法上的重大创新。森对福利一词的理解是，创造福利的并不是商品本身，而是它所带来的那些机会和活动。而这些机会和活动是建立在个人能力的基础上，因而福利的实现又取决于其他一些因素，如拥有房屋、食品、健康等，森认为所有这些因素都应当在衡量福利时加以考虑。森的这一创见受到国际发展经济学界的高度重视，许多世界著名的福利指标，如联合国的人类发展指数，都是本着这一精神创建的。[②]

（二）贫困人口现状的比较

1. 世界贫困人口的分布

从贫困人口的地区分布来看，贫困在发展中国家更广泛地存在。当前，发展中国家约 90% 的贫困人口分布在巴西、中美洲、蒙古国、东南亚、南亚和撒哈拉以南非洲地区。增长的贫困人口生活在那些农业发展潜力匮乏和环境急剧恶化的地区。

贫困同样也存在于经济发达的 OECD 国家，且在一些情况下还呈增长趋势，但总体而言发达国家的贫困是相对贫困的问题。[③] 例如，美国贫困人口也呈现出上升的趋

① 赵映诚．社会福利与社会救助［M］．大连：东北财经大学出版社，2015：162.

② 见纪昀《1998 年度诺贝尔经济学奖得主及其贡献评介》。

③ 中国（海南）改革发展研究院．中国的承诺　本世纪末消灭贫困［M］．北京：中国经济出版社，1998：279.

势，2018 年收入与贫困的数据资料显示，2018 年美国贫困发生率为 11.8%，这一比率比 2000 年高出 0.5 个百分点。

世界银行 1996 年的报告指出，21 世纪初城镇贫困人口数量会超过农村贫困人口，城镇贫困人口生活在缺乏基础设施，地方政府甚至不能提供最基本服务的地方，世界面临的最严峻的挑战将是城镇贫困人口的不断增长。例如，中国在 2020 年如期完成了新时代脱贫攻坚目标任务，农村贫困人口全部脱贫，取得了消除绝对贫困的历史性成就，缓解相对贫困将成为未来中国贫困治理的重点。随着城镇化进程的加快，农村人口向城市聚集，贫困也将随之转移到城市，可能会出现农村相对贫困发生率缓慢下降，城镇相对贫困发生率略有上升的趋势。①

2. 贫困人口的生存状况

（1）发展中国家贫困人口生活状况有所改善。② 统计数据显示，发展中国家陷入极端贫困的人口比例在不断缩小。其中，低收入国家每日生活费不足 1.90 美元的人口所占比例从 1995 年的 65.5% 下降为 2017 年的 46.8%，下降了 18.7%；中低收入国家每日生活费不足 1.90 美元的人口所占比例从 1985 年的 51.5% 下降为 2018 年的 12.8%，下降了 38.7%；中高收入国家每日生活费不足 1.90 美元的人口所占比例从 1985 年的 55.9% 下降为 2019 年的 1.4%，下降了 54.5%，这主要是由于中国在完全消灭绝对贫困方面所取得的重大成就。世界银行的统计数据显示了世界一些国家或地区贫困人口生活状况（见表 13–1）。

表 13–1　　地区贫困评估（每日生活费不足 1.90 美元的人口及占比）　　百万人，%

国家或地区	2008 年		2011 年		2014 年		2017 年		2018 年		2019 年	
	人口	比例	人口	比例	人口	比例	人口	比例	人口	比例	人口	比例
东亚和太平洋地区	322.20	14.80	182.18	8.20	61.22	2.70	32.40	1.40	27.94	1.20	23.41	1.00
中东和北非地区	10.36	2.80	9.06	2.30	10.45	2.50	27.81	6.30	31.43	7.00	—	—
欧洲和中亚地区	23.79	2.70	17.80	2.00	16.24	1.80	11.89	1.30	10.10	1.10	9.21	1.00
拉美和加勒比海地区	40.37	7.00	33.41	5.60	24.02	3.90	24.11	3.80	23.70	3.70	23.92	3.70

① 陈宗胜，黄云. 中国相对贫困治理及其对策研究［J］. 当代经济科学，2021（5）：1–19.

② 发达国家和发展中国家并没有明确分类标准，这里将除高收入国家以外的其他类型国家统称为发展中国家。根据世界银行在 2021 年 7 月份公布的新规则，人均国民总收入（GNI）大于 12 695 美元属于高收入国家。

续表

国家或地区	2008年		2011年		2014年		2017年		2018年		2019年	
	人口	比例	人口	比例	人口	比例	人口	比例	人口	比例	人口	比例
南亚地区	488.75	30.70	347.26	20.90	262.60	15.20	—	—	—	—	—	—
撒哈拉以南非洲地区	401.60	48.80	406.34	45.50	409.87	42.30	432.67	41.20	435.64	40.40	—	—
中国	197.37	14.90	106.19	7.90	19.10	1.40	—	—	—	—	—	—
世界	1 243.29	18.40	973.40	13.90	776.21	10.70	698.38	9.30	—	—	—	—
世界（中国除外）	1 045.92	19.25	867.21	15.33	757.11	12.85	—	—	—	—	—	—

资料来源：世界银行贫困与不平等数据库。

（2）贫困在世界范围内存在地域性差异。世界银行《2019年世界发展指标》报告显示，21世纪以来，东亚、中亚、拉美、南亚、撒哈拉以南非洲地区呈现下降趋势，但东亚呈现出较低幅度的增长，生活在贫困线以下的人在不同国家所占比例也不同（见表13–2）。

表13–2　　部分国家生活水平在贫困线以下人口

按该国贫困线标准			按国际贫困线标准				
国家	年份	占比（%）	调查年份	每日生活费不足1.9美元人口（百万人）	按每日生活费1.9美元的贫困差（%）	每日生活费不足3.2美元人口（百万人）	按每日生活费3.2美元的贫困差（%）
罗马尼亚	2018	23.8	2018	0.5	0.8	0.99	1
俄罗斯	2018	12.6	2018	0	0	0.5	0.1
巴西	—	—	2019	9.7	1.7	19.1	3.7
智利	2017	8.6	2017	0.1	0.2	0.1	0.3
中国	2019	0.6	2016	7.2	0.1	74.4	1
印度	2011	21.9	2017	—	—	—	—
乌兹别克斯坦	2013	14.1	2017	—	—	—	—
美国	—	—	2018	3.3	0.9	4.1	1
阿尔巴尼亚	2012	14.3	2017	0	0.2	0.2	1.8
越南	2018	6.7	2018	1.7	0.3	6.3	1.8

资料来源：世界银行贫困与不平等数据库。

注：贫困差是指与贫困线的平均差距（非贫困人口的差距为0）占贫困线的百分比，这一指标反映了贫困的深度与发生率。

（3）由贫困引发的社会问题严峻。即便是在美国等发达国家，生活水平处于贫困线以下的人口也在不断增加，贫富不均不仅影响了经济发展，而且带来了社会的动荡不安。根据世界银行发布的按照每天生活费 5.5 美元的贫困线标准，美国 2018 年有 570 万贫困人口，这一数值较 2013 年增长了 20 万人。失业、家庭变动或破裂及不断增多的贫困线以下的低收入群体，导致越来越多的人无法享受普通人的生活水平，并产生了心理疾病、暴力事件和犯罪率增长等一系列社会问题。

三、贫困人口成因及消除贫困对策比较

贫困可由多种原因引起，如战争、灾害、耕地稀缺、缺乏基础设施或水源、政策的误导、疾病、文盲等。当收入不能满足人类衣、食、住还有前面提到的社会生活基本需要时都会出现贫困。刺激政策可以鼓励人们通过自己的努力改善收入和生活水平，有助于减少贫困；政府在基础设施、医疗、教育和农村用水的供应方面的扶持性投资将有助于人们收入和生活水平的改善。

减贫的总体指导思路为：贫困原因依据其环境背景而呈现出多样性，要综合考虑观念的多样性、发展优先性，以及政治意愿和经济因素等；贫困问题具有复杂性、多面性，要运用总体性的观点，针对贫困问题开展广泛的思考，设计出协调合作的总体项目并以总体性观点来评估；贫困有特定地域性，要考虑到文化差异并指出导致贫困的所有因素，如生存条件、资源获得、知识、权利等①。

消除贫困的对策应主要集中在五个方面。

（一）促进经济增长

20 世纪五六十年代一些发展中国家受到早期发展经济学有关增长与不平等、贫困理论的影响，主张通过实施促进国民生产总值增长的方式来解决贫困问题，即 GNP 增长战略。随着各国经济的不断增长，贫困虽然未像预想的那样得到消除，但是，通过改善经济结构、发展生产等变革来发展经济，使国民经济快速增长仍是解决贫困问题的必由之路。

（二）实施激励政策

贫困人口的成因既受国家经济结构调整和体制改革等因素的制约，也受人口自身身体状况、文化素质和思想观念等的影响。因此，需要采取多种措施摆脱贫困。通过刺激

① OED.Evaluation and poverty reduction—proceedings from a World Bank enference，2000：5

政策而不是简单的"给予"政策来消除贫困是最有效的对策之一。其中的一个主要方面就是要调整政府与贫困人口的关系，实现扶贫方式由物资扶持为主向提高贫困人口获取资源能力为主的转变；打破单一依靠行政组织扶贫的格局，实现政府机制、社会机制和市场机制的有机结合，加快提高贫困人口的组织化程度，并有效防止和消除反贫困中的某些腐败现象。①

（三）强调有效的反贫困治理结构

反贫困治理结构是近些年来国际社会在研究反贫困问题时提出的新概念。它是指为了实现社会经济发展和消除贫困的双重目标，反贫困主体运用权力和手段对社会经济资源实行支配、协调、控制、管辖；同时，贫困人口高度参与，有效提高他们获取资源和平等分享经济增长利益的能力，用法治原则规定政府、社会组织及贫困人口自身的权、责、利关系，由此而形成反贫困目标和战略、组织管理体系、政策和制度规范及行为模式的有机整体。它尤其强调贫困人口的高度参与、决策透明度和法治化，强调首先必须对宏观政策如何对穷人产生影响，贫困与参与决策制定的途径之间的关系，教育在给予人民权利过程中的作用，国家如何增强对人力资本的投资并保证稳定的生活水平等问题进行认真分析。国际反贫困经验证明，建立有效反贫困治理结构，对于提高反贫困效果有明显作用。

中国为了实现脱贫目标，提出了多项反贫困治理举措，包括发展特色产业脱贫，引导劳务输出脱贫，实施易地搬迁脱贫，结合生态保护脱贫，着力加强脱贫教育，开展医疗保险和医疗救助脱贫，探索资产收益扶贫，健全留守儿童、留守妇女、留守老年人和残疾人关爱服务体系等。

（四）实施多种形式结合的扶贫项目

从 20 世纪 70 年代起，亚洲各国开始实施的各种扶贫项目在设计、组织形式、运作特点上都各不相同，但成功项目的共同特点有：基本扶贫战略目标是开展以帮助穷人增加收入和扩大就业为目标的发展项目，如目前普遍实行的直接向贫困家庭提供小额贷款以帮助其实现自我就业；向穷人提供最基本的社会服务以改进消费和福利，如医疗保健、清洁用水、教育和直接的食品帮助；完善以政府为主体的有效的社会救助制度；对穷人特别集中的地区，开展能帮助穷人提高生产力和改善生活条件的基础设施建设；减少无偿援助或补贴，使扶贫项目最终能促使穷人提高自己的能力和素质等。

---

① 中国（海南）改革发展研究院 . 中国的承诺　本世纪末消灭贫困［M］. 北京：中国经济出版社，1998：5.

（五）建立广泛的社会安全网

反贫困与社会保障或收入扶持的关系是西方国家政策研究的一个重要出发点。国际金融机构对转轨国家及发达国家的经济援助战略已趋向于将社会安全网络作为减少贫困的更有效工具而非设定全能的或以保险为基础的条款，基本的原则是选择一些有助于穷人在日常生活中获得更大的独立性和安全感的重点领域。

综上所述，通过发展来消除贫困已经成为国际社会的共识，各种政府、非政府组织以及地方团体都在通力合作，无论是发展中国家还是发达国家都力争在消除本国贫困的同时取得经济社会的协调持续发展。

第二节 社会救助制度比较

与社会保险、社会福利等其他社会保障制度相比，社会救助是最低层次的社会保障制度，它的首要目标是保障全体国民最基本的生存权利，其救助对象主要是那些因生理或心理、社会或个人原因而一时或长期陷入困境的人们。社会救助制度更强调国家和社会对个人的责任和义务，在保障人类生活方面发挥着不可或缺的作用，目前世界上实施社会保障制度的国家或地区大都涵盖这一制度。

一、社会救助制度的历史演变与发展趋势

社会救助是最为源远流长的社会保障项目，其来源可追溯到中世纪宗教或世俗的慈善事业，甚至可以追溯到在原始人群中存在的互助互济行为，它起源于在原始社会末期出现的出于人类恻隐之心或宗教信仰而对贫困者施以援手和救济的慈善事业。

（一）社会救助理念的演变与发展

从传统上来看，人类社会得以繁衍生存的必要手段之一就是互助共济行为，它与后来被人们用成文或不成文的形式固定下来的慈善事业——尽管带有某种恩赐和人身依附的色彩——都表明了人类对于平等生存与共同发展的追求与渴望。但是，这些行为毕竟带有很强的自发性，与现代意义上自觉克服贫困、维护受助者尊严促使其同等融入社会的社会救助制度有着极大差别。

一般认为，政府济贫是现代社会救助制度的直接前驱。面对贫困现象和社会问题，具有规范秩序功能的政府开始出面予以救助，正是政府的介入，使济贫行为成为政府的

一项社会政策，这同时表明政府已主动担负起了济贫的责任，体现出保障政府行为化、社会化的性质。

而社会救助由一项政策发展到国民权利的理念，也引起研究者的极大关注。根据夏洛特·托尔的研究，这种信念早在1601年英国《济贫法》中就有明文规定。随着社会法治的发展，向贫民实施救济的做法已成为一项制度，即处于困境的人有权接受社会给予的经济帮助。[①] 美国1935年的《社会保障法》使得社会救助制度走向飞跃[②]，这一法律发展了过去关于贫民有权享受救济的概念和原则。该法律的特点在于它不仅规定了享有救济的条件，而且还表明了为接受救济者保密，即取消贫民名单，必须以非限制性的货币形式支付受救济者，这意味着取消以实物进行救济的形式。同时规定，允许申请救济者和接受救济者到州属机构申诉。这些条款都有别于传统的救济惯例。

（二）社会救助制度的丰富与完善

狭义地说，社会救助就是以贫民为对象，采取资产调查的方式，进行有选择的服务。过去社会救助的对象往往被视为“社会边缘人”，如老年人、孤寡者、残疾者、流浪汉甚至罪犯等，但现在越来越多的救助努力放在区别什么是“值得帮助的”穷人和什么是“不值得帮助的”穷人上。

英国的社会救助历史是非常悠久的，早年的《济贫法》实质上就是社会救济法。1930年在政府应对经济危机的过程中，又提供了范围更宽的社会救济，即“公共救济”，1948年以后，改为使用“国民救助”概念。1956年将各种单项规定综合成《家庭及社会救助法典》。1966年，将国民救助改为补助待遇，弱化了原来的短期待遇，强化长期待遇，以利于老年人。1986年法律修订对贫困救助作了较大改革，将原来的贫困补助待遇（supplementary benefit）改成贫困收入支持（income support）。

日本把社会救助制度统称为生活保障制度，这个制度属于政府行为，由国家出资救助。日本于1932年颁布《救护法》，救助的项目包括生活、医疗、教育、住宅、分娩、谋生、安葬等七项救助。日本社会救助的内容多种多样，全面而又细致入微，提供多方面的资金救助，各种救助的比例不同。同时还为特殊群体在生活保护设施方面提供帮助，对低收入者提供低利息的生活福利贷款。日本政府根据各地区经济发达程度和生活水平的不同，分地区分档次规定最低生活标准。最低生活基准每年都进行调整，并由厚生劳动省公布发表。除了国家负责的生活保障制度，日本还普遍设立了由爱心人士自愿

①② 夏洛特·托尔．社会救助学［M］．北京：三联书店，1992：3.

组成的民间团体——民生委员会制度。

加拿大的社会救助体系很完善，形成了纵横交织的社会救助渠道网络。从纵向来看，形成了联邦政府、省政府、市政府、社区等服务“链”。从横向看，有四个平行渠道可以为民众提供救助服务：一是主流社会的专门援助机构，这些机构又分为官方和民间两类；二是母语救助体系，如对华裔移民提供的中文服务；三是以教会为主体的慈善机构和个人的救助体系，他们多以宗教信仰所具有的凝聚力来感召人们帮助他人；四是公益的、非牟利的紧急救助制度，如报警平台等。

德国的社会救助是为确保每一位需要救助者能维持体面的生活而提供的帮助，但不同于慈善事业。按照德国社会救助方面的规定，任何公民如面临不依靠外来帮助个人无法解决的困难时，都有资格获得社会救助。社会救助包括日常生活救助和特殊情况救助（如丧失劳动能力、生病、年老等情况）两类，具体形式有：人员救助、现金救助和实物救助。负责社会救助的福利办公室在综合考虑申请者的个人状况、财力状况、家庭状况及是否曾向其他福利基金申请救助等因素后，确定合适的救助方式。

智利社会保险制度改革前采用的是现收现付模式，政府负责资金的征收和管理，社会保险运营产生的赤字完全由国家财政弥补。在这种制度下，政府专门为穷人设计或针对某些特殊需要制定了社会救助项目，因这些救助项目无论资金来源还是管理体制，都很难自成体系，通常与社会保险制度混合在一起。改革后，建立了强制储蓄型和完全积累制的养老保险制度，部分医疗保险交由私营保险公司管理。同时，逐步把分散的社会救助项目与社会保险制度分开，成立相关机构，对政府的社会救助项目实行统一管理，协调与非政府主办的社会救助项目的关系，从而形成一个比较完整系统的社会救助制度。

各国或地区的社会救助制度在发展与完善的过程中，实物救助与服务救助也在不断整合与分化。社会救助内容由传统发放救助金以维持穷人的最低生存需求的方式，逐渐演变为实物与服务救助相结合的多样化的救助形式，包括对高龄老年人的护理服务和对孤儿的关爱和照顾等。例如，美国 1996 年签署了《个人责任和工作机会调节法案》，废除了自 1935 年起施行长达 61 年的，被视为“福利”的项目（AFDC/JOBS）。这项法案在救助制度的组织结构和日常运作方面进行了相关改革，其改革重点在于：一是接受救助的个人或家庭有时间限制；二是要求那些接受救助的人去工作。除了新增“需要家庭的暂时救助”，还修订了补充安全所得、儿童资助、医疗救助、儿童保护、儿童营养计划、食物券、社会服务综合补助款等在内的多项救助措施。

二、社会救助制度类型及实施效果比较

就社会救助制度来说，从总体上看，各国或地区的差别不是很大，因为这种制度的基本特点是由政府直接主办并承担费用责任，其实质是政府转移支付，以形成社会共济。受助者通常为无法享受社会保险的穷人或享受保险后仍然生活在贫困线以下的个人和家庭。但是在实行中，由于经济、政治、文化和社会等因素的影响，各国救助水平和原则以及这一制度对各国社会保障制度的总体影响会有所不同。

（一）社会救助制度的类型比较

1. 各种社会救助项目比较

社会救助作为一项资助生活陷入困境者的社会制度，是通过满足需要救助者的需求来帮助他们摆脱困境、恢复正常生活的，但是，如何才能满足需要救助者需求，哪些人才是真正的需要救助者，迄今为止仍然是不统一的。为了使大家对社会福利和社会救助的区别有更清楚的认识，我们把社会救助项目认定为日常生活扶持、即时境况救助和初级服务体系三大部分。日常生活扶持主要指对长期生活在困境中的人的物质帮助，有时也可辅之以精神上的帮助，如无生活来源、不能自食其力的人。即时境况救助是指对由于不可预见的情况发生而使生活突然陷入困境的人的帮助，如各种灾害救助等。初级服务体系是指为使社会成员免于陷入困境而提供的一种最初级的产品或服务，如最基本的服务设施初级的卫生、医疗保健等。

美国是世界上社会救助方案最为复杂的国家之一。它的公共救助体系包括补充安全所得、孤儿的家庭补助、医疗补助、一般救助、食物券、住宅服务等。

20 世纪 90 年代中后期以来，拉美和加勒比地区国家的社会救助制度已经得到相当程度的发展，并与社会保障制度有了相当密切的结合。应该说明的是，加勒比地区各国是典型的英国式福利国家，社会救助制度早于社会保障制度，甚至在独立以前就已经建立。而拉美国家的社会救助制度或者与社会保障制度同步，或者晚于社会保障制度。阿根廷、巴哈马、智利、哥斯达黎加有三种社会救助项目，即老年社会救助金、残疾社会救助金和死亡补助金，乌拉圭只有老年社会救助金和残疾社会救助金两种，巴巴多斯只有老年社会救助金一种。

在日本，公共救助和社会救济共同构成了社会救助制度。其公共救助制度包括生活保护和灾害救助，而社会救济主要由生活救济、义务教育、住宅、医疗、生育、立业和

丧葬等 7 个救济制度组成，是为保证所有贫困国民的最低生活并促进其生活自立而设立的。此外，有的国家的社会救助制度不仅包括了生活补助、医疗补助、灾害救济等，还包括对残疾军人的补助。

2. 社会救助制度类型比较

根据所掌握的研究情况来看，对社会救助类型可以根据一个国家或地区受助者的多寡以及救助金是否成为受助者生活的主要来源分为集中型与分散型；也可根据救助内容的不同偏重区分为资金救济型与服务需要型，当然，许多国家或地区的社会救助制度处于这两种分类的中间状态，有集中又有分散，助资金又助服务。

（1）集中型与分散型。所谓集中型就是指对一个国家或地区来说，受助人数比较多，同时受助金又成为其生活的主要来源，或者说受助人数不太多，受助金也不是其生活的主要来源；相应地，分散型就是指受助人数不多，但受助金成为其生活的主要来源，或者受助人数比较多，但受助金并未成为其生活的主要来源。

表 13–3 是一项有关波兰、保加利亚、匈牙利、爱沙尼亚以及俄罗斯社会救助制度的国际比较研究。

表 13–3　五个国家社会救助制度比较

种类	波兰	保加利亚	匈牙利	爱沙尼亚	俄罗斯
贫困线	高	低	高	低	高
受助人数占比	低	低	高	低	高
对受助人的重要性	重要	不太重要	不太重要	重要	不太重要
制度类型	分散型	集中型	分散型	分散型	分散型

资料来源：世界银行。

注：表中贫困线的高低是指超过还是低于平均生活支出的 50%，受助人数占比高低是指超过还是低于该国人口数的 10%，对受助者重要与否是指救助金超过还是低于受助者生活支出的 10%。

对社会救助类型的分析还有待于更加深入，因为对一个国家或地区来说，对贫困线的设定与受助人数占比高低有直接相关关系，而对受助者重要与否不仅与国家或地区的总体经济状况相关联，还与社会环境包括公众对社会救助的接受程度以及政府对社会救助体系的建设目标相关联。

（2）资金救济型与服务需要型。从社会救助制度发展的历史和社会救助项目的实施来看，资金救济型主要体现在对生活贫困者的物质扶助，当食物、衣服、住房、生活设施等基本生活必需品或个人需要无法得到满足，由国家或社会出面给予补足的类型。它在某种程度上还带有一种施舍的性质，主要通过提供物品来满足特定的社会成员，体现出一种静态性和无可变更性。早期的社会救助制度大多属于这种类型。

而服务需要型的救助在某种程度上超越了单纯的救济、扶贫框架，它力图立足于对贫困家庭或贫困者的理解上，着眼于帮助个人自立、尊重个人需求、提高服务效率。要求社会组织和团体以需要救助者为本位，综合、持续地把握需要救助者的需要，创建方便的地方性保健、医疗等综合服务体系，满足国民的多样化需求，让更多的组织和团体参与救助，让人们有更多的选择余地。

当然，这两种类型的区分不是绝对的，世界各个国家或地区分别在不同程度上实现着二者的交叉与分离，中心要旨都是帮助人们摆脱贫困状态，生活正常有序。

（二）救助范围和享受条件比较

1. 享有社会救助的经济条件比较

从一般意义上来说，社会救助的享有是与人的需要相联系的，只要无法维持生活，就可享受救助，而不管其原因是什么。但是，这里存在着对需要进行调查的问题，在有的国家只要申请就给予救助，而有的国家则要进行财产和收入与需要相比较的调查，从而决定是否对申请者给予救助。救助标准一般还根据救助对象所在地区经济水平、身体年龄状况、家庭人口和抚养义务以及资产情况确定。

（1）福利国家型的救助范围和享受条件。这种类型强调任何个人都有维持最低生活水平的权利，与他所从事的职业无关，一般只要有公民权便可享受此项权利。地方政府有义务对那些家庭收入无法满足或不足以满足最低生活需要的国民进行救助，救助的形式尽可能采取现金形式。提供救助的主要条件：一是收入是否低于本地区的贫困线；二是符合年龄规定。大部分欧盟国家规定受助者的最小年龄为 18 岁，法国规定为 25 岁，卢森堡规定为 30 岁。

（2）自保公助型的救助范围和享受条件。德国强调获得社会救助的是那些被排除在劳动市场之外的人、失业人员及一些老年人。在美国以贫困线来划分贫困家庭和穷人并对其施以社会救助。2020 年美国贫困线标准为单身年收入低于 12 760 美元，2 口之家年收入低于 17 240 美元，3 口之家年收入低于 21 720 美元，4 口之家年收入低于 26 200 美元，5 口之家年收入低于 30 680 美元。这个标准会随着通货膨胀等逐年进行调整。社会救助的形式有房租补贴、救助金、补助金以及食品券“剩余粮食计划”等。

2. 享受社会救助的管理条件比较

政府一般通过立法或规定限定受助者获得社会救助的管理条件。由于具体情境的不同，不同国家或地区确定申领的管理程序也不同。例如，在英国、加拿大等国，凡需要救助的家庭应当向社会保障机构递交申请书，填写清楚家庭人口数、无劳动能力人口、就业人口以及收入和支出状况，以作为批准救助的依据。而社会保障机构在收到申请书后，派出专业人员，对申请家庭以及其所在社区和所在单位进行详细调查。根据调查结果和核实情况，社会保障机构便可作出是否批准救助申请的决定。享受社会救助的管理条件可能还包括受助者要报告在被救助过程中或之后家庭的变化，如家庭经济条件改善或者人员变动情况等。

（三）社会救助资金来源、支出水平比较

1. 资金来源

福利国家比较强调国家或政府的责任，其社会救助各项目基本上都由国家或政府通过一般税收承担责任，而不是采取个人集资形式。例如，在丹麦，用于保障最低收入的救助开支，一半由国家预算承担，另一半由地方政府承担。在荷兰，国家承担 90% 的开支；在英国、卢森堡和爱尔兰，则 100% 由国家承担；在日本，社会救助所需资金也全部由财政拨款形成。

自保公助型国家如德国的社会保障事业主要不是由政府，而是由社会承担。政府和慈善机构负责的各种补贴和社会救助项目只占总开支的 1/3，2/3 的开支由具有法人地位的各种社会保险管理机构承担，是一种社会自治形式。

美国则有所不同，其社会救助项目资金由联邦政府与州政府共同承担，但州政府有较大的自主权决定补助金额的多寡。在意大利，地方政府在社会救助服务及其资金筹集方面拥有很大的自主权。其他国家如西班牙在社会救助事业管理方面也有权力下放的趋势。

自我积累型国家如新加坡则由政府通过公共援助计划对老、残、病又无依无靠的国民实施救助，同时社会团体也通过各种基金对贫困家庭给予一定的经济补助。韩国社会救助制度也来源于财政拨款。智利政府于 2002 年 5 月提出以反对极端贫困为核心的“智利团结计划”，向全国赤贫家庭提供一揽子社会保护，涉及家庭成员身份认证、健康、教育、家庭活力、住房、工作及收入七大方面。

2. 社会救助支出水平的比较

社会救助实施范围和实施项目的不同导致衡量社会救助支出水平存在很大困难，必

须规定出大致相同的项目内容才能对救助支出水平进行比较。

（1）社会救助绝对标准及其在国家财政支出占比比较。可以参照各国社会救助津贴的绝对数，或者通过社会救助项目的支出在国内生产总值中所占的百分比，来比较各国实施社会救助水平的高低。例如，在英国，生活津贴一律按照绝对金额给付。在新加坡，政府对由于年老、疾病、残障或其他原因不能工作，而又无依无靠的国民，通过公共援助计划按月支付生活津贴，支付标准为单身每月 180 新元，4 口之家（1 个大人 3 个子女）每月 535 新元。

日本在第二次世界大战后逐步将社会保障政策由“扶贫”转变为“防贫”，反映在中央财政拨款上，就是在社会保障领域，“国库负担”中社会保险支出所占比重的扩大和其他领域如生活保护支出所占比重的缩小。1954 年日本的国家扶助高达 36%，1960 年为 26%，而到 1989 年国家扶助只占到 7.5%。[①]2009 年国家扶助的比例仍然保持在 8.8%，而社会保险占到了 74%。相比来说，福利国家的社会救助支出份额比较大，而自保公助型国家社会救助支出份额相对较小，自我积累型国家由于强调个人自助性，社会救助的支出份额更小。

（2）以养老金和工资收入为参照系的社会救助金水平比较。由于养老保险制度在各国社会保障制度中占有重要地位，所以在衡量社会救助支出水平时常把养老金作为参照系。部分国家社会救助金水平与养老金水平较为接近，如 2023 年丹麦社会救助金相当于公共养老金的 89%，相当于职工平均工资的 25%；英国社会救助金相当于养老金的 71%，相当于职工平均工资的 21%。部分国家社会救助金水平相当于养老金的中等水平，如 2023 年，德国法定养老金和职工平均工资分别为每月 1 538 欧元和 4 100 欧元，而单身成人的每月社会救助金为 502 欧元，社会救助金分别相当于养老金和职工平均工资的 32.6% 和 12.2%；而西班牙社会救助金水平分别相当于养老金和职工平均工资的 42.7% 和 24.1%。另外，美国用于社会救助的预算大约只占贫困家庭所需社会保障资金的 50%。

（四）社会救助实施效果比较

从总体来看，社会救助制度的实施是为了满足人的最低层次的生活需要，但这种制度的运行直接或间接受到社会经济发展的影响，同时也对它产生反作用。因各国具体制度的不同会产生不同的实施效果。

① 杨巍巍．日本社会保障制度的发展过程及基本框架［J］．人口学刊，1994（6）：31-38.

1. 对国民经济运行的影响比较

社会救助制度对国民收入运行的影响，可以通过各国社会救助支出项目以及各国基尼系数来进行对比，福利国家实施了高水平的社会救助制度，缓解了国民贫困状况，但是，这种“从摇篮到坟墓”的全面扶助项目也带来了危机。从总体来看，福利国家庞大的公共支出和沉重的税赋，使得国家竞争能力变弱，失业人数不断增多，福利国家危机由此产生。所以许多国家开始实施有选择的补充性救助制度。在拉美地区，一些国家为了改善贫困群体的生活，陆续在城市实施了增加社会救助金、扩大就业途径、改善贫困阶层卫生和教育条件等的社会救助政策，但这些政策所覆盖的地区和人口相当有限。另外，许多拉美国家在面临异常紧张的局面时，总是要出台一些能在一定程度上缓和社会矛盾、改善收入分配不公或减少贫困的专门计划和措施，如 20 世纪 80 年代以后墨西哥的团结互助计划，哥伦比亚的根除极端贫困计划，玻利维亚等国家的社会基金计划，巴西的家庭补助计划，厄瓜多尔的人力资源发展计划，2003 年墨西哥的“机会计划”等。

2. 对社会结构变化的影响比较

社会救助支出水平的不同和对救助项目侧重的不同，对家庭结构、年龄结构、婚姻结构等一些社会结构都会产生深刻的影响。如有的国家家庭救助项目中对贫困家庭和贫困人口的救助条件不同，有侧重多子女家庭中的第二个子女或第三个子女的救助。救助金的多寡可能会影响一些社会成员生育子女的数量。

3. 对人口生存质量提高作用的比较

第二次世界大战后，大多数国家经济迅速发展，并由于社会救助制度的逐步规范化使得人口的生存质量有大幅度提高，例如，在日本，绝大部分人已经脱离贫困，社会保障费用支出中用于公共救助的部分也随之显著下降，社会保障制度的目的明显改变。日本社会救助制度的一个特点就是社会救助与个人能力培养相结合，主要表现在政府在提供失业救助的同时，还积极培养失业人员的再就业能力。

三、社会救助制度变革与发展趋势

由于经济危机的周期性出现，再加上社会救助制度本身也产生了一个制度依赖群体，因此，各国纷纷开始变革，期望由此带来财政上的转机以及家庭结构、社会结构的良性转变。

（一）有选择性地实施社会救助

随着中产阶级规模扩大，贫困人口减少，社会救助制度争论的焦点集中于实施制度式的救助方案还是有选择式的救助方案上。莫雷托教授曾把20世纪80年代各国普遍使用的反贫困方法归纳为“传统的救助”，认为这种制度针对的是所有生活在贫困线以下的穷人，但是最贫困的穷人却无法从中受益。[①] 他分析其中的主要原因是福利扩散了，而对最悲惨的特殊群体的救助却远远不足，再加上各行其责的政府官员在其中相互钳制，对穷人的命运也缺乏情感的关注和支持，因而提出“有选择的救助”，用来对贫困进行更直接的“打击”。

（二）社会救助权责关系的转变

社会保障可被视为国家与家庭或个人之间的契约。但这个契约的条款要公平，救助制度的责任要清楚，明确规定应支付的具体金额和合格条件，领取补助人的责任也要清楚。最近的政策发展涉及更加明确受助者的责任，而且要求还可能更加严格。包括要求受助者更加积极地找工作，或参加培训课程，帮助他们制订重新获得经济独立的计划，否则将会失去获得社会救助的权利。

（三）对受助者完整人格的强调

社会救助制度的受助者大多要经过收入调查程序，以证明他们达不到国家所规定的最低生活标准，从而需要由国家或社会给予救助。而近年来，一些国家对此做了修改，不再对申请救助者申报的家庭财产状况进行一一核实，而是根据要求和标准发放救助金，既简化了手续，又避免了令人难堪的核对工作给受助者带来的人格和心理上的伤害。社会救助的目的是满足社会成员最起码的生活需要，从而保证他们最基本的生存条件和人格受到尊重。

随着社会的发展，社会救助制度的发展趋势是，强调向个人提供机会与条件以恢复和促进个人的发展。

（四）重视与就业等相关联的激励制度

近年来，由于经济危机和财政危机的发生，一些国家纷纷对社会保障制度进行改革。从世界范围来看，即便在经济发达的美、德等国，社会救助制度的改革也开始转移到与就业相关联的方向来。职业介绍所的出现改变了社会救助制度的面貌。2005年德国的社会救助制度改革就是将长期被失业保险覆盖的失业人员划入一种新型的社会救助制度之中，大幅度减少这部分人群的社会福利待遇，并规定他们必须接受劳动局介绍、推

---

① 夏英．贫困与发展［M］．北京：人民出版社，1995：215.

荐或指派的工作岗位，以促进就业。2011 年，德国失业总人数比改革前下降了 200 万，达到了 300 万以下，取得了良好的效果。①

（五）考虑经济理性之外的人的需要

社会救助制度的改革引起了争议，尤其是对特殊群体如单亲家庭和残疾人救助制度的变革受到了各方面的干扰。归根结底，对于社会救助制度的设立，不仅要从经济理性的角度去考虑，还要多了解一般人的需要和人的行为基本原则。社会救助的设立或实施应促进受助者人格的成长，而不是损害受救助者原来的人格成长潜力。社会救助的实施应能提高家庭生活质量，有利于个人和社会。在我们强调社会救助对恢复自力更生的重要性的同时，我们也必须记住，社会保障法就是为那些未能自力更生的人制定的。

（六）社会救助管理方式与资金筹集方式的改革

社会救助事业的管理方式和资金的筹集方式对于提高社会救助措施的效益具有特殊作用。意大利威尼斯政府需要将救助预算的 55%用作救助机构的行政管理费；罗马市政府救助机构的行政管理“维持费”则占全部救助预算的 60%，在美国，如果将救助款总金额除以按官方统计的美国贫民总数，就会发现，处于贫困线以下的人们的收入将比普通公民的平均收入高出一倍半到两倍，美国的贫困现象早已不复存在，可事实上，美国的贫困阶层仍然存在，因为，能分配给贫困者的救助金所剩无几。因此，社会救助管理方式改革需要重点关注以下几点：第一，优化管理结构，简化救助流程，减少不必要的行政管理开支，提高救助资金的使用效率；第二，提高救助资金分配的透明度和公正性，确保救助资金能够真正到达需要帮助的群体，避免资金在中间环节的流失和浪费；第三，引入第三方评估和审计，加强救助资金与服务项目的绩效评估和问责监督。

社会救助资金筹集目前存在的问题主要包括：资金来源单一，过度依赖政府财政拨款；缺乏创新筹资手段和工具，筹资效率低；社会对捐赠机构、基金等资金筹措主体信任不够；缺乏系统性支持和激励政策，个人与企业参与社会救助资金积极性不高。因此，社会救助资金筹集应鼓励企业、非政府组织和个人通过捐赠、慈善、志愿服务与设立公益基金等方式参与社会救助，形成多元化资金来源；尝试通过发行社会救助专项债券、利用互联网众筹平台等扩大筹资手段与工具；提供相关政策支持和税收激励措施，鼓励和引导个人与社会力量参与社会救助资金的筹集。

① 刘涛．德国社会救助制度改革对我国低保制度的启示［J］．社会保障研究，2011（2）：158-170.

第三节　中国社会救助体系的完善

一、中国社会救助制度现状与制度选择

（一）中国社会救助制度简明发展历程

在我国，社会救助制度也是很早就加以实践的一种社会保障形式。起初还只是慈善性的济贫救困，之后，随着救助范围的扩大和需要解决问题的增多，逐渐演变成一种固定的制度，1999 年《城市居民最低生活保障条例》的出台，标志着制度性建设的初步开始。

社会救助制度于新中国成立后建立，起初只包括自然灾害救济、城乡困难户救济等，大多是临时性的、比较松散的救助措施。当时由于经济发展水平低、财政状况差以及对社会救助认识能力不足等原因，社会救助作用有如“杯水车薪”，制度建设本身也处于蛮荒阶段。1993 年 6 月 1 日，上海率先建立了城市居民最低生活保障制度，拉开了城市社会救助制度改革的序幕，此后，各地纷纷实践，到 1998 年 3 月，已经有 340 多个城市建立了这项制度。[①] 随着社会保障制度的总体变革，人们对于社会救助制度的认识也不断深化。1999 年以国务院令的形式出台《城市居民最低生活保障条例》，从救助对象、救助标准、救助范围、救助效果、与其他制度的配套等各个方面明确了救助的重大社会意义。

2012 年 9 月 26 日，国务院发布的《关于进一步加强和改进最低生活保障工作的意见》指出要加快推进低收入家庭认定工作，全面建立临时救助制度；有效解决低收入群众的突发性、临时性基本生活困难；做好最低生活保障与养老、医疗等的衔接工作。2021 年 3 月，国家发展改革委颁布的《国家基本公共服务标准（2021 年版）》中对最低生活保障这项重要公共服务不再给出城乡之间不同标准。2021 年 6 月，民政部印发的《最低生活保障审核确认办法》更加明确了城乡统一的最低生活保障审核确认的基本规定，这标志着我国城乡统一的最低生活保障体系基本形成。

（二）现行社会救助制度体系

中国现行的社会救助体系主要由三部分组成：包括最低生活保障制度和农村五保制度在内的经常性救助制度；包括灾害救助、流浪乞讨人员救助等在内的临时应急救助制

① 王东进．中国社会保障制度的改革与发展［M］．北京：法律出版社，2000：43.

度；包括医疗、教育、住房、法律、就业援助在内的专项救助制度。

经常性救助制度是社会救助体系的核心。最低生活保障制度是20世纪90年代初期在各地实践、1999年由国务院正式确立下来的制度，主要通过保障贫困居民的最低收入来促使其恢复正常生活，主要的保障方式是为贫困居民提供低保金，并配套了一些医疗、教育、住房等方面的优惠政策。最开始它的实施对象主要是一些城镇贫困人员、下岗职工、低收入的离退休职工及家属，现在则已经在城市、农村低收入群体中全面展开。

临时应急救助制度是补充性救助制度安排，它主要是为在日常生活中由于各种特殊原因造成基本生活出现暂时困难的家庭，给予非定期、非定量的生活救助。例如，灾害救助制度，虽然世界各国大多已不把它列为社会保障制度中的救助项目，但在我国却把它列为社会救助制度的传统项目并延续下来。近三年，在我国每年接受灾害救助的社会成员都保持在6 000万以上。2022年全年共实施临时救助1 100.1万人次，其中救助非本地户籍对象26.2万人次；全年支出临时救助资金120.0亿元，平均救助水平1 090.5元/人次。

专项救助制度，如医疗救助、教育救助、住房扶助等也是社会救助体系不可缺少的组成部分。专项救助中最开始实施的是2003年建立的农村医疗救助制度，救助对象是农村贫困五保户和其他农村贫困农民，2005年医疗救助制度开始在城市经由试点逐步建立。2023年，原承担医保脱贫攻坚任务的25个省份通过医疗救助共资助7 308.2万人参加医疗保险，支出153.8亿元，人均资助210.5元。基本医疗保险、大病保险、医疗救助三重制度累计惠及农村低收入人口就医18 649.8万人次，减轻医疗费用负担1 883.5亿元，使更多困难群众“病有所医”。教育救助的对象则包括城乡特殊困难未成年人和普通高等院校、职业中高等院校经济困难家庭的学生。住房扶助则包括廉租住房保障等。这些专项救助建制时间相对比较短，还需要在实践中不断发展。

（三）现行社会救助制度的对象

社会救助对象既可以进行一般分类，如有生活来源但不能满足需要的贫困者、无依无靠无生活来源的困难者等，也可按照不同群体如贫穷的老年人、儿童、残疾人等来进行分类。一般采用前述分类方法，我国的社会救助对象包括三类。第一类，无依无靠又无生活来源的公民或社会成员。这类群体大多是长期被救助的对象，主要包括孤儿、无劳动收入和社会保险津贴的劳动者以及未参加社会保险又无子女的丧偶老年人。第二类是遭受灾害或疾病严重侵袭而使生活一时陷入拮据状态的公民或社会成员。第三类是生活水平低于国家规定标准的公民或社会成员，如领不到救济金的普通失业者、下岗职工、困难企业离退休人员和他们的供养人口等。我国传统的社会救助制度存在实施范围窄，覆盖面小的缺点。

专栏 13–1 “五层八类”让社会救助更精准

家里的主要劳动力得了大病怎么办？家属照顾病人没有收入怎么办？孩子上学困难怎么办？就业有困难怎么办？搞不明白救助政策，申报有遗漏怎么办？

为破解以上难题，近年来，陕西省宝鸡市民政局通过不断探索尝试、总结完善，建立健全了“党委领导、政府负责、民政牵头、部门配合、社会参与”的社会救助工作机制，逐步建立了“五层八类”的社会救助体系，有效发挥了社会救助托底线、救急难、保民生的作用，困难群众获得感、幸福感大幅提升。

1. 五个圈层分类，确保救助对象认定精准

老闫一家四口生活在麟游县九成宫镇，平日里夫妻俩打工挣钱、两个孩子上学读书，小日子过得很安逸。2022 年，老闫得了一场大病，打破了这家人平静的生活。他先后 4 次住院治疗，花费超过 25 万元，医保报销后的个人自付费用掏空了家里的积蓄，接下来的治疗费用又没有着落，一家人的生活陷入了困境。

在日常走访中，九成宫镇民政办工作人员了解到老闫一家遇到的困难后，随即将情况报告麟游县民政局，按照宝鸡市社会救助的五个圈层，分三步对该家庭实施救助。第一步，确定其为支出型困难家庭，按照对“外围层”重点关心的要求，县民政局及时给予老闫家 1.39 万元临时救助金，减轻其家庭经济负担。第二步，考虑到老闫后续治疗费用仍不断增加，将其家庭纳入三类人员之边缘易致贫户，按照对“重点层”持续紧盯的要求，在老闫后续医疗自付费用又增加了近 2 万元时，县民政局及时按政策给予 5 087 元的二次临时救助金。第三步，为减轻老闫后期就医负担，按照对“核心层”高度重视的原则，2022 年 12 月，县民政局和九成宫镇政府按规定核算出其家庭收入情况符合农村低保条件，于是从 2023 年 1 月起，老闫一家被纳入农村低保保障范围，不仅每月能领取 2 099 元的保障金，医疗救助还有倾斜，有效解决了老闫医疗花费大的难题，保障了一家人的基本生活。

一层套一层的救助政策，给了老闫一家最稳妥的保障，这让老闫觉得心里特别踏实：“我现在能安心治病，孩子能安心学习，多亏了民政工作人员，我们不需要自己去打听救助政策，他们就帮忙弄好了，感谢党和政府的好政策。”

2022 年底，宝鸡市民政局根据群众的困难程度和致困原因，将救助对象划分为“核心层”“中间层”“外围层”“特殊层”“重点层”五个救助圈层分类施救。对纳入

"核心层"的低保对象、特困人员，高度重视；对纳入"中间层"的低保边缘家庭和支出型困难家庭，密切关注；对遭遇突发性情形或家庭支出突然加大、导致基本生活出现困境的"外围层"，重点关心；对纳入"特殊层"的生活无着流浪乞讨人员，始终关爱；对包含"三类人员（脱贫不稳定户、边缘易致贫户和突发严重困难户）"的"重点层"，持续紧盯，确保所有困难群众应保尽保、应救尽救。

2. 八大类政策，确保救助措施精准

在明确救助对象的分层后，宝鸡市民政局对每个"圈层"困难群众能享受哪些救助政策也进行了梳理汇总、分类救助，让群众少跑腿，把救助政策送到家。

家住陈仓区虢镇街道的汤大爷家就享受到了5种不同的救助政策。2021年，汤大爷的儿子打工时摔伤，鉴定为八级伤残，无法继续从事体力劳动。2022年12月，汤大爷的小孙子又被确诊白血病，住院十多天就花了近十万元，后期化疗预计还需五六十万元，一家人愁眉不展。

2023年1月，陈仓区民政局通过低收入动态监测系统发现汤大爷家自付医药费支出突然增加，核实后按照支出型临时救助标准发放2 000元救助金。2月，通过家庭成员收入核算，汤大爷一家符合农村低保条件，随即被纳入农村C类低保保障范围，小孙子和儿子分别按照未成年人和重病人员享受了分类施保，增发了低保金。目前，每月2 100元的低保金可以保障全家人的基本生活，小孙子看病的花费还获得了医疗救助，不光有住院先治疗后付费、医疗保障"一站式"结算、儿童白血病大病专项救治等服务，更重要的是享受到了大病保险对低保对象执行起付线降低、报销比例提高、取消封顶线等倾斜支付，以及医疗救助对低保对象的医疗费用救助比例不低于70%等多重政策。目前，汤大爷的小孙子已顺利完成第一阶段治疗，正在上学的大孙子也得到了免学杂费、生活特惠性补助等教育帮扶，每天还有4元学生营养改善补贴，一家人的经济负担大为减轻。

"八大类救助政策各有侧重。"宝鸡市民政局相关负责人介绍，低保救助强调应保尽保，重点是整户保障、单人纳入保障、实施分类施保和强化渐退帮扶；特困供养强调应养尽养、应救尽救，重点是实行按户籍申请、分类照料和按需供养；受灾人员综合施救的重点是实施应急救助、过渡期生活救助和冬春救助；医疗救助则强调多重优化，重点是提升卫生健康保障、强化医保支持、实施医后救助和做好民政兜底工作；教育救助强调应助尽助，重点是实行普惠性减免、开展特惠性补助、实施营养改善计划、开展教育入学资助和其他助学救助；住房救助强调精准施策，要求对特殊群体应保尽保、符合条件优先保障和就业群体扩大保障；就业救助重在灵活实施，对困难群众实施就业创业扶持、技能培训提升、设置就业岗位、开发公益性岗位和落实就业补助政策；临时救助侧重救急救难，根据家庭或个人实际，分为急难型救助和支出型救助两大类，对救助对象中的三类人员、低保对象、特困人员等群体，在救助标准基础上分别上浮10%、15%、20%进行救助。

3. 社会力量参与，确保救助成效精准

为使更多困难群众得到及时有效的救助帮扶，宝鸡市民政局还积极引导社会力量参与到各类社会救助工作中来，通过深入开展“五社联动”，充分发挥社区、社会组织、社会工作者、社区志愿者、社会慈善资源贴近群众、发现及时、方式灵活、救助快捷的优势，为全方位、多元化社会救助注入强大社会活力。

成立于2016年的宝鸡市陈仓区英子菌业种植专业协会，是一家集珍稀食用菌研发、栽培、加工、销售及农林废弃物循环利用于一体的综合性农业科技型社会组织。近年来，协会积极开展产业帮扶困难群众服务，带动了4个村520户1 744人发展羊肚菌种植产业，年分红收益达20余万元。协会邀请专家、致富能手组成了产业发展志愿队，积极开展产业发展“送温暖”活动，举办创业培训、技术讲解等专题培训；坚持季节性用工以脱贫户为主的原则，实现每天约20人稳定就业，日工资达70元以上；协会党支部建立了党员结对帮扶联系困难户制度；通过供应菌包、微信指导、现场操作等方法带动宝鸡市内及周边多地发展了8个大棚生产基地，提升了困难群众的发展能力。

此外，残疾人员救助、流浪乞讨救助、孤儿生活救助、“两癌”妇女救助、困难职工救助等其他救助作为有效补充，也发挥着帮困解忧的重要作用。目前，宝鸡市已形成覆盖全面、分类科学、高效快捷、衔接互补的社会救助体系，做到救助对象精准、措施精准、成效精准，实现弱有所扶、困有所助、难有所帮，社会救助水平全面提升，在巩固拓展脱贫攻坚成果同乡村振兴有效衔接中发挥了应有作用。

资料来源：见2023年10月11日《中国社会报》的文章。

（四）中国社会救助制度的选择

1. 社会救助制度选择的经济条件

社会救助的选择与一国的经济发展水平有不可分割的关系。我国的社会救助无论是从制度的完善程度，还是从综合救助的水平来看，都应与经济发展相匹配。根据世界银行依据人均国民收入对国家及国家经济发展不同阶段进行的分类[①]，我国已经被划入了中高等收入国家[②]。这表明我国社会救助制度发展的空间还很大，政府及社会有能力给予弱势群体更多的经济支持。

2. 社会救助制度选择的社会条件

新中国成立初期的特定社会条件决定社会救助的对象多而杂，既要解决受助对象最低限度的生活问题，还要帮助其安家落户，创造就业条件。随着我国社会主义市场经济体制的逐步确立，社会成员在市场环境下所承受的各种风险增大，而社会救助就好比是在最低生活水平之上所架设的最后一张安全网。在社会环境改变的情况下，如何依靠建立制度保障人民基本生存需求成为新的课题之一。

3. 国际经验借鉴

国外的经验表明，对因社会经济结构调整或转型而极易出现的较大规模的贫困问题，最有效的社会保障制度就是社会救助。实际上，在 20 世纪 30 年代美国经济大萧条时期，罗斯福政府赖以渡过难关的正是提供失业救助、分发食品券和以工代赈等典型的社会救助手段；亚洲“四小龙”之一的韩国在其发展初期，也几乎完全是靠社会救助制度来维护社会安定的。在日本，生活扶助制度也是针对贫困人口的一项有效的社会救助制度，其标准参见表 13–4。

表 13–4　　日本生活扶助标准一览表（2012 年度）　　日元

扶助对象	东京都区部等	地方郡部等
标准的 3 人家庭（33 岁、29 岁、4 岁）	172 170	135 680
老年单身家庭（68 岁）	80 820	62 640
老年夫妇家庭（68 岁、65 岁）	121 940	94 500
母子家庭（30 岁、9 岁、3 岁）	192 900	157 300

资料来源：日本厚生劳动省网站，生活保护及福祉资料。

---

① 2021 年 7 月世界银行根据上一年世界各国人均 GNI 对高收入、中高收入、中低收入、低收入国家的标准做了新的调整。其中人均 GNI 低于 1 046 美元，属于低收入国家；人均 GNI 在 1 046 美元到 4 095 美元之间的，属于中低收入国家；在 4 096 美元到 12 695 美元之间的，属于中高收入国家；人均 GNI 超过 12 695 美元，属于高收入国家。

② 中国 2020 年人均国民收入（按现价美元）为 10 550 美元。

二、中国最低生活保障制度建立完善与标准设定方法

（一）最低生活保障制度建立完善

1. 城市最低生活保障制度建立与完善

1999年国务院颁布的《城市居民最低生活保障条例》明确规定，持有非农业户口的城市居民，凡共同生活的家庭成员人均收入低于当地城市居民最低生活保障标准的，均有从当地人民政府获得基本生活物质帮助的权利。同时，该条例还明确，县级人民政府民政部门经审查，对符合享受城市居民最低生活保障待遇条件的家庭，应当区分下列不同情况批准其享受城市居民最低生活保障待遇：

（1）对无生活来源、无劳动能力又无法定赡养人、扶养人或者抚养人的城市居民，批准其按照当地城市居民最低生活保障标准全额享受；

（2）对尚有一定收入的城市居民，批准其按照家庭人均收入低于当地城市居民最低生活保障标准的差额享受。

从全国和各地实施最低生活保障的情况来看，前一类人员所占比例最小，且仍有减少趋势；后一类人员约占70%以上，且仍有大幅上升趋势。因此，在制度设计时，要考虑到对城镇后一类人员的救助措施，并强调它与社会保障中的其他制度如社会保险制度、社会福利制度等的结合。

2012年10月，国务院印发《关于进一步加强和改进最低生活保障工作的意见》之后，民政部相继印发了《城乡最低生活保障资金管理办法》《最低生活保障审核确认办法》等，对于最低生活保障制度的基本原则、申请资格、财产调查、审核机制到资金的筹集和发放、动态管理都做出了更为详细的规定。在发展方向上，注重各项救助制度的衔接与整合，注重低保的有效性，并鼓励和支持有劳动能力的城乡低保人员积极就业。总的来说，我国的低保制度正向着更加科学化、规范化的方向发展。到2023年末，全国有664.0万人享受到了城市最低生活保障，比上年下降2.70%（见表13–5）。

2. 农村居民最低生活保障制度建立与完善

我国农村居民最低生活保障制度的探索实际上早在20世纪90年代初就开始了，2007年7月国务院印发《关于在全国建立农村最低生活保障制度的通知》，农村低保开始在全国大范围地铺开，当年农村低保保障人数较前年增长了123.9%，此后一段时期农村低保人数保持上升趋势。自从党的十八大实施新时代全面脱贫攻坚计划以来，随着农

村贫困户全面脱贫，享受农村最低生活保障的人数呈下降趋势。到 2023 年末，全国有 3 399.0 万人享受到了农村最低生活保障，比上年略增加 1.47%（见表 13–5）。

表 13–5　最低生活保障制度开展情况（2016–2023 年）　万人，%

指标	2016 年	2017 年	2018 年	2019 年	2020 年	2021 年	2022 年	2023 年
城市最低生活保障人数	1 480.2	1 261.0	1 007.0	860.9	805.1	737.8	682.4	664.0
年增长率	—	–14.81	–20.14	–14.51	–6.48	–8.36	–7.50	–2.70
农村最低生活保障人数	4 586.5	4 045.2	3 519.1	3 455.4	3 620.8	3 474.5	3 349.6	3 399.0
年增长率	—	–11.80	–13.01	–1.81	4.79	–4.04	–3.59	1.47

资料来源：根据国家统计局发布的《中国统计年鉴 2024》整理而得。

农村最低生活保障对象是家庭年人均纯收入低于当地最低生活保障标准的农村居民。其发放既可以按照家庭年人均纯收入和保障标准的差额发放，也可以在审核申请人家庭收入的基础上，按照其家庭的困难程度和类别分档发放。农村低保的资金则主要来源于地方财政拨款，列入地方政府财政预算，中央财政对财政困难地区给予适当补助。

3. 民间团体救助逐渐成为社会救助的重要形式

目前，社会团体在我国经济发展、社会管理和公共服务中发挥着越来越重要的作用。在民间组织方面，政府实施分类指导，重点培育发展了农村专业经济协会和行业性、公益性社团。2012 年，民政部还印发了《关于促进社会力量参与流浪乞讨人员救助服务的指导意见》，明确了引导和支持社会力量参与救助服务。

据民政部统计，截至 2022 年底，全国共登记社会团体 37.0 万个，其中许多民间团体都致力于参与各种社会救助活动。另外，许多民办非企业单位和基金会也致力于各种相关的社会救助事业。截至 2022 年底，全国在民政部门登记的民办非企业单位共有 51.2 万个，基金会 9 319 个，呈现出向上的发展态势（见表 13–6）。

表 13–6　民间社会组织发展概况（2016–2022 年）

指标	2016 年	2017 年	2018 年	2019 年	2020 年	2021 年	2022 年
社会团体（万个）	33.6	35.5	36.6	37.2	37.5	37.1	37.0
民办非企业单位（万个）	36.2	40.0	44.4	48.7	51.10	52.2	51.2
基金会（个）	5 559	6 307	7 034	7 585	8 432	8 877	9 319

资料来源：根据国家统计局发布的《中国统计年鉴 2023》整理而得。

4. 最低生活保障制度的发展趋势

在实施社会救助制度的过程中，人们逐渐认识到单一的生活救助不足以解决社会问题，有病而无钱医治者、无力支付孩子教育费用的家庭、无力支付昂贵的住宅费用的家庭都需要多样化的救助制度和措施，因此，建立具有整合特征的综合社会救助体系，即对贫困人群实施生活救助、医疗救助、教育救助、住房救助、心理援助、司法援助等多方面社会救助的统一体系，是对贫困人群的一种综合保障。这种综合性社会救助制度，涉及群体范围广，需要有充足的财源支持，更需要良好的制度设计，以使政府与民间组织、社会、公民共同发挥作用。

同时，国际经验也告诉我们，单纯的生存型救助需要向发展型救助转变，要通过教育、就业等形式来帮助贫困人员真正脱离贫困。我国最低生活保障制度的城乡差异、地域化差异也需要进一步整合。

（二）最低生活保障标准设定

为使社会救助真正起到安全网兜底的作用，以保障那些一时或长期陷入困境的社会成员的生存权利，又不致使他们因此而产生长期的依赖心理，确定社会救助对象的量化标准，即最低生活保障标准是非常重要的。

2012 年，国务院发布的《关于进一步加强和改进最低生活保障工作的意见》中指出，应科学制定最低生活保障标准，健全救助标准与物价上涨挂钩的联动机制，综合运用基本生活费用支出法、恩格尔系数法、消费支出比例法等测算方法，动态、适时调整最低生活保障标准，最低生活保障标准应低于最低工资标准。

2024 年 3 月，民政部等部门印发的《关于进一步做好最低生活保障标准确定调整工作的指导意见》中指出，最低生活保障标准应根据上年度居民人均消费支出，区分城乡分别确定。计算公式为：低保标准 = 当地上年度城镇（农村）居民人均消费支出 × 量化比例。其中，省级平均低保标准计算应采取加权平均法。计算公式为：省级平均低保标准 =Σ（所辖各县区低保标准 × 各县区低保人数）÷ 辖区低保总人数。而低保标准与上年度居民人均消费支出挂钩的量化比例，由各地按照发展改革、统计部门提供的相关数据，综合当地居民基本生活费用支出（含必需食品消费支出和维持基本生活所必需的衣物、水电、燃气、公共交通、日用品等非食品类生活必需品支出），人均可支配收入，经济社会发展水平，财力状况等因素合理确定。民政部、财政部每年将组织专家对各地量化比例的合理性进行评估，指导各地科学确定量化比例和低保标准。

最低生活保障线具有刚性，确定最低生活保障标准同时还需考虑它与失业救助金的关系。《失业保险条例》规定，失业保险金的标准，按照低于当地最低工资标准，高于城市居民最低生活保障标准的水平，由各地政府确定。

2023 年全国农村平均最低生活保障标准为 590 元 /（人·月），虽然仍低于全国城市平均最低生活保障标准 759 元 /（人·月），全国大部分省份城乡也存在差异（见表 13–7），但 2021 年 6 月民政部印发的《最低生活保障审核确认办法》，明确了城乡统一的最低生活保障审核确认的基本规定，标志着我国城乡统一的社会保障体系基本形成，城乡最低生活保障标准差距将逐步缩小。

表 13–7　　　　全国各地区城市和农村最低生活保障标准（2023 年）

地区	城市	农村	
	（元 / 人·月）	（元 / 人·月）	（元 / 人·年）
北京市	1 395	1 395	16 740
天津市	1 010	1 010	12 120
河北省	755	567	6 801
山西省	651	546	6 547
内蒙古自治区	829	649	7 789
辽宁省	748	587	7 043
吉林省	612	445	5 335
黑龙江省	708	532	6 379
上海市	1 510	1 510	18 120
江苏省	842	827	9 918
浙江省	1 136	1 136	13 629
安徽省	783	759	9 109
福建省	840	837	10 045
江西省	876	675	8 102
山东省	943	768	9 218
河南省	641	458	5 498
湖北省	740	595	7 135
湖南省	657	487	5 849
广东省	983	797	9 560
广西壮族自治区	786	517	6 208
海南省	679	636	7 635

续表

地区	城市	农村	
	（元/人·月）	（元/人·月）	（元/人·年）
重庆市	735	610	7 322
四川省	712	530	6 356
贵州省	733	540	6 477
云南省	730	512	6 148
西藏自治区	971	445	5 336
陕西省	698	497	5 960
甘肃省	713	474	5 692
青海省	719	472	5 659
宁夏回族自治区	649	492	5 909
新疆维吾尔自治区	641	508	6 091

资料来源：各地区政府网站。

专栏 13–2　多地上调最低生活保障标准

近日，多地陆续上调最低生活保障标准，进一步加强兜底保障能力。

青海 11 月份发布通知，提高 2021 年全省城乡居民最低生活保障标准。其中，城镇最低生活保障标准从原来 640 元/（人·月）提高到 672 元/（人·月），人均提高 32 元，增长 5%；农村最低生活保障标准从原来 4 800 元/（人·年）提高到每年 5 184 元，人均提高 384 元，增长 8%。这已是青海连续 13 次提高城乡低保标准。

此前，为缓解灾情疫情对困难群众基本生活的双重影响，河南 9 月份发布通知，全省城乡低保标准分别由人均每月不低于 570 元、355 元提高到不低于 590 元、377 元，分别增长 3.5%、6.2%。

重庆也从 9 月份开始提高了城乡最低生活保障标准，城市低保标准提高到每月 636 元/（人·月）、农村人均低保标准提高到 515 元/（人·月）。

不只是上述三地，很多地方也纷纷宣布上调最低生活保障标准。例如，北京宣布自 2021 年 7 月起，最低生活保障标准由家庭月人均 1 170 元调整为 1 245 元；上海宣布从 2021 年 7 月 1 日起，最低生活保障标准由 1 240 元/（人·月）调整为 1 330 元/（人·月），月增加 90 元，增长 7.26%。

同是调整，不过各地低保标准的上调幅度却有所不同。国务院发展研究中心研究员冯文猛告诉记者，这主要与各地经济发展水平有关。一般来说，经济发展水平较高的地方，财力雄厚，低保标准就要高些，反之则要低些。但经济发展水平相对落后的地区，低保标准虽相对较低，物价通常也较低。

从全国情况来看，根据民政部最新统计数据，截至2021年三季度，我国共有城乡低保对象4 242.4万人，其中，城市最低生活保障人数为753.2万人，平均标准706.6元/（人·月）；农村最低生活保障人数为3 489.2万人，平均标准6 298.8元/（人·年）。

“低保制度是我国社会救助体系的一个重要组成部分，它的救助对象是社会中最脆弱的一个群体，设立初衷是为了保障困难群众的基本生活。”冯文猛介绍，建立于20世纪90年代的低保制度，对很多遭遇突发状况的困难群众维持基本生活发挥了举足轻重的作用。

2021年《政府工作报告》提出，扎实推动共同富裕。专家认为，在此背景下，多地相继上调最低工资和低保标准，其目的正是为了让改革发展成果更多惠及广大人民群众，特别照顾到格外需要关爱的生活困难群众。

“从低保制度建立之初到现在，低保标准不断调整提高，随着经济社会发展水平提高，今后各地低保标准预期还会进一步提升。”专家表示，低保制度在居民生活遭遇困难的特殊时期“雪中送炭”，十分必要。需要注意的是，在做好兜底保障工作的同时，也应注重多措并举，努力培养困难群众逐步形成自我“造血”能力，通过个人努力谋求发展。

资料来源：见2021年12月5日《经济月报》的文章。

深度阅读

［英］贝弗里奇．贝弗里奇报告——社会保险和相关服务［M］．北京：中国劳动社会保障出版社，2008.

贝弗里奇报告是社会保障发展史上具有划时代意义的著作，对英国、欧洲乃至全世界的社会保障制度建设和发展进程都产生了重要影响。报告提出社会保障应遵循普遍性原则、保障基本生活原则、统一原则、权利与义务对等原则。当年，英国政府基本接受了其建议，于1944年发布了社会保险白皮书，并制定了《国民保险法》《国家卫生服务法》《家庭津贴法》《国民救助法》等一系列法律。

本章小结

对于贫困的解释，因思维模式的差异而不同。本章阐述了三种不同的思维模式，从不同视角对于贫困的问题进行分析，因而引申出三种不同的反贫困策略。

贫困标准是测定贫困的工具，也是整个贫困问题理论与政策研究的基础。通常采用的贫困线测定标准包括贫困的“二分法”和“三分法”。贫困线的具体测量方法包括预算标准法、恩格尔系数法、国际贫困标准、生活形态法、马丁法等。

减贫的观念在于依据特定的地域性、特定的环境背景以及运用整体性的观点，采取消除贫困的策略。消除贫困的对策主要包括促进经济增长、实施激励政策、强调反贫困治理结构、实施扶贫项目以及建立社会安全网等。

社会救助是一种最低层次的社会保障制度，它的首要目标是克服贫困，保障全体公民的最基本生存权利。社会救助制度类型分为集中型与分散型、资金救济型与服务需要型。各国不同的社会救助制度在救助范围、享受条件、资金来源、支出水平以及社会救助实施效果上都有差别。有选择性地实施、权责关系的转变、对受助者完整人格的强调、与就业等相关联的激励制度、考虑经济理性之外的人的需要等成为社会救助制度发展的主要趋势之一。

中国现行的社会救助体系主要由三部分组成，包括经常性救助制度，临时应急救助制度和专项救助制度。覆盖城乡的最低生活保障制度是其中的核心。民间团体救助在社会救助中起到了重要的作用。未来中国社会救助制度应把重点放在建立具有整合特征的综合社会救助体系、由生存型救助向发展型救助转变上。

中国最低生活保障标准应综合运用多种测算方法确定，城乡最低生活保障标准之间的差距将不断缩小。

重要概念

绝对贫困　相对贫困　贫困线　测量方法　社会救助制度　最低生活保障线

思考题

1. 对贫困解释的三种不同思维模式是什么？

2. 什么是社会救助制度？各国实施的社会救助制度在哪些方面存在差别？

3. 中国社会救助的对象包括的范围是什么？

4. 简述中国城市最低生活保障标准设定方法。

5. 论述中国社会救助制度的发展趋势。

主要参考文献

［1］A.J.M. 米尔恩 . 人的权利与人的多样性——人权哲学［M］. 夏勇，张志铭译 . 北京：中国大百科全书出版社，1995.

［2］D. 哈里森 . 欧洲养老保险基金投资与管理［M］. 伦敦：财政出版社，1997.

［3］安华 . 完善我国社会保障管理体制的思考［J］. 宏观经济管理，2011（11）：59–60.

［4］北京义德社会工作发展中心课题组，唐钧 . 长期照护保险：国际经验和模式选择［J］. 国家行政学院学报，2016（5）：42–48+142.

［5］贝弗里奇 . 贝弗里奇报告：社会保险和相关服务［M］. 北京：中国劳动社会保障出版社，2008.

［6］庇古 . 福利经济学［M］. 北京：华夏出版社，2013.

［7］财政部社会保障司课题组 . 社会保障支出水平的国际比较［J］. 财政研究，2007（10）：36–42.

［8］曹琬瑶，许铧丹 . 浅析国外医疗保险制度对中国医疗保险改革的启示［J］. 经贸实践，2018（2）：26–27.

［9］曹艳春，王建云 . 老年长期照护研究综述［J］. 社会保障研究，2013（3）：56–65.

［10］陈刚 . 工伤保险 70 年：改革创新发展［J］. 劳动保护，2019（10）：28–31.

［11］陈天红 . 基金管理视角下失业保险制度优化设计研究［M］. 北京：人民出版社，2019.

［12］陈彦霏 . 英国儿童福利制度对我国儿童福利制度的启示［J］. 管理观察，2019（11）：87–88.

［13］陈银娥 . 社会福利［M］. 北京：中国人民大学出版社，2009.

［14］陈宗胜，黄云 . 中国相对贫困治理及其对策研究［J］. 当代经济科学，2021（5）：1–19.

［15］程承坪，吴琛 . 健康战略下发达国家发展养老健康产业借鉴研究——以美国、

德国、日本为例［J］. 当代经济管理，2018，40（3）：83–88.

［16］仇雨临 . 社会保障国际比较［M］. 北京：中国人民大学出版社，2019.

［17］仇雨临 . 中国医疗保障 70 年：回顾与解析［J］. 社会保障评论，2019，3（1）：89–101.

［18］丛树海，郑春荣 . 国际社会保障全景图［M］. 南京：江苏人民出版社，2015.

［19］寸洪斌 . 基本医疗保险一体化制度研究［D］. 天津：南开大学，2014.

［20］邓大松，邓怡 . 国际社会保障管理模式比较及对中国的启示［J］. 社会保障研究，2012（6）：3–8.

［21］邓大松，刘昌平 . 社会保障管理［M］. 北京：中国人民大学出版社，2011.

［22］邓大松，刘大平 . 二十一世纪世界社会保障制度发展趋势［J］. 江西财经大学学报，2002（1）：34–35.

［23］邓大松 . 社会保险［M］. 3 版 . 北京：中国劳动社会保障出版社，2014.

［24］邓大松 . 西方国家社会保障制度发展的阶段特征与道路选择——评《西方国家社会保障制度史》［J］. 学习与实践，2010（12）：121–124.

［25］邓大松，等 . 中国社会保障若干重大问题研究［M］. 深圳：海天出版社，2000.

［26］翟志俊 . 中国失业保险历史回顾及其思考［M］. 上海：上海社会科学院出版社，2009.

［27］丁建定，李薇 . 试论中国特色家庭补贴制度的构建［J］. 内蒙古社会科学，2021（2）：162–168.

［28］丁建定 . 西方国家社会保障制度史［M］. 北京：高等教育出版社，2010.

［29］丁建定 . 中国社会保障制度体系完善研究［M］. 北京：人民出版社，2013.

［30］丁建定 .《贝弗里奇报告》评价中值得注意的几个问题［J］. 中共福建省委党校学报，2007（10）：57–62.

［31］丁建定 . 工人阶级与英国现代社会保障制度的建立［J］. 河南大学学报（社会科学版），2001（6）：70–74.

［32］丁开杰 . 社会保障体制改革［M］. 北京：社会科学文献出版社，2004.

［33］丁英顺 . 韩国老年福利制度的发展及特征［J］. 东北亚学刊，2017（3）：52–57.

［34］董克用，王燕 . 养老保障［M］. 北京：中国人民大学出版社，2000.

［35］董溯战．德国、美国养老社会保障法的比较研究——以国家、社会和市场为视角［J］．宁夏社会科学，2005（2）：58-62.

［36］杜选，高和荣．典型国家失业保险制度功能完善对中国的启示［J］．金融与经济，2015（9）：76-81.

［37］高鸿业．《就业、利息和货币通论》导读［M］．北京：中国人民大学出版社，2018.

［38］葛寿昌．社会保障经济学［M］．上海：上海财经大学出版社，1999.

［39］郭崇德．社会保障概论［M］．北京：北京大学出版社，1992.

［40］郭健美，寇霞，张翠萍．长期护理保险制度“山东模式”的实践及经验分析［J］．医学与社会，2021，34（4）：109-113.

［41］郭伟伟．新加坡社会保障管理体制及对中国改革的启示［J］．行政管理改革，2010（7）：68-71.

［42］国际劳工局．展望二十一世纪：社会保障的发展［M］．北京：劳动人事出版社，1988.

［43］国家统计局．国际统计年鉴 2021［M］．北京：中国统计出版社，2021.

［44］国家统计局．中国统计年鉴 2012［M］．北京：中国统计出版社，2012.

［45］国家统计局．国际经济和社会统计提要［M］．北京：中国统计出版社，1994.

［46］国家统计局．国际经济和社会统计资料（1950—1982）［M］．北京：中国财政经济出版社，1983.

［47］韩君玲．日本残疾人福利法制的特征及启示［J］．学术交流，2010（11）：80-83 .

［48］韩君玲，王一宏．新时代我国退役军人保障法制的重构——理论视角与路径选择［J］．社会保障研究，2021（1）：74-81.

［49］韩克庆．转型期中国社会福利研究［M］．北京：中国人民大学出版社，2011.

［50］韩伟，穆怀中．中国统筹养老金适度调整指数分析［J］．财经研究，2007（4）：74-84.

［51］郝君富，李心愉．失业保险制度机制设计的国际比较与启示［J］．兰州学刊，2018（8）：173-185.

［52］何佳馨．新中国医疗保障立法 70 年——以分级诊疗的制度设计与进步为中心［J］．法学，2009（10）：75-92.

［53］何立新，封进，佐藤宏．养老保险改革对家庭储蓄率的影响：中国的经验证据［J］．经济研究，2008（10）：117–130.

［54］何文炯．数字化、非正规就业与社会保障制度改革［J］．社会保障评论，2020，（3）：15–27.

［55］和春雷．社会保障制度的国际比较［M］．北京：法律出版社，2001.

［56］侯文若．现代社会保障学［M］．北京：红旗出版社，1993.

［57］胡务，张译匀．社会福利概论［M］．成都：西南财经大学出版社，2016.

［58］胡永霞．论我国社会保险制度改革［M］．武汉：武汉大学出版社，2020.

［59］华颖．全球社会保障的最新动态与未来展望［J］．社会保障评论，2018（2）：3–17.

［60］华颖．中国社会保障70年变迁的国际借鉴［J］．中国人民大学学报，2019（5）：17–26.

［61］姬鹏程，王皓田．日本长期护理保险制度的经验与启示［J］．宏观经济管理，2020（11）：85–90.

［62］简伟研，周吴平，穆楠，等．优化病例组合促进长期护理保险战略购买的国内外经验与展望［J］．中国医疗保险，2021（12）：73–76.

［63］江亮演．社会救助的理论与实践［M］．台北：桂冠图书有限公司，1990.

［64］蒋悟真，尹迪．社会救助法与社会保险法的衔接与调适［J］．法学，2014（4）：66–73.

［65］金炳彻，张金峰．韩国残疾人福利的历史、现状与未来展望［J］．人口与发展，2013，19（2）：90–95.

［66］考斯塔·艾斯平－安德森．福利资本主义的三个世界［M］．郑秉文，译．北京：法律出版社，2003.

［67］科林·吉列恩，约翰·特纳，克利夫·贝雷等．全球养老保险——改革与发展［M］．北京：中国劳动社会保障出版社，2002.

［68］匡莉，曾益新，张露文，马天龙．家庭医师整合型服务及其医疗保险支付制度：台湾地区的经验与启示［J］．中国卫生政策研究，2015，8（7）：26–35.

［69］劳动与社会保障法学编写组．劳动与社会保障法［M］.2版．北京：高等教育出版社，2018.

［70］李常印．各国失业保险制度比较研究及完善我国失业保险制度的建议［J］．中

国人力资源社会保障，2019（2）：40–42.

［71］李成志.美国医疗保险制度对当前医改的几点启示［J］.中国医疗保险，2018（5）：68–71.

［72］李济广.新时代社会保障制度的改革与升级［J］.郑州大学学报（哲学社会科学版），2021（2）：44–48.

［73］李薇.西方国家家庭补贴制度［M］.北京：社会科学文献出版社，2017.

［74］李曜，史丹丹.智利社会保障制度［M］.上海：上海人民出版社，2010.

［75］李月月.工伤保险伤残待遇国际比较——以德国、英国、美国、日本和中国为例［J］.天津商业大学学报，2017（4）：20–26.

［76］李珍，孙永勇，张昭华.中国社会养老保险基金管理体制选择：以国际比较为基础［M］.北京：人民出版社，2005.

［77］李珍，王怡欢，张楚.中国失业保险制度改革方向：纳入社会救助——基于历史背景与功能定位的分析［J］.社会保障研究，2020（2）：68–75.

［78］李子蔚.我国失业保险制度保障水平与再就业的困境与化解［J］.人才资源开发，2020（4）：45–46.

［79］林嘉.社会保障法的理念、实践与创新［M］.北京：中国人民大学出版社，2002.

［80］林嘉.论社会保障法的社会法本质——兼论劳动法与社会保障法的关系［J］.法学家，2002（1）：116–121.

［81］林闽钢.社会保障国际比较［M］.北京：科学出版社，2007.

［82］林义.关于东亚社会保障模式的理论思考［J］.中国人民大学学报，2012（2）：10–17.

［83］林义.中国多层次养老保险的制度创新与路径优化［J］.社会保障评论，2017（3）：29–40.

［84］林毓铭.社会保障管理体制［M］.北京：社会科学文献出版社，2006.

［85］凌文豪，董玉青.长期照护的需求分析、国际经验与中国方案——一个文献综述［J］.社会保障研究，2019（4）：105–111.

［86］刘桂莲，房连泉.典型国家的非缴费型与缴费型养老金制度融合设计研究［J］.华中科技大学学报（社会科学版），2020（3）：27–35.

［87］刘纪达，王健.变迁与演化：中国退役军人安置保障政策主题和机构关系网络

研究［J］. 公共管理学报，2019，16（4）：142–155，175.

［88］刘恺，刘礼明，朱良云，等. 退役军人社会保险法律制度研究［J］. 淮阴师范学院学报，2021，43（5）：461–467，539.

［89］刘璐瑶. 日本儿童福利制度对我国的启示［J］. 青少年研究与实践，2018(3)：100–106.

［90］刘培. 国外工伤保险与雇主责任保险发展经验及其借鉴［J］. 合作经济与科技，2017,（6）：186–188.

［91］刘晓雪，钟仁耀. 长期护理保险的国际比较及对我国的启示［J］. 华东师范大学学报，2017，49（4）：93–101，163.

［92］刘燕生. 社会保障的起源、发展和道路选择［M］. 北京：法律出版社，2000.

［93］柳清瑞，沈毅，陈曦. 社会保障水平变动规律的跨国实证分析［J］. 人口与发展，2014（6）：51–62.

［94］卢春玲. 美国老年保健计划与改革［J］. 美国研究，2003（1）：81–94.

［95］鲁全. 中国特色社会保障模式初论 ——基于管理体制的视角［J］. 社会保障评论，2021（2）：47–59.

［96］罗友. 新加坡工伤认定法律制度研究［D］. 西安：陕西师范大学，2018.

［97］马广博，张盼盼. 长期护理保险制度：德国和日本经验与中国借鉴［J］. 内蒙古农业大学学报（社会科学版）：1–7.

［98］马歇尔 · N. 卡特，威廉 · G. 希普曼. 信守诺言——美国养老社会保险制度改革［M］. 北京：中国劳动社会保障出版社，2003.

［99］毛艾琳. 美国工伤保险伤残待遇补偿水平的研究［J］. 中国劳动，2019（4）：59–71.

［100］莫荣. 国际人力资源社会保障报告 2016［M］. 北京：中国劳动社会保障出版社，2016.

［101］莫泰基，消灭贫穷的政策构思［M］，北京：中华书局，1999.

［102］穆怀中. 国民财富与社会保障收入再分配［M］. 北京：中国劳动社会保障出版社，2003.

［103］穆怀中. 老年社会保障负担系数研究［J］. 人口研究，2001（4）：19–23.

［104］穆怀中. 社会保障水平经济效应分析［J］. 中国人口科学，2001（3）：48–53.

［105］穆怀中．中国社会保障适度水平研究［M］．沈阳：辽宁大学出版社，1998.

［106］聂爱霞．中国失业保险制度与再就业问题研究［M］．北京：中国社会科学出版社，2014.

［107］裴沛．澳大利亚失业救济制度的挑战及改革［J］．社会保障研究，2015（2）：176–184.

［108］彭姝祎．新冠疫情下的欧洲社会保护措施［J］．中国社会保障，2021（4）：40–41.

［109］任苒．国际健康目标与卫生改革的新导向——重视预防保健的作用［J］．医学与哲学（人文社会医学版），2010，31（4）：5–8.

［110］尚晓援．“社会福利”与“社会保障”再认识［J］．中国社会科学，2001（3）：113–121.

［111］十国社会保障改革课题组．瑞典福利制度及其改革的若干问题［J］．经济学动态，1994（5）：71–73.

［112］史探径．我国社会保障法的几个理论问题［J］．法学研究，1998（4）：17–34.

［113］世界银行．贫困与对策 1992 年减缓贫困手册［M］．陈胜华，等，译．北京：经济管理出版社，1996.

［114］宋健敏．日本社会保障制度［M］．上海：上海人民出版社，2012.

［115］宋晓梧．企业社会保险缴费成本与政策调整取向［J］．社会保障评论，2017（1）：63–82.

［116］孙炳耀．当代英国瑞典社会保障制度［M］．北京：法律出版社，2000.

［117］孙建勇．社会保障基金监管制度国际比较［M］．北京：中国财政经济出版社，2004.

［118］孙守纪，杨一．美国失业保险逆周期调节机制研究［J］．经济社会体制比较，2020（3）：18–27.

［119］孙树菡，毛艾琳．风雨兼程望远前行——中国工伤保险回顾与展望［J］．中国社会保障，2018，（10）：35–37.

［120］孙树菡，朱丽敏．社会保险学［M］．3 版．北京：中国人民大学出版社，2019.

［121］唐钧．确定中国城镇贫困线方法的探讨［J］．社会学研究，1997（2）：62–73.

［122］唐钧．最后的安全网——中国城市居民最低生活保障制度的框架［J］．中国社会科学，1998（1）：116-127.

［123］田大洲．将灵活就业人员纳入失业保险覆盖范围［N］．中国劳动保障报，2020-12-26（5）.

［124］田香兰．困境与发展：日韩社会保障制度改革研究［J］．日本研究，2020（4）：9-17.

［125］庹国柱，朱俊生．国外农民社会养老保险制度的发展及其启示［J］．人口与经济，2004（4）：60-66.

［126］李宏，等．改革开放以来社会保障收入分配调节效应实证分析［J］．中国软科学，2019（12）：178-186.

［127］王诚．论社会保障的生命周期及中国的周期阶段［J］．经济研究，2004（3）：98-106.

［128］王东进．中国社会保障制度的改革与发展［M］．北京：法律出版社，2000.

［129］王觉非．近代英国史［M］．南京：南京大学出版社，1997.

［130］王素芬．社会保险反欺诈举报人制度研究［J］．理论学刊，2019（3）：130-136.

［131］王素芬．理想与现实的调和：对我国《社会保险法》的反思与重塑［J］．河北法学，2011，（10）：66-72.

［132］王伟．国外医疗保险制度经验借鉴［J］．对外经贸，2020（11）：129-131.

［133］王为农，吴谦．社会法的基本问题：概念与特征［J］．财经问题研究，2002（11）：90-93.

［134］王霄，付德明．浅析英国 NHS 体系与我国进城务工人员医疗保险问题［J］．劳动保障世界，2020（8）：47-49.

［135］王延中．社会保障绿皮书：中国社会保障发展报告（2020）［M］．北京：社会科学文献出版社，2020.

［136］王众，刘卫东．新中国 70 年退役军人就业安置制度的历史实践与探索创新［J］．山东社会科学，2019（10）：122-126.

［137］沃尔夫冈·施罗德，塞缪尔·格里夫，胡文秀．德国经济发展与社会保障体系建设：历史经验与未来方案［J］．社会保障评论，2019（1）：43-54.

［138］吴寒．工伤保险与雇主责任险融合分析［J］．经济与社会发展研究，2020

（12）：293–294.

［139］吴世彤．疫情背景下我国失业保险制度缺位问题及对策研究［J］．上海保险，2021（4）：50–52.

［140］吴召军．高质量做好退役军人服务保障工作初探［J］．劳动保障世界，2020（12）：25.

［141］夏洛特·托尔．社会救助学［M］．北京：三联书店，1992.

［142］夏艳玲．老年社会福利制度：补缺模式与机制模式的比较—以美国和瑞典为例［J］．财经科学，2015（1）：119–128.

［143］夏英．贫困与发展［M］．北京：人民出版社，1995.

［144］向春华．工伤保险改革：中国特色与创新——访中国医疗保险研究会副会长陈刚［J］．中国社会保障，2018（10）：30–32.

［145］徐富海，姚建平．美国儿童福利制度发展历程、特点与启示［J］．治理研究，2021（3）：36–48.

［146］薛在兴．从适度普惠到精准保障—关于中国儿童福利和保护改革方向的思考［J］．贵州社会科学，2020（5）：29–35.

［147］严安，蔡世川．组建退役军人事务部是一项重大创新［J］．紫光阁，2018，（4）：37–38.

［148］杨斌，丁建定．国外就业保障的发展及对中国的启示——以美国、英国和德国为例［J］．理论月刊，2016（5）：177–181.

［149］杨良初．中国社会保障制度分析［M］．北京：经济科学出版社，2003.

［150］杨玲．美国、瑞典社会保障制度比较研究［J］．武汉大学学报，2006（1）：107–111.

［151］杨思斌．英国社会保障法的历史演变及其对中国的启示［J］．中州学刊，2008（3）：79–81.

［152］杨思斌．中国社会救助法制建设的现状分析与对策研究［J］．探索，2008（4）：132–136.

［153］杨巍巍．日本社会保障制度的发展过程及基本框架［J］．人口学刊，1994（6）：31–38.

［154］杨伟民．失业保险［M］．北京：中国人民大学出版社，2000.

［155］杨文杰，宋凤轩．社会保障概论［M］．北京：人民邮电出版社，2014.

［156］杨文生，刘慧敏，刘思棠．山东省长期护理保险试点状况的调查与完善对策［J］．中国市场，2019（26）：32–33，37.

［157］杨无意．日本儿童福利的历史演进与发展现状［J］．中华女子学院学报，2017（6）：107–114.

［158］杨无意．德国儿童福利的发展及其对中国的启示［J］．社会保障评论，2021（3）：110–121.

［159］杨无意．我国儿童福利事业发展的成效、问题与对策［J］．中国民政，2019（10）：40–41.

［160］杨燕绥，阎中兴．政府与社会保障：关于政府社会保障责任的思考［M］．北京：中国劳动社会保障出版社，2007.

［161］杨燕绥，常焙筌．我国卫生总费用的国际比较与绩效研究［J］．中国国情国力，2020（10）：71–73.

［162］杨燕绥，妥宏武，杜天天．国家养老金体系及其体制机制建设［J］．河海大学学报：哲学社会科学版，2018（4）：30–37.

［163］杨燕绥．社会保障［M］．北京：清华大学出版社，2011.

［164］杨宜勇，关博．老龄化背景下推进养老保障供给侧结构性改革的思路［J］．经济学家，2017（3）：97–104.

［165］杨祖功．西欧的社会保障制度［M］．北京：劳动人事出版社，1986.

［166］叶响裙．论我国社会保障管理体制的改革与完善［J］．中国行政管理，2013（8）：12–16.

［167］于保荣，张子薇．长期照护保险的覆盖人群与筹资机制研究［J］．卫生经济研究，2019，36（10）：3–6.

［168］于建华．长期护理保险筹资机制的省级层面实证分析［J］．卫生经济研究，2021，38（2）：30–34.

［169］于靖一．英国 NHS 对我国社区卫生服务建设的启示及意义［J］．劳动保障世界，2019（23）：73–74.

［170］余飞跃．美国工伤保险制度概述［J］．中国医疗保险，2016（1）：67–70.

［171］余桔云．养老保险：理论与政策［M］．上海：复旦大学出版社，2015.

［172］余小豆，袁涛．多层次医疗保障的国际比较与启示［J］．中国医疗保险，2019（3）：68–72.

［173］俞卫．国际社会保障动态［M］．上海：上海人民出版社，2013.

［174］袁志刚．中国养老保险体系选择的经济学分析［J］．经济研究，2001（5）：13–19.

［175］岳宗福．中国退役军人管理保障体制变革的理路与前瞻［J］．行政管理改革，2020（3）：57–65.

［176］张邦辉．社会保障［M］．重庆：重庆大学出版社，2020.

［177］张斌倩．美英日失业保险制度比较研究［J］．管理观察，2015（22）：16–17.

［178］张栋．全球养老金结构性改革反思与中国镜鉴［J］．经济体制改革，2021（5）：158–164.

［179］张亮，黄丽珍，张章博，等．借鉴欧洲长期照护模式，发展我国正式居家照护和机构长期照护［J］．老龄科学研究，2020，8（9）：68–79.

［180］张伟佳．新中国军人退役安置制度之历史演变［J］．军事历史研究，2009（2）：51–57.

［181］张文娟，李念．现金或服务：长期照护保险的给付制度分析［J］．中国卫生政策研究，2020，13（2）：1–9.

［182］张轶妹，周明．中国共产党百年社会保障管理体制探索、演进与创新［J］．西北大学学报，2021（4）：95–102.

［183］张玉磊．工伤保险制度国际比较分析及对中国借鉴［J］．现代营销（下旬刊），2018（6）：251–252.

［184］张占力．失业保险新发展：拉美失业保险储蓄账户制度［J］．中国社会保障，2012（2）：36–38.

［185］章晓懿．社会保障：制度比较［M］．上海：上海交通大学出版社，2004.

［186］赵斌．国际社会医疗保障制度发展趋势：走向“战略性购买”［J］．中国医疗保险，2016（12）：17–21.

［187］赵曼，等．城乡养老保障模式比较研究［M］．北京：中国劳动社会保障出版社，2011.

［188］赵晓斌．英国国民健康服务体系（NHS）对我国全科医生的启示与借鉴［J］．中国社区医师，2019，35（26）：185–186.

［189］赵映诚．社会福利与社会救助［M］．大连：东北财经大学出版社，2015.

［190］赵映诚．王春霞．社会福利与社会救助［M］．大连：东北财经大学出版社，

2015.

［191］郑秉文，董克用，等．养老金改革的前景、挑战与对策［J］．国际经济评论，2021（4）：9–31.

［192］郑秉文，房连泉．社保改革“智利模式”25 年的发展历程回眸［J］．拉丁美洲研究，2006（5）：3–15.

［193］郑秉文，张盈华．失业保险改革探索：兼论比较［M］．北京：经济管理出版社，2021.

［194］郑秉文．社会权利：现代福利国家模式的起源与诠释［J］．山东大学学报，2005（2）：1–11.

［195］郑秉文．加拿大养老金“DB 型部分积累制”新范式 20 年回望与评估——降低养老保险费率的一个创举［J］．经济社会体制比较，2017（6）：87–117.

［196］郑秉文．欧亚六国社会保障“名义账户”制利弊分析及其对中国的启示［J］．世界经济与政治，2003（5）：56–61.

［197］郑秉文．失业保险条例亟待修订［N］．中国证券报，2015–04–27.

［198］郑秉文．当代东亚国家、地区社会保障制度［M］．北京：法律出版社，2002.

［199］郑成功．社会保障学：理念、制度、实践与思辨［M］．北京：商务印书馆，2000.

［200］郑功成，桂琰．中国特色医疗保障制度改革与高质量发展［J］．学术研究，2020（4）：79–86，177.

［201］郑功成．中国社会保障改革与发展战略［M］．北京：人民出版社，2011.

［202］郑功成．中国养老金：制度变革、问题清单与高质量发展［J］．社会保障评论，2020（1）：3–18.

［203］郑功成．东亚地区社会保障模式论［J］．中国人民大学学报，2012（2）：2–9.

［204］郑功成．共同富裕与社会保障的逻辑关系及福利中国建设实践［J］．社会保障评论，2022（1）：3–22.

［205］郑功成．全球社会保障与经济发展关系：回顾与展望［M］．北京：中国劳动社会保障出版社，2019.

［206］郑功成．社会保障概论［M］．上海：复旦大学出版社，2005.

［207］郑功成．退役军人保障立法的基本思路与关键问题［J］．中国党政干部论坛，2020（11）：44–49.

［208］郑功成 . 中国社会保障 70 年发展（1949—2019）：回顾与展望［J］. 中国人民大学学报，2019（5）：1–16.

［209］郑功成 . 中国社会保障改革与未来发展［J］. 中国人民大学学报，2010（5）：2–14.

［210］郑尚元，扈春海 . 中国社会保险立法进路之分析——中国社会保险立法体例再分析［J］. 现代法学，2010（3）：65–74.

［211］郑玄波 . 七十年砥砺奋进工伤保险制度发展迈进新时代［J］. 中国人力资源社会保障 2019（10）：21–23.

［212］中国（海南）改革发展研究院 . 中国的承诺　本世纪末消灭贫困［M］. 北京：中国经济出版社，1998.

［213］钟虎 . 台湾地区长期照护保险法律制度研究［D］. 厦门：厦门大学，2019.

［214］周弘 . 福利国家向何处去［M］. 北京：社会科学文献出版社，2006.

［215］周秋光，曾桂林 . 中国慈善立法：历史、现状及建议［J］. 南京社会科学，2014（12）：141–149.

［216］周永波 . 德国工伤保险的成功之道［J］. 中国人力资源社会保障，2015（1）：42–43.

［217］周云，彭书婷 . 低生育率危机下的荷兰生育激励政策［J］. 人口学刊 .2021（2）：98–112.

［218］朱青，等 . 中国社会保障制度完善与财政支出结构优化研究［M］. 北京：中国人民大学出版社，2010.

［219］LUSARDI A，MITCHELLI O，MITCHELL. Financial literacy and retirement preparedness：evidence and implications for financial education［J］.Business economics，2007（1）：35–44.

［220］AGULNIK P，CARDARELLI R & SEFTON J. The pensions green paper：a generational accounting perspective［J］. Economic journal，2010.

［221］ALBERTSON K. Relational legacies impacting on veteran transition from military to civilian life：trajectories of acquisition，loss and re–formulation of a sense of belonging［J］. Illness，crisis&loss，2019，27（4）：255–273.

［222］ALDERS P，SCHUT F T. The 2015 long–term care reform in the Netherlands：getting the financial incentives right［J］.Health policy，2019，123（3）：312–316.

[223] ARROW K J. A difficulty in the concept of social welfare [J]. Journal of political economy, 1950, 58 (4): 328–346.

[224] Australian Centre for Financial Studies. Melbourne mercer global pension index 2013. 2013.

[225] BARNES C, MERCER G. Disability, work, and welfare: challenging the social exclusion of disabled people [J]. Work, employment and society, 2005, 19 (3): 527–545.

[226] BARR N. Long–term care: a suitable case for social insurance [J].Social policy & administration, 2010, 44 (4): 359–374.

[227] BLANPAIN E R, JAV J C. International labour and social security law. Kluwer law international, 2002.

[228] BRADY D, BOSTIC A. Paradoxes of social policy: welfare transfers, relative poverty, and redistribution preferences [J]. American sociological review, 2015, 80 (2): 268–298.

[229] BRADY D. The welfare state and relative poverty in rich western democracies, 1967 - 1997 [J]. Social forces, 2005, 83 (4): 1329–1364.

[230] Bureau of Labor Statistics. National census of fatal occupational injuries in 2012 [EB/OL]. [2015]. https: // www. nasi. Org / research / 2014 / report– workerscompensation–benefits–coverage–costs–2012.

[231] DONG K, PENG C . The role of government in social security: a comparative analysis between China and the United States [J]. Public performance & management review, 2010, 34 (2): 236–250.

[232] FOSTER J E. Absolute versus relative poverty [J]. The American economic review, 1998, 88 (2): 335–341.

[233] FULTON V L, BELOTE M J, BROOKS S M. A comparison of disabled veteran and nonveteran income: time to revise the law [J]. Journal of disability policy studies, 2009, 20 (3): 184–191.

[234] HOGAN P T, SIU S F. Minority children and the child welfare system: an historical perspective [J]. Social work, 1988, 33 (6): 493–498.

[235] HOOD A , IFS B . The social security system: long–term trends and recent changes

[M]. Institute for fiscal studies，2014.

[236] LEE R. Long-term population projections and the US social security system [J]. Population & development review，2010，26（1）：137-143.

[237] LEUNG J C B. Family support for the elderly in China：issues and challenges [J]. Journal of aging & social policy，1997，9（3）：87-101.

[238] MALDONADO L C，NIEUWENHUIS R. Family policies and single parent poverty in 18 OECD countries，1978－2008 [J]. Community，work & family，2015，18（4）：395-415.

[239] MASAO IWAGAMI，NANAKO TAMIYA. The long-term care insurance system in japan：past，present，and future [J]. JMA journal，2019，2（1）：67-69.

[240] MEDILL C E. Transforming the role of the social security administration [J]. Cornell law review，1992，92（2）：323-361.

[241] NOTTEN G，DE NEUBOURG C. Monitoring absolute and relative poverty："Not enough" is not the same as "much less" [J]. Review of income and wealth，2011，57（2）：247-269.

[242] PFOERTNER T K，ANDRESS H J，JANSSEN C. Income or living standard and health in Germany：different ways of measurement of relative poverty with regard to self-rated health [J]. International journal of public health，2011，56（4）：373-384.

[243] POPOVICH L，POTAPCHIK E，SHISHKIN S，et al. Russian Federation：health system review [M].Copenhagen：WHO Regional Office for Europe，2011；13（7）：1-190.

[244] World Bank. Resilience，equity and opportunity：the world bank's social protection and labor strategy 2012-2022. 2013.

[245] RHEE J C，DONE N，ANDERSON G F. Considering long-term care insurance for middle-income countries：comparing South Korea with Japan and Germany [J].Health policy，2015，119（10）：1319-1329.

[246] WOODBURY S A.Unemployment insurance [M]. Chicago：University of Chicago Press，2004.

[247] LEIBFRIED S. Welfare state futures [M]. Cambridge：Cambridge University Press，2001.

[248] WELTI F. Work disability policy in Germany：experiences of collective and

individual participation and cooperation [M] //MacEachen E. The science and politics of work disability prevention. London: Routledge, 2018: 171–188.

[249] WEN C, SAIF M . Social security: administrative machinery and problems [J] . Public administration, 2010, 20 (3): 115–125.

[250] WISHNIE J M. A boy gets into trouble: service members, civil rights, and veterans' law exceptionalism [J] . Boston university law review, 2017 (97): 1709–1774.

[251] ZHENG B. Statistical inference for poverty measures with relative poverty lines [J] . Journal of econometrics, 2001, 101 (2): 337–356.